U0505141

本书受北京高校中国特色社会主义理论研究协同创新中心（首都师范大学）
"马克思主义与当代中国文化建设"资助

道德

意志论

沈永福 著

人民出版社

序

——写在《道德意志论》出版之际

夏伟东

永福博士的《道德意志论》就要公开出版了,这是一件值得庆贺的事,于他,也于我国伦理学界。对永福博士而言,是多年磨一剑的学术研究心得终至有了功德;对我国伦理学界而言,是填补了国内道德意志研究的空白,中国有了第一本研究道德意志的专著。

《道德意志论》的前身是永福博士的博士论文,他以此论文获得博士学位之后并没有急匆匆出版,而是再作深入思考研究,经年精进,与时偕行,至今才肯拿出来示人。这种不怕坐"冷板凳"的治学态度,是一个认真做学问的学人应有的科学精神。

"道德意志"研究属于伦理学基本原理的研究方向,一般而言,攻读伦理学学科博士学位的学生,都较少选择基本原理的题目做论文,这确有很大的风险,一旦初稿失败,几乎就是颠覆性的。但永福知艰而进,咬牙啃下了这块"硬骨头",交出了一篇让论文评阅专家和论文答辩专家都给予好评的论文,顺利拿到博士学位。当然,这个"顺利"的结局,伴随有多少"不顺利"的苦熬焦虑的过程,这只有永福博士自己知道,真可谓如人饮水,冷暖自知。这何尝不是"意志"的一场大考。

当年我是坚决鼓动永福以"道德意志"为博士论文题目的,他几经反复,最终还是听从我的建议,下定决心做这个吃力未必讨好的题目。今天,他早已收获了选择基本原理研究方向的益处,但当其时,内心一定是彷徨的。不过,事实证明,永福有这个能力,因为他不仅有相应的学术能力,还有吃苦耐劳的"意志"。

我国伦理学研究经过几代人的努力,今天已是百花齐放、百家争鸣,呈现出一派繁荣景象。但繁荣之下也有隐忧,其中一个突出的问题,是对基本原理的研究"有高原无高峰"的情况没有得到根本改变。因此,应鼓励更多的攻读博士学位的学子们,敢于向基本原理诸多研究课题进军,不断形成一批又一批有较高研究水平的成果。

"道德意志"是伦理学基本原理中十分重大的课题,也是我国伦理学界研究很薄弱的问题。"道德意志"和道德行为、道德实践是紧密联系在一起的。道德问题本质上是行为问题,是实践问题,人的行为和实践,必定和人的意志紧密联系在一起。康德用"实践理性"来概括他的道德理论,是十分深刻的;"道德意志"又是康德道德观的核心问题。康德把人的理性和欲望的矛盾斗争看成是永恒的"自然辩证法",谁胜谁负并不是一时之功,其间遵守道德律令是关键,而"道德意志"的坚毅程度是坚守道德律令的基本能力。中国古代其实也有类似的思想,从义利之辨到理欲之辨、公私之辨,都是在探索克制"利"、"欲"、"私"的道理和办法。"毅"、"弘毅"这样的概念,接近康德讲的"意志"。到王阳明讲"知行合一",强调"知孝"必定"行孝",这样的理性思考,可以说已达到了很高的水平。在当今现实生活中,千变万化的社会、极度丰饶的物质世界,对个人欲望的刺激和诱惑是以往任何时代都无可比拟的,义利关系、理欲关系、公私关系,其复杂程度也是以往任何时代都未曾有过的。因此,维护良好的社会道德秩序,守护良善的个人道德品质,一方面要厘清道德律令,一方面也要磨炼道德意志,遵照正确的道德律令一以贯之地前行,这些都需要有坚毅的道德意志作保障。冯友兰先生尝言:人生有三件事——立言、立功、立德;立言靠天赋,立功靠机缘,立德靠一生看似平淡的坚持。毛泽东同志更是说过,一个人做点好事并不难,难的是一辈子做好事,不做坏事。这些都是在讲人们德行和道德意志的关系,是平凡语讲的极深刻的道理。

从小学到大学,学校体育课中总有一项重要内容是多种距离的中长跑。有人说体育课就是"快乐课",不必再设长跑来"折磨"学生。其实这是对体育课的严重片面理解。体育课的一项重要功能,正是要培养青少年的意志力,而中长跑,是不可缺少的最佳培养方式之一。"文明其精神,野蛮其体魄"这样的道理,在今天仍然没有过时。我们的青少年一代,正需要大力磨炼吃大苦、耐大劳的意志品质,而重中之重,一定是道德意志品质。

永福博士的著作,值得一读,它会引发我们很多的思考。

是为序。

2018 年 10 月 25 日

目　录

导　论

三军可夺帅也,匹夫不可夺志也。　　　　　　　　——孔子

如果做和不做高贵的或鄙贱的事情都在于我们,并且像我们说的,如果行善就是善人,行恶就是恶人,那么,要做有价值的或无价值的人,都在于我们。　　　　　　　　　　　　　　　——亚里士多德

孔子云"三军可夺帅也,匹夫不可夺志也"(《论语·子罕》),此处之"志"指的就是人应当具有独立人格与不可剥夺的意志;孔子又言"士不可以不弘毅,任重而道远"(《论语·泰伯》),此处之"弘"、"毅"主要指意志品质,直言意志目标的远大与坚毅、刚强。作为道德意识的能动要素,道德意志是指主体在道德活动中,为履行一定的道德义务和责任,根据某种道德原则来支配、调节、控制自己的道德观念和道德行为,克服困难、消除障碍,从而实现预定目的的精神力量和心理过程。

道德意志问题,是一个古老而又常新的道德哲学问题,同时也是争论很大、歧见很深的道德哲学问题之一,还是一个现实世界人的发展和社会发展积极建构的实践难题。道德意志关涉道德的本质、道德的功能与作用、道德的内外结构、道德的活动、道德修养及道德品质,是伦理学中的一个原点问题,具有学科理论基础的奠基性价值。东西方思想家对道德意志问题很早就给予关注,产生了极其丰富的有关道德意志问题的思想和观点,为后人的研究留下了宝贵的资源,但由于东西方文化的差异,由于

1

历史和时代的局限性,更由于道德意志问题本身的复杂性,各种思想观点很难形成统一定论,很多问题一直争论至今,如意志自由问题、道德意志来源问题、道德意志本质问题、道德意志功能问题、道德意志活动问题等。单是意志自由问题就成了一个千年难题,甚至有人认为是哲学、伦理学中的第一难题,此问题将在决定论和意志自由论的纷争中长期争论下去。当代中国关于道德意志的研究与西方相较起步较晚,参与人数较少,从伦理学的视角进行专题研究的则少之又少。① 理论研究的不足与此问题自身的重要意义形成明显的反差,建构系统的道德意志理论,解析道德意志中的一些理论问题就成为伦理学基础理论发展的一大课题。同时,由于在社会生活中存在日益突出的道德意志问题,需要作出理论上的积极回应与解答,并在实践层面指导人们的道德生活,提升个体和全社会的道德水平。正确认识道德意志,必须坚持马克思主义的唯物史观,必须从社会历史发展的角度,在社会关系中去揭示道德意志的社会历史本质;必须从主体道德需要的角度,在能动性和社会制约性关系中去揭示道德意志的能动性本质;必须从社会实践的角度,在实然与应然、规范与导向的关系中去揭示道德意志的实践精神本质。不仅要正确认识道德意志问题,而且要在实践中培育人们的道德意志品质,养成自制、勇敢、审慎、弘毅的意志德性和理想人格。

一、研究意义

道德意志问题是伦理学的基础理论问题。讲道德不能离开意志,道德意志是伦理学中一个非常重要的范畴,是伦理学中具有原点意义的问题之一。研究道德意志不仅具有重要的理论意义,而且具有重要的实践意义。

---

① 参见许全汉:《意志简论》,《南京社会科学》1998 年第 5 期。

（一）理论意义

伦理学是关于道德的学问，道德从外在社会的角度可以视为是一定社会的规范，是一种他律性的东西，从个体内在的角度，可以说是不同于外在法的内在法，是"主体意志的法"①。道德意志对人的道德观念和道德行为具有巨大的能动作用，道德意志又是个性道德品质的重要因素之一。道德意志与道德认识、道德情感、道德信念等一起构成道德的内在心理结构，而且道德意志是道德心理向道德行为、道德品质转化的关键环节和要素。个体的德性只有与意志结合才能是有力量的。人格就是体现在理性与欲望进行斗争，并且在这场斗争中理性获得胜利。斯宾诺莎曾经说过，人类最无力控制、最不能做到的，莫过于节制自己的欲望。意志是一切德性的基础，一切德性也必然呈现出意志的力量。

道德意志问题关涉道德的本质，道德是外在的他律，还是意志自律？道德是自由的，还是被决定的？道德意志关涉道德的内外结构，道德意志与道德认识、情感、信念、行为极有关联，密不可分；道德意志关涉道德的活动，既是道德心理活动，又指向道德行为活动；道德意志关涉道德修养，既是道德修养的目的，又是道德修养的手段；道德意志关涉道德评价，既是评价标准，又是评价手段；道德意志关涉道德品质，既是道德品质的形成条件，又是道德品质的主要内容。可以这样说，道德意志作为伦理学研究的一个不容回避的重要问题，在伦理学理论体系的建构中具有基础性意义。

研究道德意志是我国伦理学理论发展的客观需要。新中国伦理学经过五十多年的发展，经过一大批伦理学理论工作者的艰辛探索，已经建构了一个具有中国特色的比较完整的马克思主义伦理学理论体系。与此同时，也还存在一些薄弱环节，其中一个重要方面，就是对道德意志问题的

---

① ［德］黑格尔：《法哲学原理》，范扬等译，商务印书馆1961年版，第89页。

研究还比较薄弱,这与道德意志问题在伦理学理论体系中的重要地位是不相称的。学界已经对如道德本质、道德活动、道德需要、道德认识、道德情感、道德信仰、道德行为、道德修养、道德品质等都做过系统研究,有很多成果面世,但在道德意志问题上至今少有系统研究的成果。伦理学基础理论的发展必然绕不过道德意志问题,因此必须对这个重要问题进行深入研究。

从马克思主义唯物史观的立场来研究道德意志问题,有利于澄清伦理学史中对此问题的分歧与误解。道德意志是一个极其复杂而又令人困惑的问题,如道德意志的来源与形成、结构与功能、意志自由、意志与情感的关系等问题,两千多年来一直受到西方哲学家、伦理学家的高度关注,亚里士多德、奥古斯丁、阿奎那、笛卡尔、休谟、洛克、康德、黑格尔、叔本华、尼采、萨特等对这些问题进行了深入研究,产生了大量研究文献。在不同的历史时期,形成了对道德意志的不同理解和看法,在同一历史时期,不同的伦理学家对道德意志也有不同的思想和观点,很多问题至今没有达成共识,有些问题仍在讨论中。在中国传统伦理思想中,道德意志也受到思想家们的重视,有许多思想与观点留世,但相较于西方学界系统、深入、专题式的研究而言,显得单薄、零碎。近现代国内关于道德意志的研究也比较薄弱。以马克思主义唯物史观为指导加强道德意志理论的研究,对古今中外关于道德意志的各种思想和观点进行辨析,科学揭示道德意志的神秘面纱,建构马克思主义的道德意志理论,是当前我国伦理学理论体系发展和完善的必然要求,对道德意志问题进行系统研究,构建科学完整的道德意志理论体系,对我国伦理学理论的发展有着十分重要的意义。

(二)实践意义

从实践上看,研究道德意志是加强社会主义道德建设、促进人的全面发展的时代要求,是构建社会主义和谐社会的需要。新中国成立特别是党的十一届三中全会以来,我国道德建设取得了一系列重大成就,公民个体道德品质和社会道德风尚发生了可喜变化,人们的道德认知、道德情感、道德信念、道德行为呈现出新的面貌和水平。但与此同时,社会道德生活领域和个体道德层面也存在诸多不和谐、不文明、不道德的特征,其中的一个典型就是大量道德意志问题的存在,主要表现在两个方面:道德意志的非理性化和道德意志的沦丧或脆弱。①

一方面,由于道德领域唯意志论的侵蚀和科技理性的片面发展,许多人认为当代人依靠自己的力量足以统治自然、控制世界,认为依靠科学和技术可以解决一切问题,包括一切道德问题;一些人崇尚强者的道德,迷信、崇拜丛林法则,人类中心主义、科技至上主义、自我中心主义的滋生和扩散,使人类的道德意志获得自我膨胀和畸形的发展,导致了人与自然、环境、人与社会、人与他人的紧张对立,进一步加剧了人的畸形发展。

另一方面,以西方社会为典型,道德意志衰弱甚至颓丧已成为越来越严重的社会病。美国学者雷斯里·法伯在《意志之路》一书中指出:意志的颓丧正是当今社会的症结,当今这个时代应该被称为"意志障碍的时代"②。罗洛·梅在《爱与意志》中指出:"现代人的'神经官能症',其核心症结就在于意志的丧失,决策能力的丧失,和个人责任感的丧失。"③在我国社会中出现的种种道德问题,也与道德意志问题密切相关。比如,在政治领域,一些领导干部道德意志薄弱,经不起财、色、权的诱惑,为糖衣炮弹所击中,从而腐化变质沦为人民的罪人;在经济领域,一些生产者、经营者道德意志沦丧,抵制不住金钱的刺激、利润的诱惑,坑蒙拐骗,甚至干出"毒奶粉"、"毒牛奶"、"毒烟酒"等伤天害理的事情;在社会生活领域,不讲诚信,黄、赌、毒暗流汹涌,低俗恶搞颇有市场,在一定程度上反映了

---

① 参见张明仓:《实践意志论》,广西人民出版社 2002 年版,第 34 页。
② Leslie Farber, *The Ways of the Will*, New York: Basic Books, 1965, p. 46.
③ [美]罗洛·梅:《罗洛·梅文集》,中国言实出版社 1996 年版,第 214 页。

社会道德意志存在的问题；在一些青少年中存在的吸毒、暴力、性放纵、冷漠、自杀等现象，更是暴露出了道德意志令人堪忧的一面。这就要求对道德意志问题进行反思、批判和规范，对人们的道德意志进行培育和锻炼，努力扭转人性扭曲的局面，以实现人的全面发展。这正是当前道德建设的一个亟待加强的环节。从这个意义上讲，加强道德意志理论研究，提升公民道德意志能力和品质，实现人的全面发展，是社会主义道德建设不可或缺的重要一环。

"坚毅教育"成为美国当下流行的教育理念。早在2012年，斯坦福大学心理学教授Carol Dweck和《纽约时代周刊》编辑保罗·图赫的著作《性格的力量：勇气、好奇心、乐观精神与孩子的未来》，已经将"培养坚毅性格"的教育理念带入大家的视野，而2013年，宾夕法尼亚大学心理学教授达克沃思（Angela Duckworth）在TED的演讲则引起教育界对"坚毅"的空前关注，达克沃思教授和她的团队甚至制定了测量"坚毅指数"的工具。达克沃思于2016年出版了《坚毅：激情和坚持不懈的力量》一书，一度成为全美乃至全球的畅销图书，并得到媒体广泛好评。达克沃思通过十多年研究发现：无论在何种情况下，比起智力、学习成绩或者长相，坚毅（Grit）都是最为可靠的预示成功的指标。认为"坚毅是激情，是对长期目标的坚持不懈；坚毅是有耐力，是坚持你的未来目标，日复一日，年复一年，非常努力地使未来目标变成现实；坚毅是把生活当成马拉松，而非短跑冲刺"，"向着长期的目标，坚持自己的激情，即便历经失败，依然能够坚持不懈地努力下去，这种品质就叫做坚毅"。短短几年，美国很多学校开始把坚毅理念引入课堂，把培养坚毅、激情、自制力、乐观态度、感恩精神、社交智力、好奇心作为性格培养的重要方面。目前，对于坚毅品质的培育，美国流行也最有效的办法就是培养"成长型思维"：坚信人的学习能力不是一成不变的，可以通过努力发生变化。大脑就像肌肉一样是可以被训练的，拥有此种思维模式的人更能接受挑战。在道德教育层面，坚毅就是一种优秀的道德意志品质。有益借鉴国外坚毅理念与实践,加强我国道德教育,对于培养新时代中国特色社会主义合格建设者和可靠接班人无疑具有重要意义。

二、已有研究述评

(一)国内研究状况

道德意志是伦理学理论中一个古老而又令人困惑的话题。在中国古代哲学家看来,意志是"心"的功能。"意者,心之所发也,有思量运用之义。"(《北溪字义·意》)"志者,心之所之。之犹向也,谓心之正面全向那里去。"(《北溪字义·志》)意志合用,就是指"心"发起一念,又趋向这个念,"决然必须欲得之"即一定要实现心中的想法。因此,意志虽然主要是一种持之以恒、坚忍不拔的精神,但这种精神又不是盲目的指向,是有所指向的,而这一指向又是"心"(实际上是大脑,有时理解为实践精神)自己作出来的。道德意志是一种特殊的意志,即在道德判断、道德选择、道德行为活动中的一种克服困难的能力。在中国传统伦理思想中,道德意志的概念一般用"意"或"志"的独立形式来表达。许多思想家非常重视意志与人的德性、人的其他道德要素和是非善恶之间的密切关系及人的道德意志品质的修炼。如孔子重志,认为"三军可夺帅也,匹夫不可夺志也"(《论语·子罕》)。墨子强志,指出"志不强者智不达;言不信者行不果"(《墨子·修身》)。孟子尚志,强调"夫志,气之帅;气,体之充也。夫志,至焉;气,次焉。故曰:'持其志,无暴其气。'"(《孟子·公孙丑上》)"中国古代思想家高度重视道德意志对于个体道德的生成和道德理想人格完善的意义,他们对道德意志的重视程度甚至为许多当代思想家所不及"①。古代思想家尤其是儒家代表人物关于道德意志的论述多放

---

① 张明仓:《实践意志论》,广西人民出版社 2002 年版,第 10 页。

在天人关系、心物关系、力命关系、知行关系、义命关系、理欲关系、教养关系中探讨,有的论述达到相当的理论深度,这对于当代道德意志理论的建构具有积极借鉴意义。然而,传统的道德意志概念,主要不是从因果关系的角度去理解,也很少从形而上学方面去进行分析,而是从决心和志向、恒心和毅力的角度去诠释。所以,在中国传统思想中,道德意志概念与西方意志概念侧重点不同,鲜见从逻辑意义或是物理意义上的因果关系出发进行理论分析,而大都从人类道德生活实践去讨论。①

总体上说,中国古代伦理思想特别是儒家伦理思想中对道德意志的理解大都带有较强的理性主义色彩,强调道德意志对于德性养成、人格塑造的意义。而这种理性主义特征在宋明理学中达到极端。理学家们大都极为强调理性的作用而否定人的感性行为,忽视意志的"自愿性"、"自主性"、"选择性"及意志自由的"判定性",主张"制欲"、"无欲"、"忘情",甚至要"灭欲"。"存天理,灭人欲",贬抑人的感性意志、情感、欲望,主张用理性统率意志、情感、欲望,从而走向反功利主义和禁欲主义。但在理学的一支陆王心学中,对道德意志的超越性、个体性却推崇备至。陆王是充分重视意志磨炼的,如王阳明讲的"事上磨炼",陆九渊讲的义利、理欲之辨都是十分深刻的。王阳明对"心"这种主观精神、结构及功用做了深入的探讨和张扬,对意志品质的强调和对人格修炼中的意志培养也做了深入研究。当然,陆王心学中的道德意志理论也没有离开理性主义的路线,没有偏离为维护封建纲常伦理的目的,没有导向西方近代情感主义意志论,更没有导向尼采、叔本华的唯意志论。阳明后学尤其是刘宗周,将"诚"与"意"发展为具有本体论色彩的道德意志,他要上至皇帝、下至民众,在内心自觉地确立这种意志,从而被认为是古代中国传统伦理思想中具有唯意志论特征的代表。直到 19 世纪中叶,一批自我觉醒的知识分子

① 参见沈永福:《论传统儒家视阈中的道德意志》,《实事求是》2009 年第 1 期。

对传统伦理进行批判,对儒学的禁欲主义和道德宿命论发起全面反叛,崇尚"自我"、"心力",开始了中国近代唯意志论的先声,如龚自珍等。继而维新派思想家如康有为、梁启超、谭嗣同等,资产阶级革命派思想家如章太炎等以进化论为基础,传播了西方唯意志论。从此唯意志论在中国学界成为一种特殊现象(以 1949 年为界,前后两个 60 年),前 60 年,热捧至盛极一时,后 60 年批判至全盘否定再至理性评价。①

　　最近 20 年里,大陆不少学者对道德意志进行热切关注并进行了较为深入的探讨。如道德意志的概念、道德意志活动、道德意志与其他道德因素的关系、道德意志品质的培养、意志自由、唯意志论,等等。

　　从上我们可以看出,中国道德意志理论研究取得了很大进展。但当代中国道德意志理论研究主要侧重于对西方唯意志论的介绍、解读、评价,以马克思主义的视角对道德意志的研究大都也只是泛泛而谈,而从伦理学视角,专题研究道德意志的较少,以马克思主义伦理学的基本立场、观点、方法进行系统研究的也很不够。到目前为止,国内仅徐向东教授于 2008 年出版的《理解道德意志》一本专著,对道德意志尤其是道德意志的形而上学问题作出深入分析,对西方主流道德意志理论作出较为全面介绍与评价。但其他专门从伦理学视角对道德意志进行研究的少有专著,一些伦理学著作只是将道德意志作为一个小章节,甚至只是为论述其他问题而涉及。从 1979 年至今,中国期刊网上刊载的直接以"道德意志"为题的论文不过四十余篇。② 相比较道德认识、道德情感、道德信仰、道德行为等范畴而言,道德意志在当代中国的理论界没有受到足够重视,与道德意志在道德基础理论中的地位相较极不相称,相对当代社会实践对科学合理的道德意志论的迫切需要来说,它明显滞后。主要存在以下不

---

　　① 　参见张明仓:《实践意志论》,广西人民出版社 2002 年版,第 12 页。
　　② 　中国期刊网站从 1980—2016 年搜索以包含"道德意志"为篇名的学术文章共有 47 篇,大多论及个体道德意志培养问题。

足:第一,总体上研究比较零散,只是对某个或几个方面进行研究,缺乏全面系统研究;第二,已有论述不够深入,对一些问题大多只是提及,未做深入分析,如对道德意志的本质、道德意志的发生与发展、道德意志与人格养成、个体道德意志与社会道德意志关系等;第三,有些问题缺乏开创性研究,如道德意志的产生、发展的过程与规律,道德意志内在结构及功能表现,道德意志活动的规律及价值选择与冲突,意志缺失或意志无力问题,社会道德意志的培育等;第四,中西方道德意志思想和观点的比较研究还较少,对传统道德意志思想和理论挖掘还不够,对现代西方道德意志理论的最新成果重视还不够等。

(二)国外研究状况

相对于中国传统伦理思想而言,由于西方伦理学体系较早建立了规范的概念、范畴和学说体系,因而对道德意志的关注一开始就从较高的理论平台进行考察和分析,因而从不同层面触及了道德意志的本质问题。在马克思主义伦理学诞生之前,唯心主义道德意志论在社会历史领域中始终处于统治地位,各种意志思想和观点以各自不同的方式对道德意志作出了合理性程度不尽相同的解释,也构成了马克思主义道德意志论诞生的理论资源和必要阶梯。西方道德意志理论大体有如下几类:英雄崇拜的道德意志论、宗教道德意志论、理性主义道德意志论、情感主义道德意志论、唯意志论、直观唯物主义意志论。①

旧的道德意志论陷入误区的共同理论根源在于它们缺乏科学的世界观和方法论基础,无论是笛卡尔、休谟、康德、黑格尔,还是费尔巴哈、叔本华、尼采等,都不能合理地理解和解释人的意志、道德意志。由于缺乏科学实践的观点和辩证的思维方式,他们都不能全面、科学、合理地把握人的道德意志与实践、道德意志与社会存在方式、道德意志与人类理性、意

---

① 在第三章道德意志的历史理论梳理中有较为详细的论述。

志自由与历史必然性等的辩证关系。前马克思的西方道德意志理论形态的上述演进，显示了人类社会认识不断深化的历史进程。这些意志论尽管都具有某种程度上的历史合理性，但它们各自都有自身难以克服的缺陷。从总体上看，西方传统的道德意志论可以分为两种基本类型：一是包括费尔巴哈在内的各种旧唯物主义意志论；二是形形色色的唯心主义意志论。各种旧唯物主义意志论坚持了唯物主义的基本原则，但是，由于它们只是从历史的视野、客体的角度、社会他律性的要求等方面来理解道德意志，因而在很大程度上忽视了道德意志的主体性、能动性。而形形色色的唯心主义意志论，它们虽然各具特色地对道德意志的主体性、能动性进行了阐述，但是，由于它们或多或少地否定或忽视了意志的物质基础和社会历史条件，更看不到社会实践对道德意志的制约和要求，因而，它们所强调的意志能动性就只能是抽象的，往往最后只能从上帝、神、绝对精神那里去寻找意志的根源和力量。康德、费尔巴哈等人都曾注意到实践对意志的重要性，但是由于对实践的内在矛盾的片面理解，这也决定了他们的道德意志理论的局限性。叔本华、尼采等人的唯意志论思想，张扬意志的功能和作用，将意志置于世界本体性的地位，实际上在一定程度上解构了道德意志，将道德意志归结为人类的感性欲求，或为生存意志，或为权力意志。

从目前情况看，西方学者对道德意志的研究还是集中在两个方面，一是从形而上学方面来研究道德意志，对意志是否自由的问题紧抓不放，研究非常深入；二是从道德心理方面对道德意志进行研究，把道德意志作为一个心理学问题来看待。这就决定了当代西方学界很少从社会实践的角度，很少从公民道德建设的角度来研究道德意志。

总之，目前国内外关于道德意志问题的研究虽然取得了一些成果，但从总体上看，与伦理学理论和实践的发展要求相比，还有很大差距。其中有很多问题有待我们进行开创性研究，许多已经论及的问题也有待我们做进一步深入研究。

三、研究内容与研究方法

（一）研究内容

本书主要从理论、历史与实践三个方面对道德意志进行研究,建构马克思主义唯物史观视野下的道德意志观。全文共分七章,主要是按照道德意志的概念界定、理论梳理、属系和个体发生与发展、结构、功能与活动及个体道德意志的培养这样一种逻辑顺序来安排的,而且主要是从个体道德意志的角度来进行研究。

第一章剖析道德意志的概念。从对意志、道德意志的辞源学解释入手,评析理论界已有的关于道德意志的概念认定,准确界定道德意志的概念,明确道德意志的特征,厘清道德意志与道德认识、道德情感、道德信念、道德行为的关系,揭示道德意志的社会历史性、主体能动性和实践精神三者相统一的本质。

第二章探讨道德意志的形而上学问题。自由意志和道德责任问题贯穿了整个西方哲学伦理学发展的历史,迄今为止仍然是艰深的哲学难题。对此问题的回答涉及因果性与决定论、自我的本质、行动的说明、自主性与自我控制、自我知识等,也涉及人类的自我理解,对此问题的解答取决于我们如何理解自我在自然世界和社会世界中的地位。从相容论与不相容论两个视角研究意志自由与决定论、非决定论的复杂关系。从唯物史观出发对相容论与不相容论进行剖析,阐释马克思主义关于决定论和意志自由的基本观点,并在此基础上分析意志自由与道德责任的深刻关系。

第三章对东西方传统道德意志理论的历史进行梳理,分析中西方道德意志理论的流变及规律,从而揭示传统道德意志理论的价值与局限性。中国传统思想家尤其是儒家很重视道德意志问题,他们大都在道德选择和道德实践的问题中,从人们的决心和志向的角度,把道德意志看作人们克服困难的精神支柱和坚持的能力,重视道德意志对于个体道德的生成和道德理想人格完善的意义。西方伦理学从古希腊神话故事中对众神的英雄崇拜肇始,就赋予意志精神以伦理意义;中世纪神本主义意志论中,人的意志自由问题成为争论的焦点;近代,以康德为代表的理性主义和以休谟为代表的情感主义双峰对峙,极大深化了对道德意志的研究;叔本华、尼采等人的唯意志论的理论体系,将意志论推向了一个极端;费尔巴哈则提倡人本主义的意志论,将人的道德意志导向了现实的欲求。通过对东西方传统道德意志理论的梳理,力图揭示传统道德意志理论的价值与局限性。

第四章揭示了道德意志的发生与发展。道德意志的发生是一个历史过程,研究道德意志的人类学发生,目的是从历史的源头去探讨原始初民的道德意志。社会关系是道德意志发生的物质基础,道德需要是道德意志产生的直接源泉,原始道德规范是道德意志发生的具体条件。道德意志的个体发生,需要一定的社会基础、生理前提、心理动因。一定的社会条件尤其是环境、教育和社会实践是个体道德意志赖以产生的基础;人的大脑、小脑以及其他皮层下中枢的活动是个体道德意志产生的生理前提;道德认识、道德情感、道德需要和道德信念等是个体道德意志产生的心理动因;外在的社会道德规范(他律)内化为个体的主体力量(自律),成为个体控制观念和行为的道德自制力,是个体道德意志产生的标志。道德意志也就是在他律向自律转化的过程中形成的。个体道德意志一旦形成往往会随着个体道德实践的深入而不断由低层次向高层次发展,一般要经历他律、自律、自由发展三个阶段。

第五章讨论道德意志的结构和功能。道德意志是连接道德内在心理与外在行为的关键环节和纽带,需要从多层次、多方面、多维度进行分析和考量。道德意志包括要素、主体类别、活动、品质、水平、过程等多层次的结构。道德意志一旦形成,在个体的道德意识和道德行为选择以及社会道德生活中,就成为道德发挥作用的强大精神动力和调控力量,具有目的定向、动机优化、情感调节、行为控制、人格塑造、境界提升等多方面的功能。从动态上研究道德意志,可以把道德意志的过程分为两个阶段:采取决定阶段和执行决定阶段。前者是道德意志的开始阶段,它决定意志行动的方向,是意志行动的动因;后者是道德意志的执行阶段,它使内心世界的期望、计划付诸实施,以达到某种目的。

第六章直面社会现实问题,指称当代社会生活中,市场经济利益机制深入到社会生活的各个层面,眩目的物质利益与外在诱惑不断销蚀着人们的意志,社会结构的剧烈变动和急剧竞争挑战着人们的意志,多样的生活方式和多元的价值观念消磨着人们的意志等诸多问题。针对社会生活中高出、频出的道德意志问题,人们需要培育自主、自律、自控、自制的道德意志品质,尤其要培育弘毅、勇敢、节制、审慎这四种品质。

第七章探讨个体道德意志的培养问题。以当代大学生为例,阐释大学生存在道德意志问题的主要样态,分析个体道德意志培养的原则:社会道德调控与自我约束相结合、道德灌输机制和自主选择机制相结合、自我修养与社会实践相结合、普遍性和特殊性相结合。在实践生活中,道德意志的培养需要社会的培育和自我的修养。社会培育包括道德环境的熏陶、社会制度的调控、道德教育的优化等方法与途径;自我修养主要有学思结合、省察克治、道德践履、慎独、积善成德等方法与途径。

(二)研究方法

1.辩证唯物主义与历史唯物主义的方法。这是进行哲学社会科学研究最根本的方法。道德意志问题作为伦理学理论的一个重要课题,也是哲学社会科学领域的一个重要问题,无疑也必须坚持和运用这一根本方法。在唯物史观和辩证思维的视野下,道德意志研究要从社会物质生产方式和历史中去寻找它的根据,要从外在他律与主体自律的统一中去发掘它的本质,要从人类学发生和个体发生的角度去认识它的形成与发展,要从理论和实践、观念和行为中去考察它的功能与活动,要从社会调控与自我修养的互动中去研究它的培养。通篇都力图自觉地贯彻辩证唯物主义和历史唯物主义的方法。

2. 归纳—演绎法。本书大量运用归纳—演绎法,如对道德意志的历史理论、道德意志的发生与发展等进行了归纳,得出结论;如以马克思主义哲学、伦理学关于道德意志的基本立场、观点为前提,运用概念、判断和推理,揭示道德意志的特征和本质;如将归纳—演绎结合,研究道德意志的培养问题等。

3. 比较研究法。比较研究法是现代许多科学研究广为使用的一种方法,也是本书一种不可或缺的重要方法。运用比较法来研究道德意志,包括纵向比较和横向比较两个方面。对古今道德意志理论的流变进行纵向比较,对中西道德意志异同进行横向比较。此外,还对道德意志与道德认识、情感、信念、行为进行比较,厘清它们之间的关系。

4. 多学科综合研究法。道德意志是一个非常复杂的问题,涉及哲学、伦理学、人类学、生物学、心理学、生理学、社会学、教育学等多个学科领域。因此,研究道德意志,除了要坚持以马克思主义的基本立场、观点和方法为指导外,还须综合运用这些学科的相关理论和方法,进行跨学科的综合研究,我们才能揭开道德意志的神秘面纱,洞察和把握道德意志的真正面目。

第一章　道德意志

——一个艰深的概念

"真正的思想和科学的洞见,只有通过概念所作的劳动才能获得"①。正确理解道德意志,必须首先从把握道德意志的概念入手,界定其内涵,发现其特征,科学揭示其本质。

第一节　道德意志的界定

一、意志与道德意志的解释

(一)意志的辞源学解释

意志是由"意"与"志"组合而成的合意词。"意"的篆体为,"篆文从心,从音,用心音会心思之意,也兼表声。隶变后楷书写作意"②。《说文解字》中"意"与"志"是互为解释的。《说文·心部》中解释"意":"意,志也。从心察言而知意也。从心,从音。"本义为心思、心中的想法,如言不尽意、词不达意、意念、来意等。引申指愿望、志向、料想、猜疑、情趣、情意等。"志"的盟书是,篆体是,"会意兼形声字。盟书从心,从之(往),用心所向往会意向、意念之意。之也兼表声。篆文整齐化。隶变

---

① ［德］黑格尔:《精神现象学》(上卷),贺麟等译,商务印书馆1962年版,第48页。
② 谷衍奎编:《汉字源流字典》,华夏出版社2003年版,第769页。

后楷书写作志。上边讹为士声"①。《说文·心部》解释"志":"志,意也。从心,之声。"陈淳的《北溪字义》解释"意":"意者,心之所发也,有思量运用之义。"(《北溪字义》卷上一五);解释"志":"志者,心之所之。之犹向也,谓心之正面全向那里去。如志于道,是心全向于道;志于学,是心全向于学。一直去讨要,必得这个物事,便是志。若中间有作辍或退转底意,便不谓之志。"(《北溪字义》卷上一五)

在古代汉语中,意志一般是分开使用的,即单独使用"意"与"志"。其中,"意"有意志、意向、愿望、意见、本意等多种含义。"志"主要有意志、志向、志气、立志、理想、动机等意思。孔子重"志",孟子尚"志",荀子"志"、"意"并重,谈的大体与今天意志概念相似。古代心理学、哲学主要把"意"和"志"都看作名词,认为是人的"心"的功能,是心理活动"忆"的结果。如南宋朱熹认为:"意者,心之所发也。""心者,身之所主也。"(《四书章句集注》)这里的心不是物质器官(当然不能离开物质器官),而指人的精神或意识存在状态及其功能,"心"之未发状态可称之意向,"心之发"就是意向或"潜意识"的发用,即具有方向性和目的性的意志。"忆"的繁体字写作"憶"。《灵枢·本神》中说:"心有所忆谓之意,意之所存谓之志。"我们要说的"忆"是介于"感"与"悟"之间的心理活动。简单地说,"忆"就是思考。忆的结果是"意",意是出生以后人为训练培养出来的意识、思维、思想。古人将意归于后天之本脾,认为"脾藏意"。被保存的记忆是"志",比如永志不忘、日志等。古人认为"肾藏志",这和肾主骨生髓、脑为髓海有直接关系。

《汉语大字典》解释"意"有 16 义,如意向、愿望;考虑、放在心上;意思、意义;猜测、料想;怀疑;情趣、意味;感情、情意;意气、气势;内心、胸怀;通"億";记忆;通"薏"(果仁);六根之一(佛家用语);意大利简

---

① 谷衍奎编:《汉字源流字典》,华夏出版社 2003 年版,第 247 页。

称;姓。① 解释"志"有 13 义,如意念、心情;志愿、志向;神志;德行;向慕、期望;微小;专一;准的;骨族不剪羽的箭;皮肤上的斑痕(后作痣);通"誌"(记住、记牢);通"帜"(旗帜);姓。②《汉语大词典》将意志作为名词,解释为"为达到预定目的而自觉地努力的心理能力。"③这主要从人的心理内在能力方面来解释意志,强调这种能力的目的性、自觉性及努力状态。

在西方语境中,代表"意志"的词有很多个,对此,张明仓进行了枚举,如英语中,表示意志的词有"will、volition、purpose"等,其中,"will"指意志、意向、决心,人们广泛使用它来表示"意志",如法国哲学家保罗·利科尔的《意志哲学》英译本名为 The Philosophy of Will。罗洛·梅指出:"'will(意志)'意向性相关联,同时也正是英语中我们用来表'将来时态'的那个词。意志和意向性与未来有密切的关系。每一个意向性的陈述中,都不同程度地包含着这两者的意义——单纯的未来(某事将要发生)和个人的决心(我欲令其发生)。……未来并不仅仅是即将到来的时间状态,未来包含着'我要使它这样'的因素。"④"volition"表示意志、意志力,相当于 will power 或 will to power。而 voluntarism(唯意志论)则由拉丁文"voluntas"(演化)而来;而"purpose"则源于古法语 porpose,是 propose 的变体,pro(在……之前)加 pose(放),意即放在前面的东西,引申为目的、意图、意志等。在现代法语中,与"意志"相对应的词是"volonté",保罗·利科尔的《意志哲学》法语表述就是 Philosophie de la voloté。在德语中,表示

① 参见汉语大字典编辑委员会编:《汉语大字典》(缩印本),湖北辞书出版社 1993年版,第 972 页。
② 参见汉语大字典编辑委员会编:《汉语大字典》(缩印本),湖北辞书出版社 1993年版,第 949 页。
③ 汉语大词典编写委员会编:《汉语大词典》(全新版),商务印书馆国际有限公司2003 年版,第 1378 页。
④ 冯川主编:《罗洛·梅文集》,中国言实出版社 1996 年版,第 288 页。

"意志"的词也有不少。例如,在康德哲学中,"willkühr"、"wille"都可表示意志,但它们又有细微区别,前者表示"择别意志"(elective will),后者表示"理性意志"(rational will)。与康德把"wille"理解为"理性意志"不同,在唯意志论哲学中,"wille"表示非理性的意志。如叔本华将意志界定为"wille zum leben"(英文为 will to live),即生命意志或生存意志,尼采将意志界定为"wille zur macht"(英文为 will to power),即"权力意志"。不难看出,在西方哲学中,表示"意志"的各词语具体含义是有差别的,特别是在不同哲学体系中,哲学家即使使用同一个词(如 will 或 wille)来指称"意志",他们对"意志"的含义、特点、性质、功能等的理解往往也大相径庭。① 总之,西方的意志概念总是与人的意向(will)、目的(purpose)、动机(motivation)、能力(ability)联系在一起。

(二)意志的心理学和哲学解释

现代意义上的意志一词,既是心理学上的概念,也是哲学认识论上的概念,它有两种互相关联又互相区别的含义。人为了实现某种目的在行动中自觉克服困难所表现出来的心理状态和心理过程,是心理学意义上的"意志"。在认识论(哲学)意义上应把"意志"解释为"直接支配人们行动的某种思想",或解释为"一种精神和力量",这是"意志"一词的第二种含义。如果不能正确理解这两种概念之间的联系与区别,就很容易造成混乱。如德国心理学家、哲学家冯特把意志理解为独立调节表象流的能力。这种能力是受激情制约的,但是激情本身也被归结为意志动作。美国实用主义哲学家、心理学家詹姆士则认为,意志的基础是一种特殊的努力。这种努力之所以需要,是为了在意识中存在几个思想的情况下,抑制其中的某些思想,从而保证合意的思想过渡到行动的范围中去。这个过渡是按照意向性运动原则而实现的。C.林德沃尔斯基则认为,意志是

---

① 参见张明仓:《实践意志论》,广西人民出版社 2002 年版,第 199—200 页。

个性借以自我确立的基本能力。由阿·斯米尔诺夫主编的《心理学》教科书定义"意志"："意志行动是旨在达到那些自觉地提出目的的行动。"整个阐释是从心理学角度作出的。

我国心理学界对意志的界定大体吸取了外国学者的观点。《中国大百科全书·心理卷》的释文是："意志是人有意识、有目的、有计划地调节和支配自己行动的心理过程。"其他解释也大体相当,如"意志是指人们自觉地确定目的,有意识地根据目的支配、调节行动,克服困难,实现预期目的的心理过程"①。"意志是人自觉地确定目的,并根据目的支配、调节行动,克服困难,实现目的的心理过程"②。从上述我们可以得出心理学上意志的概念。意志是人类特有的心理现象,是人脑的机能,是人的意识的重要组成部分,是人的意识能动性的集中体现,与认识、情感、信念一起构成人类内在的心理要素,并且与人的外在行为活动发生重要关系。意志作为人的意识的重要组成部分,需要具备以下几个条件:第一,需要有典型的目的性。意志是意识的能动作用,只有人才有意志活动。意志活动表现在:人为了满足自己的需要,预先确定一定的目的,有计划地组织自己的行动来达到这一目的。第二,必须要表现为意识对行为和心理的调节。意志是意识的能动方面,它表现为人的意识对行为的自觉调节和控制。人在活动之前,就以意识到的观念或表征形式存在于人的头脑中,并以此为前提,拟定计划,选择方法,确定步骤,调节行动,使它服从预定目的。意志对行动的调节表现为发动和制止两个基本方面。前者表现为推动人们从事达到目的的行动;后者表现为制止与目的不相符合的愿望与行动。也就是有所为有所不为。意志不仅调节外部动作,还可调节人的心理状态。第三,必须与克服困难相联系。人的许多活动都是有目的

① 曹日昌:《普通心理学》(下册),人民教育出版社1980年版,第74页。
② 陈录生等主编:《新编心理学》,北京师范大学出版社1995年版,第166页。

和以随意运动为基础的。其中个体为了达到一定的目的,要克服不同类型和程度的困难。由于遇到困难的类型和性质的不同,因而意志活动的表现也不同。①

　　尽管古代汉语中志、意、意志在不同的语境中具体的含义不尽相同,有差异,但异中有同,大抵都有志气、志向、欲望、要求、决心、意志等方面的含义。《现代汉语词典》将"意志"释为:"决定达到某种目的而产生的心理状态,往往由语言和行动表现出来。"②这种释文显然是参照了现代心理学的定义,而较少考虑汉语一词中的传统含义。③ 其他哲学词典或哲学教科书对意志的定义也大都采用心理学上的界定,而忽视了传统文化意志概念的内涵和形而上学的意义,对此许全兴教授在《意志简论》一文中提出了批评。从哲学意义上,我们认为意志是一种将理论转化为实践、观念转化为行为的力量,是主体把理性反思得到的规律性认识转化为实践的一种活动,是一个有理性的主体具有依照观念而行动的能力,或者说,主体确定观念形态的目的,然后在其指导下有意识地把这种目的付诸实施的活动和能力。从实践的观点看,意志是标志"我欲"(I want)、"我要"(I will)、"我能"(I can)的范畴,它具有如下特征:第一,意志的主体只能是人。意志是人脑的机能和对对象的反映,即"外部世界对人的影响表现在人的头脑中,反映在人的头脑中,成为感觉、思想、动机、意志"④;第二,意志根源于客观现实,以主体的客观现实需要为基础,以主体对客体与自身的价值关系的认识为条件;第三,意志是在社会实践活动的基础上产生的。意志本身是社会的产物,意志的社会本质来自于现实的社会生活特别是社会实践;第四,意志的首要特征是自觉确定活动目的,并为这种目

---

　　① 参见胡德辉主编:《现代心理学》,河南教育出版社 1989 年版,第 353—356 页。

　　② 中国社科语言研究所词典编辑室编:《现代汉语词典》,商务印书馆 2005 年版,第 1618 页。

　　③ 参见许全兴:《意志简论》,《南京社会科学》1998 年第 2 期。

　　④ 《马克思恩格斯选集》第 4 卷,人民出版社 2012 年版,第 238 页。

的进行积极的意志努力;第五,意志是调控人的活动的一种精神力量和心理活动,意志总是表现为克服某种困难。

(三)道德意志的概念

道德意志这个词是道德与意志的合意词,是从一般的意志概念中分离出来的,侧重在意志,即道德活动中的意志,是与道德认识、道德情感、道德信念、道德行为等量齐观的范畴,它属于道德意识的内容之一。

中国传统文化很早就赋予意志概念以道德内涵,将人的意志与人的德性联系起来而成为今天意义上的道德意志。而且中国传统伦理思想中将意志不是放在认识论的领域来谈,而是放在道德价值论的领域,即在道德生活中的道德意志,这与西方道德意志理论形成了一个鲜明的对比。中国传统伦理思想中的道德意志主要是一种德性的意志,即求善、为善、成善的意志,具体表现为个体的决心、志向、恒心和毅力。如孔子强调"志于道"、"志于仁",做人应以"闻道"、"行道"为志。赞美"士"的"弘毅"精神;孟子尚志,主张"志帅气",推崇"浩然之气"的英雄理想人格;宋明理学看待道德意志问题,且不管道德意志来自"理",还是来自于"气"或是来自于"心",认为意志是人的能够而且必须控制欲望的能力,道德意志就成为修身养性、成就德性、完善人格的理性能力。即使道家的老子也言"志",认为"知人者智,自知者明。胜人者有力,自胜者强。知足者富,强行者有志",此处的"志"实指理想、动机等,与现代意义上的意志概念中的目的、动机类似,不过老子强调"弱志",崇尚"虚其心,实其腹,弱其志,强其骨"(《道德经》),淡化、弱化道德意志的功能与作用。但是庄子认为人的意志在于追求绝对的精神自由,即"无待"的不为物役、不为心羁的逍遥游。墨子主张"强志",将道德意志作"理想、目标、动机"解,墨子还提出了"合其志功而观焉"(《墨子·鲁问》)的行为评价标准,也就是将动机和效果统一起来考察人们的行为。(此处的"志"专作"动机"解)。

在西方伦理思想史中,意志一词很早就有了伦理意义、道德内涵。古希腊时期的柏拉图把人的灵魂区分为理性、意志和情感三个部分,意志对情感具有控制作用;亚里士多德认为意志是人的灵魂欲动功能,表现为人在理性领导下的选择能力。中世纪,在信仰上帝的帷幕下,人的意志自由成为宗教哲学和伦理学争论的焦点问题之一。到了近代,自由意志论和机械决定论的争论深化了对意志问题的探讨,意志被看作一种因果性的因素即作为人们活动的原因能力,或选择和决策的能力。康德对意志做了深入细致的考察,把意志界定为有生命东西的因果性,"在意志的概念中已经包含了因果性概念,从而在纯粹意志的概念中就包含了具备自由的因果性概念"①。康德认为人在感性世界中,不仅要受到自然法则即自然必然性的支配,而且要受到理性法则即实践理性的支配,人的自由就是意志对因果必然性的认识和把握。当然,康德的自由意志作为实践理性的存在方式主要是在道德领域,实践理性也就是道德理性,道德理性就是道德意志的自律,就是自己为自己立法,道德意志本质上是自由的。而在黑格尔那里,他扩展了意志的领域,不再局限于道德领域,他把它看作是从认识到实践的必然阶段和力量。意志也就由"理论态度"转向"实践态度",意志活动扬弃了主观性和客观性之间的矛盾而使它的目的由主观性变为客观性,同时在客观性中仍留有主观形式。"思维和意志的区别无非就是理论态度和实践态度的区别。它们不是两种官能,意志不过是特殊的思维方式,即把自己转变为定在的那种思维,作为达到定在的冲动的那种思维"②。近代,唯意志论高扬意志的非理性因素,直接把意志作为一种与理性对抗的非理性因素,实际走上了一条与康德截然不同的意志道路。叔本华、尼采、萨特、柏格森分别将意志界别为生存意志、权力意

---

①　[德]康德:《实践理性批判》,韩水法译,商务印书馆1999年版,第59页。
②　[德]黑格尔:《法哲学原理》,范扬等译,商务印书馆1961年版,第12页。

志、存在意志、生命意志。① 唯意志论在一定程度和意义上消解了道德意志的道德性。

现代哲学、伦理学对道德意志的解释有很多种,如"道德意志是道德意识的内容之一,是人们在履行道德义务的过程中所表现出来的自觉克服一切困难和障碍、作出抉择的顽强毅力和坚持精神,也是构成个人道德品质的要素。"②"道德意志指人们将自己所认识和掌握的社会道德规范和准则以及道德信念等付诸实现时,克服内外障碍的心理过程。"③道德意志是"人们在道德行为过程中,克服困难、障碍而做行为抉择的努力和坚持精神。"④"道德意志指人们在履行道德义务过程中所表现出来的自觉克服一切困难和障碍的坚定性和百折不挠的毅力。"⑤这些界定基本道出了道德意志的内涵和特征,但或多或少地存在一些不足,有的定义过窄,有的界定只是突出了道德意志的心理过程,有的只是突出了道德意志的品质,有的只是界定在履行道德义务的过程中,有的侧重于对行为的调节而忽视对观念的调节;有的定义过宽,将意志品质也作为道德意志的内涵;而且大多对道德意志的目的性要素关注不够。因此,对道德意志的界定应该更加全面。

以往的研究成果提供了丰富的思想资源,给予了我们很多启示与借鉴。综合考察,对道德意志概念的把握,必须明确以下几个前提:

第一,道德意志是道德活动中的意志,为着一定的道德目的或目标。

---

① 对西方道德意志思想和理论的梳理在下一章有详细的论述。

② 宋希仁等主编:《伦理学大辞典》,吉林人民出版社 1989 年版,第 1059—1060 页;徐少锦等主编:《伦理百科辞典》,中国广播电视出版社 1999 年版,第 1082 页。

③ 周德昌主编:《简明教育辞典》,广东高等教育出版社 1992 年版,第 480 页。

④ 罗国杰主编:《中国伦理学百科全书·伦理学原理卷》,吉林人民出版社 1993 年版,第 93—94 页。

⑤ 廖盖隆等主编:《马克思主义百科要览》(下卷),人民日报出版社 1993 年版,第 2104 页。

道德目的性是道德意志的首要属性,如果没有目的,就不会有意志活动;如果没有道德目的,就不会有道德意志,就不会有道德意志活动。如出于政治目的的意志就是政治意志,出于生活目的的意志就是生活意志。目的指向的道德性是道德意志发生的前提,道德认识、情感、信念等道德心理是道德意志发生的心理基础,道德活动是道德意志发生的场域,道德原则与规范是道德意志作用的价值支撑。

第二,道德意志是道德主体能动性的积极体现,既关涉思维,又指涉行动;既调控观念,又调控行为;既在道德认识领域发挥作用,又在道德实践活动中发挥作用。道德既对道德认识、道德情感、道德信念等道德心理内部要素实施调控,又对外在的道德行为直接发挥作用,它是联系道德内在心理和外在活动的最活跃、最关键的环节和要素,是道德主体能动性的体现。

第三,道德意志总是与克服困难、消除障碍联系在一起。有很多具有道德目的的行为,并不需要道德意志的参与,因为发动、实施、完成这些行为没有明显困难,不需要作出任何的意志努力,因此,我们一般不认为它们是道德意志行动。只有那些与克服困难相联系而产生的行动,才是道德意志行动。道德意志所要克服的困难主要有两种:内部困难和外部困难。内部困难是指内存于人脑中的某些不利因素。例如,不良的动机、贪婪的欲望、消极的情绪、动摇的信念、犹豫的态度、怯懦的性格等。外部困难是指由于客观条件而造成的某些不利因素。例如,恶劣的自然环境、匮乏的工作条件、不良的社会评价以及落后的政治经济文化因素等。也正是在克服各种困难、实现道德目标的过程中,个体的道德意志力量和品质才得以显现出来。

综上所述,我们把道德意志界定为:道德意志是道德意识的能动要素,是主体在道德活动中,为履行一定的道德义务和责任,根据某种道德原则来支配、调节、控制自己的道德观念和道德行为,克服困难、消除障碍,从而实现预定目的的精神力量和心理过程。

二、道德意志与其他道德要素的关系

现代心理学、伦理学认为,"知—情—意—信—行"是个体道德养成的基本过程。道德认识(认知)、道德情感、道德意志、道德信念、道德行为是个体道德的基本构成因素。道德认识是道德养成的基础,是道德心理的逻辑起点,道德认识解决"知不知"的问题。没有一定的道德认识,没有对客观事实的一定的了解,就不可能有任何的道德态度和道德行为。以态度为核心的道德情感是道德养成的关键,道德情感是道德构成的重要组成部分,它是道德认识和道德行为的中介变量,道德情感解决"愿不愿"的问题。道德信念是道德认识、道德情感统一结合的产物,是道德意志的前趋力量,是解决"信不信"的问题。道德意志是道德行为的内部支配力量,是道德意识和能动作用的体现,道德意志解决"能不能"的问题,道德意志主要反映在道德行为的自觉性、果断性、坚持性和自制力上,表现为道德活动中的决心、信心、恒心和毅力。道德行为是道德心理的外在表现,是个体道德的完成形态,也是道德教育的目的。研究道德意志必须厘清道德意志与道德认识、情感、信念、行为的关系。

(一)道德意志与道德认识

所谓道德认识是指对客观存在的道德现象、道德关系以及处理这种关系的道德原则和规范的认识。① 道德认识与道德意志既作为道德活动的结果积淀为人们的道德品质,又作为道德活动的结构因素构成活动的内部心理机制。因此,从道德活动的整体来看,道德认识与道德意志是各自独立、各有特点的活动形式,但又互相联系、互相影响。

二者相互联系,密不可分。在道德活动领域,认识与意志是很难截然

---

① 参见宋希仁等主编:《伦理学大辞典》,吉林人民出版社 1989 年版,第 1033 页。

分开的,道德认识总是渗透着意志的认识,而道德意志也总是基于一定的认识并交织着认识的意志。

首先,道德意志的产生是以道德认识为前提的。意志的一个重要特征是具有自觉的目的性。人的任何目的,都是在认识活动的基础上产生的。因为目的虽然是主观的东西,但它却来源于对客观现实认识的结果。对于目的的选择以及用什么样的方式来达到目的也是在认识活动的基础上产生的。人在确定目的,选择方法和步骤时,要审度客观形势,分析主观条件,回顾过去的经验,设想将来结果,拟订方案,编制计划,并对这一切进行反复的权衡和斟酌,所有这些都必须通过感知、记忆、思维、想象等认识过程才能实现。道德意志来自理性的认识,其实质就是理性对感性的约束和控制。从认识来看,意志的产生都以认识为基础并伴随着认识过程,道德认识就是一种理性认识,道德意志更是在对道德关系和道德活动的本质性认识中形成的,没有对人的需要、人与人关系和人的发展前景的认识,就不会形成道德意志。可见,意志行动离不开认识过程,意志是在认识活动的基础上产生的。而且道德认识对道德意志活动的开展及道德意志作用的发挥也起着积极作用。古人有言:"不闻大论,即志不宏;不听至言,则心不固"(《申鉴·杂言》)。此处的大论、至言都是从认识方面讲的,它们影响意志的宏与固。正如人们常说的那样,认识越全面、越深刻、越正确,意志就越自觉、越坚决、越持久,行为的德性就越高。

其次,道德意志对道德认识过程也有很大的影响。个体在进行道德认识活动时,总会遇到一定的困难。要克服这些困难,就需要作出意志努力。例如,观察的组织、随意注意的维持、追忆的进行、解决问题时思维活动的展开以及想象的形象化进程等,都需要意志的努力。认识活动是在实践活动中进行的,而变革现实的实践活动也离不开意志的支配。没有意志努力,不可能有高级的、艰深的、持久的认识活动,当然也就不可能进行有效的道德实践活动。如墨子言:"志不强者智不达。"(《墨子·修身》)道德意志对道德认识的推动作用表现在以下三个方面:第一,道德意志可以优化、强化、纯洁道德认识的目的与动机。从复杂的认识活动中提炼、升华而形成道德目的,从矛盾的动机斗争中完善道德动机。第二,激发道德认识向道德信念的转化。道德意志对道德认识的"去粗取精,去伪存真,由此及彼,由表及里"的过程,使道德认识向道德信念迈进。第三,促进从道德认识到道德行为的发展。"知"必须向"行"过渡,不能转变为"行"的道德认识不能称为真正的道德认识。但认识转化为行为,道德意志可以担当从知到行的中介或桥梁,推动认识向行为的转化。

再次,道德认识与道德情感不仅相互联系而且相互统一。在对象上,认识活动和意志活动指向包含有一定利益关系或价值意义的人、事件、行为、观念或关系,都是主体把握世界、理解对象、评价对象、改造对象的方式,目的都是为了达到主客体的统一,达到个体自我的完善。二者都属于道德意识的主要构成要素,都有统一的道德主体,为着统一的道德目的或目标,都可能指向并发展为一定的道德行为,二者统一于道德实践活动。

但是我们又要看到,道德认识活动与道德意志活动毕竟是两种类型的活动,有着各自的特征和内容。首先,它们在逻辑发展上有着先后顺序。当我们把它们当作不同的活动形式研究时,必须有一个逻辑上的先后。道德认识活动在逻辑上先于道德意志活动,是道德意志活动赖以进行的前提。人类正是在认识活动开始之时或之后,积累着对社会关系、人际交往、道德关系等的态度体验,形成人的道德意志活动的。其次,它们活动性质和方式也不一样。道德认识活动是主体的价值取向,具有选择和评价的意义,但它毕竟是一种反映,是认识主体与认识对象由矛盾到统一的过程。道德意志活动虽然也可以说是一种反映,但这种反映与认识大不相同,它是主体价值的动力系统。再次,二者可能存在不一致现象。正确的道德认识不一定拥有道德意志,更不一定具备道德意志品质。现实生活中知行脱节甚至知行背反是经常发生的事情,一大原因就是由于道德意志的缺位、虚位或无力所引起的。全面、深刻、正确的道德认识可能伴随着的是脆弱、疲软、无力的道德意志,片面、浅显、错误的道德认识可能相随着的是顽强、坚挺、有力的道德意志。

(二)道德意志和道德情感

所谓道德情感,是"人们基于一定的道德认识,从某种人生观和道德理想出发,对现实道德关系和道德行为产生的一种爱憎或好恶的情绪态度"。① 道德情感与道德意志作为个体道德内部心理要素,既各自独立、各有特点,但又互相联系、互相影响。

道德情感与道德意志就像一对孪生姐妹,往往相伴而生、形影相随。情感和意志是统一的。例如,热烈的情感、坚定的信念、顽强的斗志、执着的追求等,都很难说只是情感而不是意志,或只是意志而不是情感,它们都是情感和意志的有机统一和现实展开。

道德情感对道德意志起着重要作用与影响。道德情感因素为道德意志的发生、发展提供动力支持系统,对道德意志活动起着驱动作用。恩格斯说:"在社会历史领域内进行活动的,是具有意识的、经过思虑或凭激情行动的、追求某种目的的人"②。道德意志的抉择是在道德情感支配下进行的。道德意志只有与道德情感相结合才能推动道德行为的发生,尤其是在遇到困难的时候。黑格尔指出:"没有激情,任何一个伟大的事业都不曾完成,也不能完成。"③季塔连柯更是大声疾呼:"不要再认为道德意志及其逻辑、反思才是人的高级的东西,而情感意志的集中、下意识的活动就是'低级的'、次要的甚至是'卑贱的'(动物的)东西。如果不是目标明确地完善人的感情生活,形成共产主义和谐发展的任务是不可能

---

① 罗国杰主编:《中国伦理学百科全书·伦理学原理卷》,吉林人民出版社 1993 年版,第 92、93 页。

② 《马克思恩格斯选集》第 4 卷,人民出版社 1977 年版,第 243 页。

③ [德]黑格尔:《精神哲学》,商务印书馆 1987 年版,第 474 页。

实现的。"①道德意志之能够起作用,除了道德理性认识的指导,还要有道德感情的发动。没有情感的桥梁与催化作用,理性认识就不可能产生目的、动机,也就不可能产生意志,没有道德情感的价值支撑和支持,道德意志也无法正确作出抉择,以推动行为的发生。情感可以成为意志的动力。强大的意志往往伴随着强烈的情感,情感犹如一种意志的催化剂,它对意志的活动起着积极的催化作用。例如,对祖国的热爱及对敌人的仇恨,激励着人们去保卫祖国和消灭敌人,即使遭受百般磨难和挫折,即使牺牲生命,仍然一往无前、坚持不懈、在所不惜。情感也可能成为意志的阻力。如困惑、焦虑、彷徨以至痛苦的情感、情绪往往动摇和销蚀着人的意志,它妨碍着意志行动的执行,造成意志过程中的主体内心困难,影响任务的完成和目标的实现。

道德意志对道德情感的影响,主要表现在对情感的约束和控制上。正态的意志即坚强的意志可以增强道德的或积极的情感,克服不道德或消极的情感,负态的意志即脆弱的意志则会削弱、挫伤道德的情感、积极的情感,听任或助长不道德的、消极的情感。意志能够控制主体的情感,排除消极的不道德的情感,保留和巩固积极的、道德的情感,使主体在道德活动中,始终保持稳定的情感、集中的注意力,并积极向道德行为转化,道德情感能否得以行为实现而成为一种品质,在很大程度上就看道德意志努力的程度。道德情感必须以善良意志为指导和调控,勇敢、坚韧、果断、节制等情感,如果没有善良意志为指导,就可能是极大的恶。正如康德所言:"假如不以善良意志为出发点,这些特性就可能变成最大的恶。一个恶棍的沉着会使他更加危险,并且在人们眼里,比起没有这一特性更为可憎。"②

---

① 转引自《哲学译丛》2005 年第 2 期,第 17 页。
② [德]康德:《道德形而上学原理》,苗力田译,上海人民出版社 1986 年版,第43 页。

当然道德意志与道德情感并非总是方向一致的,如平时人们所说的"理智与情感的冲突",实际上就是意志与情感的冲突;所谓"理智驾驭感情",实质就是由道德意志遵循德性的要求而实现的对非道德的情感(欲望)的控制;所谓"情感战胜理智",是指非道德的情感(欲望)挣脱了道德意志的控制,或是意志力不足以抑制情感的冲动而成为情感的俘虏,背离了道德的方向。

总之,道德情感和道德意志是密切联系、彼此渗透着的,二者统一于道德主体的内在结构,显现于道德行为活动。道德活动既是情感的结果,也是意志的结果。任何意志活动总包含情感的成分,而情感的活动也常有意志因素。实际上并不存在纯粹的、不与任何情感活动相关联的意志活动,也没有不需要道德意志就能实现了的道德情感。

(三)道德意志与道德信念

道德信念也是道德意识的内容之一,指人们内心中对某种道德观念(原则、规范、理想、人生观)正义性的笃信,以及由此产生的履行相应道德义务的强烈责任感。它是人们在社会实践的基础上形成的道德认识、道德情感和道德意志的有机统一,也是人们行为选择的内在动机、道德品质构成的基本要素以及评价自己行为和他人行为善恶的内部根据。①

道德意志与道德信念二者既相区别、各自独立,又相互联系、相互渗透、密不可分。道德信念是道德内在心理的价值系统,道德意志是道德内在心理的动力、能力系统,二者都有自己独特的内容和表现方式,道德信念不能代替道德意志的功能和作用,道德意志也取代不了道德信念的功能和作用。

道德信念对道德意志产生、发展与运行都具有重要影响。对道德意志发生起直接作用的就是道德信念。从认识论角度上讲,道德信念就是

---

① 参见宋希仁等主编:《伦理学大辞典》,吉林人民出版社 1989 年版,第 1051 页。

坚定的道德观点。它一经确立,就具有稳定性,不轻易改变,直接参与道德意志活动。从价值论的角度而言,信念的作用在于为人们确定思想和行动上的有效原则和目标,告诉人们应该怎样、不应该怎样,把行为目标指向未来;并努力使之对自己有益,满足自己的需要。因此,信念往往是判断是非善恶的内在标准。人的信念不同,立场也不同。人总是用自己的信念来审度事物,判断是非的。凡是符合自己信念的,就认为是正确的,就相信,就亲近,就作出意志努力。相反,如认为是错误的,就怀疑它,就疏远它。① 信念越坚定,意志越顽强;信念越强烈,意志越果断;信念越崇高,意志越持久。历史上无数圣贤,为着"为天地立心、为生民立命、为往圣继绝学、为万世开太平"(张载语)的理想和信念,或死守善道,或君子固穷,或从容赴难,为我们树立了无数人类道德意志的典范与精华;对于那些具有坚定的信念、信仰的革命者来说,"革命意志大于天",他们能够在极其恶劣的环境和压力下工作,为着远大理想、信念而甘愿牺牲自己的生命,他们的坚定意志来源于信念的力量。

道德意志也对道德信念具有重要影响。在形成信念的过程中,人的所有心理成分,如认识、情感、意志等都参与了作用。一般说来,个体的道德经验转化为认识、认识转化为情感,而信念正是凭借意志力量将道德认识、情感升华为信念。而且道德意志是道德信念转化为道德行为活动最关键的环节和要素。道德意志作为道德信念的主体性构成要素必然与克服困难相联结,是主体克服重重困难而使信念目的付诸实施的整个心理过程。在道德活动中,矛盾交织的客观因素与主观因素,常常使道德主体面临艰难的选择,这时道德意志便成为决定性力量。一个意志力顽强的人能约束自我,不论客观环境如何险恶都能忠实地履行道德义务,实现道

---

① 参见曾钊新等:《德性的心灵奥秘——道德心理学引论》,辽宁人民出版社 1992 年版,第 137 页。

德信念,而一个意志力薄弱的人,则会犹豫不决,发生动摇,善终退缩,令其信念成为空谈。为实现主体道德信念,道德意志作为对自我的严格约束与调控,会为了某种更为长远的需要或崇高的目的而控制自己眼前的利益和需要,甚至为了某种信念以生命相托,作出一定的牺牲,如古人所说的"杀身成仁"、"舍生取义"。道德意志是推动人克服困难、实现信念的积极因素。这就像苏联心理学家谢切诺夫所说的"意志不是某种对动作单纯发号施令的无个性的动因,而是理智和道德情感的活动方面,这就是说,它能为某件事而往往甚至违背自我保全的情感去支配动作"①。意志的约束与调控在一定意义上讲是一种抑制,它抑制着以客观因素或自身因素引起的非道德观念与行为。道德意志就是要用信念的力量战胜不道德的观念和行为,使自我完成对自身的改造,完成对困难的克服,实现道德信仰。因而可以肯定地讲"有道德意志,一定有道德行为,一定有相应的品德;没有道德意志,一定没有道德行为,一定没有相应的品德"②。道德意志成为道德信念发生与实现的重要环节和因素。

对个体来说,是否具有顽强的道德意志和是否形成坚定的道德信念密切相关,二者往往互为表里。康德如下的一席话正说明了这个道理:"凭借因遵守法则让我们感受到的肯定的价值,职责的法则找到了通过对于我们自己的敬重进入我们自由的意识的方便之门。一旦自由确实奠立之后,当人们深感畏惧的莫过于在内心的自我反省中发现自己在自己的眼中是卑鄙而无耻的时候,那么此时每一种德性善良的意向都能够嫁接到这种自由上去;因为我们自由的意识是提防心灵受低级的和使人败坏的冲动侵蚀的最佳的、确实唯一的守望者。"③在康德看来,当人们的意志因敬重道德法则而成为善良意志或道德意志的时候,当人们深感畏惧

① [苏]B.B.波果斯洛夫斯基:《普通心理学》,人民教育出版社1979年版,第326页。
② 王海明等:《寻求新道德》,华夏出版社1994年版,第404页。
③ [德]康德:《实践理性批判》,韩水法译,商务印书馆1999年版,第176页。

的莫过于在内心的自我反省中发现自己在自己眼里是卑鄙无耻的时候，人们就具有了坚定的道德信念，就能领悟到道德上的自由，就接近于道德人格的形成。此话虽然有些绝对，但在很大程度上揭示了道德意志与道德信念的内在密切关系。

（四）道德意志与道德行为

道德行为是指在一定的道德意识支配下的行为，在伦理学中亦称作伦理行为。它是泛指在善恶意识支配下作出的行为，包括善行和恶行，即道德的行为和不道德的行为。① 道德意志与道德行为既相互区别又相互联系。我们从意志与行为的含义中不难看出二者的内在逻辑或辩证关系，即意志支配行为，道德行为是道德意志的外在表现，"意志作为主观的或道德的意志表现于外时，就是行为"②。而道德意志又是在反复的道德行为中得以强化和发展的。

道德意志属于个体道德的内在心理要素，是道德意识的重要构成部分，而道德行为属于个体道德的外在表现形式，是道德意识的外化，是属于实践层面的东西。一般来说，二者从逻辑上是有先后顺序的，先有道德意志，后有道德行为。我们要注意的是，道德意志与道德行为的界限，二者不可混为一谈，道德意志毕竟是"意识"的要素，与道德认识联系在一起。将二者等同明显是有问题的。道德意志虽然具有道德行为的指向性，但还只是行为的趋向与能力，还不是道德行为。③

道德意志对道德行为具有重要意义。道德行为是按照一定道德准则采取的行为方式，它是在道德意志的支配和作用下才得以实现的。要使道德行为不受主客观各种不利因素的影响和干扰，自觉地调节道德行为，

---

① 参见宋希仁等主编：《伦理学大辞典》，吉林人民出版社 1989 年版，第 1036—1037 页。

② ［德］黑格尔：《法哲学原理》，范扬等译，商务印书馆 1961 年版，第 116 页。

③ 参见吴瑾菁：《道德认识论》，中国人民大学哲学系博士学位论文，2007 年，第 132 页。

使其保持一贯性,这主要需要内部的力量,这个力量即道德意志。一个人有了道德意志,才会自觉调节行为,克服困难,消除障碍,使道德行为得以坚持,实现一定的道德目标。在很大程度上说,道德行为是一种意志行为,即表现个体自身成功克制自身的欲望和爱好、克服内在外在困难的活动。相反,不道德的行为从某种程度上说就是个体道德意志的丧失,即屈服于自身不当欲望和爱好。道德意志对道德行为的影响主要有以下几点:一是对道德行为的定向作用。道德意志通过确立目的、优化动机,明确道德行为的方向和目标;二是调节作用。道德意志通过协调自我意识与自我评价,稳固道德情感,坚定道德信念,构筑推动道德行为的动力源泉,同时趋利避害,消除不利因素,促进道德行为的持续、深入发展;三是控制作用。在道德行为过程中,道德意志通过克服内外困难,消除障碍,控制道德行为不偏离价值轨道,并对不良行为进行排斥,顺利完成道德行为,实现道德目标;四是检验、评价道德行为结果。道德意志是评价主体得以确立的内在根据,是评价活动的重要机制。[1] 道德意志对于实践的评价作用主要体现在对实践效果、实践效能和实践效率的评价。主体通过实践评价,再检查、审视原有的行为目的、行为方案、行为手段、行为操作方式等,进而调整、修正行为活动的运行,建立行为系统的反馈调节机制。[2]

道德行为对道德意志也有重要意义,"'意志'这个词只有在它与其它名词或者毋宁同动词有关的场合下才有意义,因为意志只有在行动中才显露出来和被判明是真实的"[3]。道德行为其本身就内含着道德意志的因子,道德行为一经发生,就是对道德意志的显现,就是道德意志的实践,必然会巩固、强化道德意志,道德意志品质就是在不断的社会活动中,经过

---

[1] 参见冯平在其《评价论》一书中就明确提出意志对评价的作用。

[2] 参见张明仓:《论意志在人的活动中的作用》,《东岳论丛》2001 年第 2 期。

[3] [德]路德维希·费尔巴哈:《费尔巴哈哲学著作选集》(上卷),荣震华等译,商务印书馆 1984 年版,第 429 页。

反复的行为实践,尤其是在克服困难、消除障碍的行为实践中培养的。

第二节　道德意志的特征

通过对道德意志的概念分析,我们可以发现道德意志既具有意志的一般特征,又具有道德性的特定内涵;既是个体道德意识的内在心理要素,又是道德心理向外在道德行为发用的实践精神;既是道德自我主体性的体现,又受外在社会道德规范性的制约;既具有感性的特征,又具有理性的特点;既具有建设性的功能,又具有否定性作用;既具有稳定性特征,又具有可变性特点;既是观念性的作用,又有行为性的意义。具体而言,道德意志具有如下特征:

一、社会制约性和自主选择性的统一

道德就是外在他律和内在自律的统一,道德意志也具有这种特点。从道德意志的产生和作用机制来看,道德意志是客观和主观、受动与主动、他律和自律的统一。作为人类意识的重要组成部分,道德意志总是以社会物质生活为基础,存在于客观的道德关系之中,受到既存的道德规范体系的制约。人们的道德意志首先来自于对外在的道德关系和道德规范体系的认识和理解,通过对这些道德关系和社会规范体系内化吸收,即通过学习、认同、体验、实践,把这些外在关系和规范内化为自身的道德准则和观念,由此形成道德意志的认识、情感、信念基础。道德意志也就是个体在这种基础之上经过接受教育、环境影响、规范约束、实践锻炼形成并不断发展的,可以说是一个他律的、受动的、渐进的过程。道德意志又是主体在道德需要的推动下,通过对各种信息进行分析、选择、加工、接受、转换,打上了自我意志的烙印,并在道德判断、道德选择、道德行为过程中,形成了自愿、自主、自控的一种能力,尤其是在解决困难,实现道德目

的道德活动中,道德意志的这种特有的自觉性、坚定性、持久性和自制力就成为主体力量的典型特征。

意志是人的自主性的重要体现,没有意志,人就不可能进行选择、决策,更不可能将困难的事情坚持下去。反之,如果没有自主自决自控的选择,也就没有真正的意志。自主选择性是道德意志的典型特征。正如传统儒家说的"为仁由己",实际上"为恶亦由己"。从一般意义上讲,在道德选择上,人是具有意志自由,所以人要对自我行为负责和承担后果。但是,正如马克思所指出的,"人们自己创造自己的历史,但是他们并不是随心所欲地创造,并不是在他们自己选定的条件下创造"①。人们的道德选择并不是任意、随意的选择,不受任何限制和制约的限制,道德意志自由总是相对的自由,总是受社会制约性的自由,社会的法律、纪律、道德、习俗总是制约着人们的道德意志,人们道德意志的实现也受外在的客观条件、环境的影响。当然,我们不能把社会制约性与人的主体能动性对立起来,更不能把社会制约性视为主体能动性的否定力量。实际上,真正的道德意志就是正确认识社会制约性的自由运动,是在客观基础上的主观表现,在他律基础上的自律。我们讲意志自由也是从社会制约性和自主选择性的统一方面来谈的。

所以说,道德意志就是在客观与主观、外在与内在、他律与自律的共同作用下形成并发挥作用的,集中体现了社会制约性和自主选择性的统一。

二、观念性和行动性的统一

作为人类意识的道德意志是在社会实践的基础上对"外部世界的影响"的一种反映、一种追求,但是,它与道德认识不同,一经产生,就有明确的道德目的,总是要意向性地指向道德价值目标,并通过控制人们的对

① 《马克思恩格斯选集》第 1 卷,人民出版社 2012 年版,第 669 页。

象性的活动,如动机、选择、行为来实现既定的价值目标,使自我观念性的
东西得以外化。可见,道德意志不只是一种观念,它更外化表现为一种行
为。人们的道德意志不仅形成并发展于实践,更要在实践中得以外化、对
象化和检验,它是道德意识向道德行为过渡的关键环节,是道德思维与道
德实践的有机联结,是道德观念与道德活动的天然统一。可以说,道德意
志既是一种意识能力,又是一种控制人的行为、处理复杂道德关系的实践
能力。在伦理学史上,在唯识论的支配下,往往重视道德意志的观念性,
如康德高扬纯粹的善良意志,较少考虑道德意志的生活实践性,即道德意
志在具体生活中的应用,这在整个西方伦理学中都有这个倾向,过多地从
形而上学方面去解读道德意志,很少从道德生活实践方面去说明、解释、
实践道德意志。而近代又走向另一个极端,唯意志论中,意志行为性受到
了片面重视,意志的观念性也被曲解,意志成为了世界的本原和人的本
质。实际上,道德意志作为观念性的东西必须在道德实践活动中表现出
来,即表现为道德行为选择、道德践履、道德创造能力的高下强弱。道德
意志的观念性存在如果不在道德实践中转化为道德意志能力就不能发挥
其积极作用,反之,如果这种实践能力没有观念的目标、动机性指引,往往
就是盲目的行动。因此,道德意志是观念性和行动性的统一,二者统一的
基础就是道德实践活动。

三、道德理性和道德感性的统一

人是理性和感性的复合体,从人类的心理机制方面来说,道德意志也
是理性和感性的统一。道德理性指道德概念、道德判断、推理等思维形式
和思维活动。它是人们在进行道德活动和道德评价时,认识社会和认识
自我的一种高级的能力。[①] 感性不仅包括"感性事物",而且更主要的是

---

① 参见李淮春:《马克思主义哲学全书》,中国人民大学出版社 1996 年版,第 90 页。

指实践即"感性活动"。① 人的理性是从欲望、情感、无意识的本能(包括意志在内通常被认为是非理性因素)这些基础性或本能性的东西中生成的,而这些也是道德意志生成的主体基础,而感性又是从低级到高级的发展过程,感性不仅是理性的基础,还往往是理性的先导或契机。人的道德意志既受理性因素的制约,又受感性因素的影响,可以说道德意志既具有理性特征,又具有感性特征,是二者密不可分的统一体。

人的道德意志并不总是受到理性制约,它总是有或大或小的盲目性、自发性、冲动性,尤其是在个体道德意志发展的早期或不成熟时期,在道德意志的初级阶段,表现得尤为突出。如道德意志的盲从者由于缺乏自主性,经常优柔寡断,容易受人暗示、诱惑或影响,甚至完全以别人的意志作为自己的意志;道德意志独断者,自以为是,拒绝别人正确意见和建议,固执己见;道德意志冲动者自我控制能力很差,道德行为经常出于个人情感或好恶,感情用事,不考虑客观现实、周围环境和个人能力,往往好心办坏事。这些都是道德意志过于感性化的表现。但是,道德意志的发展是不断由感性向理性方向发展的,越是高级阶段,理性层次越高。一般来说,道德意志活动发展主要经历三大阶段,②一是仅仅包括情欲、冲动、倾向等感性内容的主观的、自然的、偶然的活动,是一种直接的初级的道德意志活动,带有自然、冲动、偶然的性质;二是把感性材料和理性思维结合起来,形成反思比较,具有反思思维的意志活动;三是真正的彻底的道德意志活动,也就是理性与感性天然结合的阶段,实现了意志自由的境界的阶段。道德意志的理性特征就表现在其自主、自决、自律、自控上。道德意志的自主、自决性表现为:个体在从事道德活动之前,活动的结果已经作为行动的目的观念地存在其头脑之中,他会认真思考、反复权衡自己的

---

① 参见李淮春:《马克思主义哲学全书》,中国人民大学出版社1996年版,第170页。
② 道德意志发展经历的三个阶段在后文第三章中有详细论述。

行动目的的社会意义和社会效果,较全面地分析实现目的的主客观条件,
并确信自己所确定的目的的正确性、必要性及实现的可能性,进而以这个
目的来指引自己的行动,使之达到预期的目标。道德意志的自律、自控性
主要包括抑制一切干扰行为目的任务的意图、动机和思想情绪,约束行
为,控制不良冲动和行为发生;同时,根据自己目的的需要和任务,选择积
极有效方案,确定实施方法,组织有力手段,发动行为以实现预定目的。
可以这样说,道德意志就是这样的一种东西,是在感觉、需要、欲望、情感
等非理性因素的促发下形成、发展和运行的,是主体意识的个性化、特殊
性要素,具有典型的非理性特征,同时又通过普遍性的必然要求和外在力
量对这些非理性因素的约束、规范和引导,形成一种实践理性①能力,对
积极的欲望、情感予以支持,对消极的欲望情感予以控制,实现道德理想
目的。因此,只有情感性的感性存在和需求或只有理性思维和普遍性的
要求都形成不了道德意志,二者缺其一,道德意志也发挥不了积极作用,
需要、欲望、情感催动意志的激情,理性驾驭意志的规范运行,道德意志是
道德理性和道德感性的统一。

四、稳定性和变动性的统一

从存在和发展状态来看,道德意志具有稳定性和变动性相统一的特
点。道德意志作为道德心理在形成道德行为的过程中起着关键性的作
用,是道德意识中最深沉、最稳重的要素,它一经形成,就深深扎根于道德
意识之中,并且在道德实践中,一定会通过外在的道德行为表现出来,形成
人们习惯性的、自觉性的行为方式,从而日积月累表现为人们的道德意志
品质和道德境界。它使个体在不同时间、不同地点、不同环境面对道德问

---

① 实践理性指的是"人以精明的合理的态度处理自己与周遭世界的关系,一切权利
和目的都意在结果对人有利"。陈刚:《西方精神史》(上卷),江苏人民出版社 2000 年版,
第 56 页。

题(困难)时,能够表现出一以贯之的态度和倾向,不会出现错位或前后行为的矛盾,因此,在人们的道德实践中,道德意志一经形成并固化,就表现出很强的稳定性。但我们应看到,这种稳定性又是相对的。由于社会经济关系的发展变化,以及人们在经济关系中地位的变化,社会的道德关系、道德环境也必定发展着变化,新的道德问题、道德冲突也会随之出现,人们必定会对新问题、新情况作出反应,从而要求个体通过学习、实践、反思,提升自己道德意志能力,才能保证道德能力和水平的相应进步;反之,如果道德意志能力还保持在原来水平停滞不前,或者是在新的问题或情境中无所适从、犹豫不决、困惑迷茫,甚至退缩,那就是一种道德意志的退步。因此,个体道德意志的存在和发展是一个相对稳定和不断变化的统一的过程。

在具体道德实践中,人们的道德意志要受到各种因素特别是艰难困苦的考验,个体的道德意志和品质才得以彰显,不同的道德个体才由此表现出不同的特点。意志薄弱的人往往动摇性突出、坚韧性不足,他们或缺乏坚定的目的,或动机不纯,或易受诱惑,或持久性不强、耐受力不够,这些人在遭遇困难或挫折时极易动摇、退缩,乃至放弃对道德目标的追求。而意志坚强的人有坚定目的和信心,能够控制自己的情感和欲望,抗拒诱惑、承受压力、克服困难,能够一以贯之、持之以恒。当然,我们还要看到,道德意志的稳定性和变动性要求的统一,并不是要求我们道德意志在稳定性方面一成不变,将坚定、坚强与执拗、固执混为一谈,执拗、固执的人往往不能相机行事,不能随机应变,不能从善如流,他们往往固执己见,一意孤行,盲目鲁莽,往往形成好心办坏事,善心、善行无善果的局面。道德意志的变动性与多变性、易变性也应区分开来,多变、易变实际上是道德意志的变异,在一定程度上就是道德意志的缺失或损坏。

五、普遍性和独特性的统一

从内容上来说,道德意志是普遍性和独特性的统一。不同社会时代的人们伦理生活背景具有很多相似之处,要对待和处理的道德关系也具有相同的地方,社会道德规范和价值观念也有共同性一面;同一时代的人们更是面对着相同的道德环境,经历着共同的道德生活,受共同的道德规范的制约,受共同的主流价值观念的指导。因此,不同社会形态的人们尤其是同一时代的人们往往会产生"人同此心"、"心同此理"的共同的道德认识、道德情感,也必然具有相似的道德意志和道德行为,这也就表现出道德意志的普遍性、共同性的一面。这种普遍性主要表现为对一般的道德关系、道德问题作出相似或相同的意志活动内容和方式,如确立目的、选择方式方法、发动行为,表现出相似或相同的道德行为。与此同时,道德意志又总是带有个性化的特征,具有千差万别的个体化倾向。个体道德意志说到底就是要履行道德义务的意志,也就是要按照道德义务要求处理个人与他人、个人与社会的利益关系的意志。独特的意志特征要求每个个体在不同的道德情境中能够做到意志自决、自控,这种自决、自控的形式是个体性、特殊性的,但是它的内容又是具有社会性、普遍性的,也就是意志自决、自控从社会性的角度来看是否以尊重他人或社会的意志、利益要求为前提。个体道德意志行为之所以必须与他人或社会的意志要求、利益要求相联系,不仅是因为道德本身就是调节个人与社会、个人与他人利益关系的行为,而且还因为人的行为总是在一定社会利益关系中发生,并且总是会造成有利或有害于他人或社会的客观影响。离开了同他人或社会意志的关系、利害关系的意义,人的行为也就失去了任何道德意义和性质。这就鲜明地表明,个体的道德意志行为虽然是自主的带有个性和主观性的,但其表现的内容却打上了社会性、客观性、普遍性的烙印。可见,任何个人的道德意志都是普遍性和独特性的统一。

六、建设性和否定性的统一

从功能作用上来说,道德意志具有建设性和否定性统一的特点。道德意志首先表现为一种主体对社会化的自我需要的追求与满足,具有明显的目的性。是一种对理想和蓝图的追求与实现,具有典型的建构性,这是一种积极的建设性的建构。另一方面,人的道德意志总是基于主体对现状的"不满意"或"不满足",它不仅意味着主体对于现状作出否定性评价,也不仅意味着主体对现状进行理论批判,而且蕴含着主体希望通过行动改变现状的强烈愿望和激情,并通过行为现实地改变现状,实现理想和目标。因此,在某种程度上讲,道德意志总是具有"否定性"功能;当然这种否定性并不总是消极的,这种否定在一定程度上同时也是肯定,是对现实合理因素的肯定,特别是对理想目标的肯定,即人的意志不仅要改变、变革一个旧的模式、秩序和方式,而且要建立一个理想的世界。"一般来说,意志总是表现为人们追求某种对象、实现某种目的、满足某种愿望或需要的意志"[1],它是推动主体"趋利避害"、"兴利除弊"、"破旧立新"的主要内在动力。正是由于人具有否定性与建设性相统一的道德意志,人才能够不断克服困难,破除阻力,变革与外界自然、他人及社会的关系,从而推动人自身的进步和完善,客观上也推动了社会的道德进步和完善。当然,如果道德意志缺失、损毁,则很难完成道德行为,实现道德目标,如道德意志运用不当,则可能会出现负面效应,出现不良后果,如道德意志受邪恶的欲望驱使,成为作恶的动力和帮凶,则会出现灾难性后果。

第三节　道德意志的本质

道德意志的概念确立给我们揭示了其内涵和外延,道德意志的特征界定给我们明确了其内容和形式,但是,我们还必须对道德意志的本质进行深入探讨,挖掘其内在根据和必然性。在伦理学史中,道德意志问题是

① 夏甄陶:《认识的主—客体相关原理》,湖北教育出版社1996年版,第26页。

困惑无数哲学家、伦理学家的一个大难题,尤其是对道德意志的本质争论不休,意见不一,形成了各种道德意志本质论,如神本主义意志论、理性主义意志论、情感主义意志论、唯意志论、直观唯物主义意志论等。这些意志论尽管在不同方面具有某种历史的合理性,但由于缺乏科学的世界观和方法论基础,都不能全面、科学、合理地揭示道德意志的本质。而唯有根据马克思主义唯物史观,从人的社会实践的角度出发,正确认识道德意志与社会存在的关系、道德意志的主体能动性与社会客观规律的关系,才能为科学解答道德意志找到一条正确的道路。①

一、道德意志的社会性与受动性——社会性本质

唯物史观认为,社会存在决定社会意识,主张物质第一性,意识第二性,意识是物质世界长期发展的产物,是人脑的机能与属性,是物质世界的主观印象。作为人类意识重要组成部分的道德意志,既不是先验的、神赐的、永恒不变的自在之物,也不是理性、精神、意识的派生物,而是社会物质生产关系的产物,是人们的生产实践,尤其是道德实践的产物,是人的自然形成、社会形成、心理形成的产物。

从道德意志的人类发生学来说,人的道德意志不仅是自然界长期发展的产物,而且是社会历史的产物。道德意志的渊源正如道德的渊源一样,是人类在社会历史发展中的道德需要的必然结果,是人的生产需要、社会需要和自身需要的产物。② 社会实践特别是生产劳动,在道德意志的产生和发展过程中起着决定性的作用,劳动为人类意识、意志的产生和发展提供了客观需要和可能,人们在劳动和交往中形成的抽象思维、自我意识特别是语言,促进了意志的发展。可以说道德意志的发生是与道德

---

① 参见沈永福:《唯物史观视野中的道德意志》,《内蒙古师范大学学报》(哲学社会科学版)2008 年第 4 期。

② 参见夏伟东:《道德本质论》,中国人民大学出版社 1991 年版,第 21—46 页。

同时产生的,有了原始道德就有了原始形态的道德意志。恩格斯当年在
批判蒲鲁东的抽象的"法权"观和"公平"观时,曾写下一段道德与法的
起源的重要文字:"在社会发展的某个很早的阶段,产生了这样一种需
要:把每天重复着的产品生产、分配和交换用一个共同规则约束起来,借
以使个人服从生产和交换的共同条件。这个规则首先表现为习惯,不久
便成了法律。"①这里的"习惯"就是原始道德,我们同样以此来说明道德
意志的原始产生无非来自于人的需要,是人们用来维持生产、分配、交换
产品的共同秩序的需要。人们的生产劳动形成了生产关系,在此基础上
产生了道德关系和道德需要,而道德意志就是这种道德需要的一个重要
表现。人的意志就是与人的需要相关的一种选择、调控能力,是一种在目
的性道德需要支配下的选择、调控能力。恩格斯曾经指出:"不言而喻,
我们并不想否认,动物是有能力采取有计划的、经过事先考虑的行动方式
的。……在动物中,随着神经系统的发展,作出有意识有计划的行动的能
力也相应地发展起来了,而在哺乳动物中则达到了相当高的阶段。"②这
些动物尤其是高级哺乳动物"有意识有计划的行动的能力",可以被看作
人类道德意识的潜在或"萌芽的形式"。马克思还指出,"专属于人的劳
动"一个重要的特征就是有目的的意志。人在对象化的劳动中去实现自
己的目的,这个目的是他所知道的,是作为规律决定着他的活动的方式和
方法的,他必须使他的意志服从这个目的,"除了从事劳动的那些器官紧
张之外,在整个劳动时间内还需要有作为注意力表现出来的有目的的意
志,劳动的内容及其方式和方法越是不能吸引劳动者,劳动者越是不能把
劳动当做他自己体力和智力的活动来享受,就越需要这种意志"③。可以
说,"这种有目的的意志"必然受到客观世界和主体需要等多方面的制约

---

① 《马克思恩格斯选集》第 3 卷,人民出版社 2012 年版,第 260 页。
② 《马克思恩格斯选集》第 3 卷,人民出版社 2012 年版,第 997 页。
③ 《马克思恩格斯选集》第 2 卷,人民出版社 2012 年版,第 170 页。

和限制。从这里我们不难看出道德意志是人类思维能力发展到一定程度后,对道德生活的内在需要的凝聚、强化和调节,是对外界关系的反映,是人的社会化关系的产物。当然由于受到社会生产力发展的影响及人的心理、生理发展程度的限制,最早人类的这种道德意志很少受到理性的控制,而表现出一种盲目和自发的状态。"这种道德意志还没有足够的理智力量来支配和控制,也没有规范化的善恶观念和是非标准来评判和束缚。他们的道德意志也是复杂的,矛盾的,还具有很大的功利性和实用性。"①

唯物史观坚持道德、道德意志的非先验性、历史性、受动性,而且更进一步指出"物质生产实践"、"人类社会实践"对于道德意志产生、形成、发展的基础性作用。正如马克思所言:"意志、爱等……人的感觉、感觉的人性,都是由于它的对象的存在,由于人化的自然界才产生出来的。五官感觉的形成是迄今为止全部世界历史的产物。"②自然界的客观存在、社会物质生活条件是道德意志产生的前提条件和客观性制约因素,正是人类对现实的或理想化的道德追求、探索、愿望和目的,通过社会实践对象化的过程,在突破了主客体困境和条件的限制、约束中逐渐形成道德、道德意志。

从个体的道德意志形成过程来看,不仅客观的社会物质现实是道德意志形成的基础和前提,而且还需要主体的生理、心理条件。从生物学意义上说,意志就是人脑的生理机能。列宁曾指出:"观念、精神、意志、心理的东西是进行正常活动的人脑的机能。"③意志活动是大脑皮层支配下的一系列随意动作所组成的活动,而随意动作是由大脑皮层的运动区和自觉区来调节和控制的。运动区调节运动的器官和动作,当大脑皮层的运动

---

① 胡敏中:《理性的彼岸》,北京师范大学出版社 1994 年版,第 102 页。
② 《马克思恩格斯文集》第 1 卷,人民出版社 2009 年版,第 191 页。
③ 《列宁选集》第 2 卷,人民出版社 2012 年版,第 172 页。

区作出神经冲动,引起相应肢体的运动,这种运动本身又刺激运动器官的本位感受器,感受器把运动情况的信息传回大脑皮层的运动感受区。这时大脑皮层就收到运动的情况,并根据这种感觉来调节下一步的行动,从而产生了随意动作。人的意志不仅受大脑皮层的运动区和自觉区的调节和控制,而且受整个大脑皮层的调节和控制,即使像竖起一根手指这样简单的意志行为,中枢发生的冲动发放效应也遍及整个大脑,只是在有关细胞上特别集中而已。小脑和网状结构也对人们的意志行为起着重要作用。总之,人的意志行为总是依靠大脑、小脑以及其他皮层下的中枢的活动。①

　　道德意志的形成还依赖一定的心理机制。道德意志作为一种特殊的心理因素和精神现象与人的道德认识、道德情感、道德行为紧密联系在一起,知、情、意、行构成了人的道德心理完整的内部结构和外部表现。道德意志是以一定的道德认知为前提的,为一定的道德情感所驱动,以一定的道德行为实现为依归。人的道德意志发挥作用时,主体是处于有意识的状态之中,即有意识的排除干扰,克服障碍,并以一定的行为表现出来。当然主体坚强的意志力是在长期的生产生活实践中逐渐凝聚和积淀起来的,它一旦形成就会存在于主体的深层意识中,甚至存在于无意识中,并在一定条件下充分显现出来。道德意志有时表现出与理智、理性并不完全一致,甚至出现背反现象,表现出自发性、突发性和非逻辑性的一面,呈现出顽固、一意孤行和我行我素的状况,但在正常情况下,道德意志一旦形成,就会表现出自觉性、选择性、逻辑性特点,展现出自主、自决、自控、自制的品质。

　　个体道德意志的形成还有赖于社会机制的作用,个体总是社会中的人,离不开社会关系和社会实践。道德意志的形成与发展需要一定的社会政治、经济、文化环境熏陶和秩序调控,需要社会、家庭尤其是学校的教

───────────

① 参见胡敏中:《理性的彼岸》,北京师范大学出版社1994年版,第146页。

育和培养,需要自我修养和磨炼,可以说道德意志是在社会关系尤其是利益关系中形成的,也正是在社会实践中人们认识到自我的道德能力和客观现实出现矛盾和困难后,从而在完成某项活动或某种目的过程中,逐渐培养果断性、自制力和顽强性等意志品质,因此,道德意志的各种表现形式都是在社会实践中形成和发展起来的。①

从社会存在与道德意志的关系、从人类以实践精神方式把握世界的角度看道德意志问题,是马克思主义唯物史观在道德意志观上的鲜明特色和本质体现,人的道德意志不是先验的、神赐的,自然的或人脑的纯粹神经机能活动,这就与历史上神学的、自然主义的、行为主义的、理性主义的等各种形态的历史唯心主义的道德意志论划清了界限,从而科学揭示了道德意志的社会历史本质。②

二、道德意志的能动性与社会制约性——主体性本质

唯物史观不仅坚持客观物质世界的先在性、第一性、本原性,客观物质世界对意识、意志等精神现象的决定性,同时也辩证地指出意识、意志等精神现象的能动性,对客观世界的反映、改造、创造性功能和作用。道德意志作为人的主体意识能力的一个体现,对人的道德行为和社会实践生活具有积极的重要作用,认识不到道德意志的这种主观能动作用,就会陷入意志论中宿命论、命定论、反意志论、非道德主义的窠臼而不能自拔。相反,如果夸大了这种能动性,就有可能陷入唯意志论、意志决定论、意志万能论的危险。③

---

① 参见沈永福:《唯物史观视野中的道德意志》,《内蒙古师范大学学报》(哲学社会科学版)2008 年第 5 期。

② 参见沈永福:《唯物史观视野中的道德意志》,《内蒙古师范大学学报》(哲学社会科学版)2008 年第 5 期。

③ 参见沈永福:《唯物史观视野中的道德意志》,《内蒙古师范大学学报》(哲学社会科学版)2008 年第 5 期。

　　恩格斯曾说,人类意识是地球上"最美丽的花朵",这是对意识作用的生动描绘。道德意志可以说是人类意识"花朵"中的花蕾,是人类意识能力中的最能动、最有力的因素。道德意志是主体对自我道德需要的能动性把握。道德意志的能动性首先表现在其强烈的目的性。道德意志是一种有目的的意志,目的性是其核心。马克思曾说:"劳动过程结束时得到的结果,在这个过程开始时就已经在劳动者的表象中存在着,即已经观念地存在着。"①也就是说,人的活动,包括道德活动,是围绕着"观念的存在着"的目标和蓝图而进行的。在道德活动中,道德意志把人们的需要、欲望、动机、愿望、情感等内容综合为"目的",并指向一定的客观现实生活。目的实际上是对现实的不满足,或对矛盾予以解决、困境得以解决的一种指向,体现着主观与客观、理想与现实、实然与应然的矛盾。目的也意味着主体对现实与规律的一种体认。当然人的道德意志并非仅限于这种体认,它还进一步将这种目的前进一步,甚至几步,使之向行动转化,去实现这种目的。道德意志正是通过善恶的选择,手段、方式方法的应用,来发动、调节和控制人的欲望、动机、情感、行动等,从而实现自己的目的性指向。②

　　道德意志的能动性尤其体现在对困难的克服和障碍的消除方面。道德意志这种主体能动性不仅在于一种目的性,更在于其目的实现的实践性,也就是创造性功能和作用。道德意志可以在实践中通过确立自己的方向,进而选择主体需要的情感、愿望,并整合、驾驭、控制不同品质和强度的情感,构成强劲的内驱力,还对妨碍自己目的运行的情感进行排斥、剔除,从而实践"观念的存在着"的模型蓝图。道德意志在道德生活中的作用主要通过以下几个环节逐步实现:其一是确立目的。目的是道德意

　　①　《马克思恩格斯选集》第 2 卷,人民出版社 2012 年版,第 170 页。
　　②　参见沈永福:《唯物史观视野中的道德意志》,《内蒙古师范大学学报》(哲学社会科学版)2008 年第 5 期。

志的核心,是道德意志的内控机制,贯穿和渗透于意识活动过程和结果之中。目的确定有赖于主体真实需要,或主体理论理念、认识和理解。其二是制定意志活动方案。包括制订计划、选定措施、确立方法、途径等。其三是意志的调节和控制。包括确保方向性使主体能力与客观现实相一致,使意志活动得以正常进行而不致迷失,如注意力的凝聚和坚持;随时调节自己的情感因素,保留积极稳定的情感因素,压制、排除消极的或有害的情感因素,控制负的或消极的品质,如理智控制情感、理性战胜欲望等,使得主体价值得以实现。其四是检验反思评判活动结果。道德意志是道德主体进行反思评价检验得以进行的内在根据,是评价活动的内在机制。毛泽东曾说:"一般地说来,不论在变革自然或变革社会的实践中,人们原定的思想、理论、计划、方案,毫无改变地实现出来的事,是很少的。这是因为从事变革现实的人们,常常受着许多的限制,不但常常受着科学条件和技术条件的限制,而且也受着客观过程的发展及其表现程度的限制(客观过程的方面及本质尚未充分暴露)。在这种情形之下,由于实践中发现前所未料的情况,因而部分地改变思想、理论、计划、方案的事是常有的,部分错了或全部错了的事,也是有的。"①正是道德意志对行为活动的效果、绩效进行评价,能够获得对目的实践过程的全部认识和再认识,从而完成行为的最后环节——反馈调节机制,并为下一步新的活动提供参考与借鉴。

我们在看到道德意志的能动性同时,也要正确把握人的意志自由与社会必然性的关系、道德意志能动性与社会制约性的关系。②

第一,道德意志的能动性发挥必须尊重客观规律。列宁曾经指出,外部世界、自然界的规律乃是人的有目的的活动的基础,人们只有在掌握客

---

① 《毛泽东选集》第一卷,人民出版社 1991 年版,第 293—294 页。
② 参见沈永福:《唯物史观视野中的道德意志》,《内蒙古师范大学学报》(哲学社会科学版)2008 年第 5 期。

观规律的基础上,才能达到认识和改造世界的目的。要尊重自然界的规律,符合历史发展的规律,适应人们身心发展的规律,因为人们的意志能力与选择乃至作用的发挥总是在一定的历史条件下,在一定的社会关系中,在一定的具体情境下发生的。

第二,道德意志的能动性只有也只能通过实践途径才能发挥作用,才能得到体现。道德意志作为人的主体精神动力因素,要使它能够实现,变为现实的物质力量,不能只在意识、思想、精神的层面打转转、兜圈子,必须通过物化的活动——实践才能达到。"物化"的活动,也就是道德活动和道德行为。道德意志正是通过实践使主观见之于客观,使客观世界发生合乎目的性的改造,也就是创造性的实践活动。

最后,道德意志的能动性还有赖于一定的物质条件和技术手段,缺乏一定的物质条件和物质手段,道德意志往往沦为"盲目的冲动",正如俗语说的"巧妇难为无米之炊"、"英雄无用武之地"。如在现实生活中,当你不会游泳,见深水中有人溺水,你需要救人之志,还需要救人之资,即舟筏、长绳子、长杆子之类的东西,如果你奋不顾身跳下水去救人,往往适得其反,只会徒增悲剧的色彩。

当然,我们所言的道德意志这种受限性是从根本意义上讲的,道德意志正是由于对这种受限性的客观认识,具有一种"理想的意图"或"理想的力量",而对人们产生巨大的激情和广泛的作用,引导人们克服困难,改变实然的现实世界,达到应然的"理想世界"。从这个意义上讲,人的道德意志本质上是自由的,是一种对限定、束缚的突破、超越,是一种受限与能动、实然和应然、理想和现实、绝对与相对、客观和主观、主体与客体、有限与无限的辩证统一。

三、道德意志的实践性与行动性——实践精神的本质

实践精神,也称"实践理性",是由亚里士多德提出来的。他认为人

类理性有两类,一是理论(或理智)理性,以思辨、反映、分析、综合等理论活动为内容,其充分的发挥就形成了理智的德行;二是实践理性,以意志、选择、行动等现实活动为特征,在这方面持之以恒,就可构成实践的德行即善。道德属于后者,是实践理性的基本活动。由于理论理性与知识有关,而实践理性与意志相关,因此实践理性高于理论理性。康德的《实践理性批判》中的实践理性指的就是善良意志。他认为实践理性是纯粹理性的实践能力,即给人的道德行为规定先天准则的先验理性,实践理性所规定的道德律,对人的行为来说是一道至上的命令,只有依据这种"绝对命令"的行为才是道德行为。① 康德说"唯独有理性的东西有能力按照对规律的观念,也就是按照原则而行动,或者说,具有意志。既然使规律见之于行动必然需要理性,所以意志也就是实践理性。"②我们不论康德实践理性(善良意志)如何排斥了感性经验的虚幻性,单就其对道德主体性的发掘及高扬道德理性尤其是道德意志的纯粹与崇高意义,也是值得肯定的。

道德意志作为实践精神主要指主体在道德目的的指引下,通过意志活动调控自身,并进而通过调控人们的对象性活动来实现既定价值目标,并使自身得到外化、对象化。这样,道德意志就不再只是一种观念性活动,它更表现为一种行为。人的道德意志不仅形成并发展于实践,而且要在实践中才能得到外化、对象化和检验,它的实践性和行为指向性是十分显著的。正如马克思所言的"一切动物的一切有计划的行动,都不能在地球上打下自己的意志的印记。这一点只有人才能做到。……一句话,动物仅仅利用外部自然界,简单地通过自身的存在在自然界中引起变化;而人则通过他所作出的改变来使自然界为自己的目的服务,来支配自然

---

① 参见姚新中:《道德活动论》,中国人民大学出版社 1990 年版,第 38 页。
② [德]康德:《道德形而上学原理》,苗力田译,上海人民出版社 1986 年版,第63 页。

界。这便是人同其他动物的最终的本质的差别,而造成这一差别的又是劳动"①,这一论述精辟地揭示了人的劳动实践的创造性和对意志的决定作用,以及意志对于实践的能动作用。

　　道德意志作为道德之"实践精神"来把握世界,表现出两点特殊性。②一是从"实然"(to be)与"应然"(ought to be)的关系上来把握世界;二是从"规范性"与"导向性"的关系上来把握世界。从实然与应然的关系着眼,一方面展现在主体面前的道德现实关系,表现实有的利益关系,是一种现实或现状;另一方面,道德意志追求的是一种理想的道德关系,表现的可能是一定的未来利益关系,表现的是尚不存在的东西、未有的东西,即表现的是时间上的世界的理想或未来,是空间上的人类在具备一定条件的情况下理应达到的理想世界的程度及规模等。因此,道德意志正如渡河上的方舟,指引、帮助人们从"实然"之此岸到达"应然"之彼岸,途中可能还要应对急流漩涡甚至惊涛骇浪。也恰是道德意志的应然性、理想性的指向,使人类增强了走向理想未来的信心,并充分展示出人类能够按照自己的意志来构建理想世界的主体性。从规范性与导向性的关系着眼,一方面,道德意志通过一定的道德原则与规范,对自我行为的约束与控制,即把自我的行为规范在一定界度内,履行道德义务和责任,以此来维持一定的正常道德秩序。另一方面道德意志又具有"导向性"作用,通过一定的价值导向,把自我引向德性一方,同时这种"导向性"还具有社会的示范效应,对他人、社会起着积极的带动影响作用。在实践中,道德意志的规范约束功能是道德意志的题中应有之义,而道德意志作为主体能动性的集中表现,又有着超越于现实的创造能力,它能根据主体现实的需要、实践的需要不断地超越于客体的同一要求,从而在更高的层次上实

① 《马克思恩格斯文集》第 9 卷,人民出版社 2009 年版,第 559 页。
② 参见夏伟东:《道德本志论》,中国人民大学出版社 1991 年版,第 17—18 页。

现着客体的精神要求并丰富和发展着客体对象。

但我们还要明确的是,道德意志的实践性精神不能等同于实践,道德意志不能等同于道德行为。"意志虽然在本质上是实践的,但又不能完全等同于'行','行'的'主意'和'行'毕竟不是一回事"①,说的就是这个意思。道德意志具有的实践性品格说明了在道德觉悟阶段的道德认识在意志的推动下,已经具有了行动的趋向与能力。所以,将道德意志视为是主体的行动力,是一种能力,是可以成为现实的潜在,而不是行动或已在的现实。②

综上所述,我们可以得出这样的结论,道德意志的本质要以唯物史观为指导,从三个方面加以把握,一是从社会历史角度,在社会物质生产关系中去揭示道德意志的社会历史本质;二是从主体的道德需要及对需要的把握角度,在能动性和社会制约性关系中去揭示道德意志的能动性本质;三是从社会实践的角度,在"实然"与"应然"、规范与导向的关系中去揭示道德意志的实践精神的本质。

---

① 蒙培元:《情感与理性》,中国社会科学出版社 2002 年版,第 261 页。
② 参见吴瑾菁:《道德认识论》,中国人民大学哲学系博士学位论文,2007 年,第131 页。

第二章　决定论与自由意志论

——歧见纷呈的问题

　　在伦理学视阈中,意志何以重要,主要在于人们认为意志勾连起了人们行为与责任的关系,而这一点历来为人们所争论:人们能否自由地作出决定并照此行动? 或者人们的行动是否为外部的或内部的不受自我控制的力量所决定? 因此,关于道德意志的自由论和决定论就成为伦理学史上争论不休的千年难题,直至今日还是哲学和伦理学思考的焦点话题。诺齐克曾经有一个经典评论:"多年来我一直费尽心思思考自由意志的问题,大概除了伦理学基础的问题外,我花费在这个问题上的时间最多。我时常产生一些新的思想,但是那些思想很快就凝固了,我不得不说,自由意志问题是最令人头疼、最难以把握的问题。"①

　　自由论和决定论不仅是个道德问题,而且是个与实在相关的形而上学问题。传统理论中对自由意志的关注主要与道德责任联系在一起,人们认为只有当我们的意志是自由的,我们的行动才是主体性的行动,我们才能对我们的行动负责,而当我们处于无知的状态或者完全被胁迫的状态下,我们不应当对我们的行动负责,对此亚里士多德有经典论述。亚里士多德认为,需要承担道德责任的行为是出于意愿的行为,即是强调道德根源在自身,而不在他人或外部环境。只要是符合自身意愿的选择行为,

---

　　① Robert Nozick:*Philosophical Explanation*,London:Cambridge University,1985,p. 293.

就是行为者自己的行为,责任便不可豁免。

人的道德责任首先源于他的自由意志。如果我们确信某个人是一个能够承担责任的行动者,那么这不仅意味着我们有一个特定的信念,而且也意味着我们愿意对那个人采取某些态度,以某些特定方式来对待他。①当然自由意志论者对于自由的限定与责任的关系还有很多复杂性的规定,大体上有广义和狭义之分,但都认为无论广义和狭义的意志都不受因果律的支配,意志不是一个结果而是一个原因。正如康德和叔本华所言,意志意味着创造一系列效果的能力,具有这种能力而不被任何东西决定的人是自由的,不依靠任何前提条件的自因的精神活动也是自由的。当然决定论者反对这种观点,认为无论是生理和心理方面都没有无因的东西,作为人的意识的意志也是这样,意志本身及其行动都是被决定的。而证明决定论的理论和证据由来已久并五彩纷呈,人们从宗教、物理学、哲学、历史学、经济学及心理学等各领域都进行了探讨,由此产生了自由意志论和决定论的相容与不相容的复杂问题。自由意志论与决定论有着重要分歧甚至根本意义上的冲突,但近世不少学者在研究过程中发现二者能够相容,产生了自由意志论和决定论的调和。当然我们要从唯物史观的视角分析自由意志与决定论,分析二者的合理性见解,同时阐释二者的缺陷与不足。

第一节 决定论的类型与理论

一些人认为,世界是受严格而普遍的规律所制约的,万事万物都按照一种必然性规则来运作,不仅自然的世界是这样,人类的生活世界及精神世界也是这样。人的精神包括意志都是有前提的,都是依赖于一些别的

---

① 参见徐向东:《自由意志与道德责任》,江苏人民出版社 2006 年版,第 11 页。

事物而存在的。决定论就是认为"世界的未来是在一个不可避免的模式中确定下来的。至于为什么是确定的,又是如何确定的,不同形式的决定论提出了不同的解释。"①

一、宗教决定论

宗教决定论也称神学决定论或命定论,是从宗教(犹太教、基督教和伊斯兰教)所赋予的上帝或安拉的特性中衍生出来的。宗教决定论即预定论,源自于宗教、特别是世界主要宗教(犹太教、基督教和伊斯兰教)赋予某个超自然存在物的属性。这些属性就是全能(权力无限)和全知(无所不知)。按照此类宗教说法,由于这样的存在物创造了宇宙和包括人在内的宇宙万物,所以它有权力无所不为,而且通晓过去、现在和未来发生的一切。由于这些属性,世界历史上(过去、现在和未来)的一切事物,都可以被认为是注定如此的、可以预知的。

比如说,如果上帝决定我过好日子并"进天国",那么我就会如此;相反,如果上帝决定我过苦日子并"下地狱",那么我也会如此。对于我或别人的所作所为,我完全没有决定权,因为全能的超自然存在物已经预先决定了、规划了、"预定"了一切。这种理论不为三大宗教所普遍接受,尽管有些神学家认为它是正确的。最坚决主张预定论的新教牧师、神学家J.喀尔文(John Calvin,1509—1564)认为,个人对于自我拯救是无能为力的。这一理论面临的重要难题,即证明超自然存在物的存在。即使能证明它的存在,也难以证明它创造了世界,证明它确实是全能全知。②

宗教神学认为,上帝或真主是全能的,创造了宇宙和包括人在内的万

---

① [美]洛伊·韦瑟福德:《决定论及其道德含义》,转引自徐向东:《自由意志与道德责任》,江苏人民出版社 2006 年版,第 17 页。

② 参见[美]雅克·蒂洛等:《伦理学与生活》(第九版),程立显等译,世界图书出版公司北京公司 2008 年版,第 97—98 页。

物,它是终极裁决标准,判决一切事物,它能够做到一切,同时它又能预知,知道过去、现在和将来的一切。如上帝决定人们幸福或不幸,决定我过上好日子并且升入"天堂",那我就能过上好日子;也可以决定我过上苦日子并且下"地狱",那我只得过悲惨的生活。莱布尼茨甚至提出论证说,我们不仅有充分的理由相信上帝出于本性而决定了宇宙的每一个细节,我们也可以确信上帝必然选择创造一个并且仅仅一个世界——就是我们实际上所居住的这个世界,这个世界是所有可能世界中最好的那个世界。不过,莱布尼茨也认为,上帝决定一切细节的创造与人类的自由是相容的。

神学尤其是基督教认为,人是先天有罪的,人不能不犯罪,人自己不能拯救自己,只有靠上帝的救赎,因而人是不自由的。但这一理论将会导致两大难题。一大难题是如果宇宙和万事万物都是上帝创造的,那么上帝也一定创造了恶。这似乎是大多数神学家都不愿意直视和回答的一个问题,他们不愿意将罪恶归咎于上帝,尽管有全能至善的上帝,罪恶的存在就成了道德上的两难问题,上帝怎么将恶带给人类呢?上帝是否应当为人类世界的恶负责?奥古斯丁对这个问题做了自我解答。奥古斯丁认为,人类是上帝创造的,自由意志是上帝给予人类的一个礼物。上帝赐予人类自由意志的目的就是让人类做正确的事情。但是赋予人类自由意志使得人们在善恶间是可以自由选择的,人们因为贪婪好色、骄傲自大、互相仇恨才导致作恶,人类自身应当对自我的选择负责,人类的自由意志与上帝的全知全能没有矛盾。另一有待解决的难题就是上帝仁慈正义的形象问题。如果上帝预定了人的前世今生,预设了人的善恶,同时对他们无力控制的事情施以赏罚,那上帝就像一个任性的怪物,这似乎不符合仁慈和正义的造物主形象。同时如果不能假定人们自由地做好事而不作恶,那么救世这一概念实际上就没有什么意义了。一方面,如果上帝是全能的,人完全依赖于上帝;如果人是自由的,那么他就不受上帝决定,上帝就不是全能的,因而人就不是自由的;另一方面,如果上帝是全善的,因此它不可能决定人去犯罪,那上帝就不是全善的了,就要对人间的罪恶负责了,但正像它不能对此负责一样,这罪恶就必定是人自己选择的结果,因此人不是被决定而是自由的。当然这些问题并没有真正驳倒宗教决定论,但确使西方宗教至少不大坚持极端的形式。

二、物理决定论

物理决定论通常称为因果决定论或科学决定论,是最可能吸引人们关注的一种决定论。许多自然科学家根据自然科学规律得出一种结论,自然律严格地决定着未来的结果,在某个物理系统的最初状态确定的情况下,一定时间之后,将有一个并且只有一个结果是可能的。由于自然科学要探索真理就要依靠实验、恒定性和预言,所以必然承认普遍的因果关系,由此导致许多科学家进一步推定这种因果关系意味着宇宙中完全没有任何自由。开普勒[Kepler]的三大定律和牛顿的天体动力学的成功,导致近代对于"科学"决定论的几乎普遍的接受,20世纪和21世纪的自然科学已经为决定论提供了最有说服力的理由和证据,特别是当这些科学影响了现代心理学的时候。① 物理决定论或物质决定论的最伟大代表是伊萨克·牛顿爵士(1642—1727)。牛顿就认为整个自然界和宇宙都受自然法则的支配,因此,根本没有自由这种东西。人类所见世间的万事万物都是自然法则或事件引起的。因为看得见的任何东西,甚至如原子、分子这些肉眼看不见的东西,事实上都是物质的,所以作用于这些东西的一切及其所产生的一切,就都是由这个那个物质的法则或事件引起的。万物之灵的人类也是一种物质的构造,人体内部和外部都受物质原因的

---

① 参见[美]雅克·蒂洛等:《伦理学与生活》(第九版),程立显等译,世界图书出版公司北京公司2008年版,第98—99页。

支配,所以人受到自身内部和外部的物质原因的支配。因而"科学"决定论的基本观念是,世界的结构是这样的,只要我们知晓自然法则和世界现在或者过去的状况,那么每一个未来事件在原则上都能预先通过推理计算出来。但是若要每一个事件都是可预测的,那么它就必须可以以任何期望的精确程度预测,因为测量的即使最微小的差异都可以被宣称区分了不同的事件。

尽管这种理论具有空前的说服力和诱人之处,但我们仍难以武断宣称,自然法则发生作用之外就不会有任何的自由。一些批评者认为,人除了物质性构成外,还具有更为复杂、更为特殊的精神世界,可能有超越自然法则之处。现代以量子物理学为代表的现代物理学理论提出了很多创新性发现和疑难。以 W.海森堡(Werner Heisenberg,1901—1976)量子物理学理论为代表的现代物理学发现,已经对牛顿学说的自然宇宙观提出了许多重大质疑。甚至对于像原子、分子这样的无意识实体,也打开了通向自由可能性的大门。英国学者波普尔认为,"科学"决定论要求,假如提供给我们充分精确的初始条件,就能以任何期望的精确性预测每一个事件。精确程度的预测的初始条件的精确程度可称作"可估算性原则",但每当我们的预测落空时,我们剥夺了自己给予我们的初始条件不充分精确为借口进行辩护的权利。显然的确超出了因果关系的通俗或者常识的观念,因此,可以想象,因果关系的通俗的直觉观念——甚至其普遍因果律的强烈形式——就其本身而言是正确的,而同时"科学"决定论的学说却是不正确的。

尽管从历史上说"科学"决定论的观念似乎是从宗教决定论到自然主义和理性主义术语的一种适译,然而从一个不同的角度看待"科学"决定论的观念却是可能的。例如,可以把它描述为产生于对常识性世界观的有些深奥微妙的批评,按照这种世界观,可以把所有事件分为两类事件,可预测的例如四季的更迭,或者太阳和恒星的周日运动和周年运动,或者钟的运转;和不可预测的事件,例如天气的神秘莫测的变化,或者云的行为。①

三、生物和遗传决定论

达尔文的进化论认为,自然界的各种生物都是进化的,进化遵循着适者生存的原则。如恐龙因其体形庞大,但脑容量和智力极其有限,以致不能生存下来,而较小的更聪明的生物,如人类却生存下来了。自然选择与自由无关,不同的自然作用,决定了各种生命的命运,处于优势地位的物种其体力、构造和生存潜力都是自然作用的结果。人类的进化与人的遗传性相关。基因在很大程度上决定了我们的特质,包括我们的性别、肤色、头发甚至是我们的智力水平和精神潜力。人是遗传所决定的,人的自由在本来意义上是虚无的东西。生物决定论同样要面临如物理决定论的质疑,因为它将人仅限于物质性的和生物的特质和结构,而没有或直接忽视精神性属性,忽视精神意识的复杂性、主动性和创造性。

四、历史或文化决定论

黑格尔提出以历史为基础的决定论。他提出,世界历史的不同时期都是绝对精神的表现,这种绝对精神驱使自我得到完美的实现。黑格尔基于这样的一种理解,他认为现实和世界的基本特性是理性的和精神的,物质性仅仅是绝对精神趋向完美的理智发展的表现。透视黑格尔的理论,他认为任何人都是处于一定的历史时期或文化之中并深受浸染,人们的性格、行为习惯和德性都决定于当时的文化和生命、先前的文化及历史事件。人即是历史的产物,对于我们亲历其中及受之孕育的文化,我们既不负有责任,又无能为力,自我无法加以控制。我们只是历史的结果,历

---

① 参见[英]波普尔:《开放的宇宙》,李本正译,中国美术学院出版社1999年版,第4页。

史是存在于宇宙的、努力自我实现的绝对精神的表现。当然这一理论自有其理论的局限性,他倡导历史尤其是文化的决定性作用,证明绝对精神的存在,并阐明这种绝对精神可以与肉体相分离,同时关于历史的理性进化论也缺乏科学的证明。所以马克思在分析黑格尔历史决定论的时候敏锐地指出其理论的缺陷,文化本身是被决定的,决定于物质生产关系,一定的历史文化总是由一定的经济基础所决定,历史文化对人的影响具有重要意义,但不是决定性的,人的自由尤其是意志自由唯有从物质生产关系、从人的经济活动和社会生产关系中去考察才能找到其特性及内容。

五、心理决定论

20世纪来自心理学的最新成果为决定论提供了有力论证。弗洛伊德在19世纪就提出,人甚至在子宫里就由无意识的精神和各种自然驱力所决定了,而社会风俗习惯却要求他抑制这些自然驱力。如弗洛伊德用"俄狄浦斯"情结来解释原始宗教和禁忌问题,并用来解释生活世界的病态行为。如某男子杀死很多妇女,是因为这些妇女像他母亲,他对母亲的无意识的恨驱使他犯罪杀人。弗洛伊德主义者认为,人们的行为方式都由内驱力和无意识的动机所决定。

20世纪心理决定论主要是斯金纳的行为主义理论。斯金纳借助了巴甫洛夫人的行为的"条件反射"理论,认为人的行为严格说来是他的经历的物质环境和社会或文化环境的结果。他指出人的灵魂、心灵、自我或精神的传统论述只不过是缺乏科学知识的、迷信的过时概念。人们应当抛弃自有这个虚幻的概念。当然斯金纳认为人是纯粹物质的或肉体的存在,没有什么精神。灵魂或自我,这一观点显而易见是偏颇的、不正确的。斯金纳还将基本正确的前提推向一个极端,他认为,可以通过不同方法制约人们的行为方式或改变其行为的某些方式,如控制吸烟、饮酒、减肥等形式可以起到很好的作用。然而,他过于推崇他的这些条件的作用,而不去考虑主体的认同、尊严、价值与情感,也就不可能考虑人的自由问题,甚至他完全否认人的自由的存在,将人看作一个没有情感的机器上的零部件和一个玩偶,并没有考虑到每个人具体情况的不同和人的精神需要。

第二节 自由意志论

自由一词表示不受外力阻挠而进行自我决定、自我选择、自我行动。意志有广义与狭义之分,狭义的意志表示自我对待自己观念的态度,构成决定的因素、命令和禁止;广义的意志指的是意识的冲动性质、行动倾向、灵魂的自我决定能力,也就是所谓的精神的力量。不管是广义的还是狭义方面的理解,自由意志论都认为行动不应当受到因果律的支配,意志不是一个结果而只是一个原因,就如康德和叔本华所指出的那样,人类具有创造一系列效果的行动能力,具有这种能力而不被任何东西决定的人是自由的,不依靠任何前提条件自因的精神活动也是自由的,我的行动就是自我意志的显现,自由本质上意味着一个无因的意志。自由意志论与决定论有着根本意义上的分歧,决定论反对自由意志论,认为无论在生理还是心理方面,都没有无因的东西。每一个现实世界的每一现象,不管是动作,还是思想、情感或意志行为都是有原因的,都依赖于或决定于别的东西,而不可能成为一个自因的孤立的成分。①

自由意志的传统兴趣在于对道德责任的关注,认为没有自由意志做主体的我们就如同一个玩物和木偶,人的价值和尊严就会成为问题,人在现实生活中的行动也就会成为问题。关于自由意志的重要性至少体现在以下六个方面:②

---

① 参见[美]梯利:《伦理学概论》,中国人民大学出版社 1987 年版,第 208 页。
② 参见徐向东:《理解自由意志》,北京大学出版社 2003 年版,第 13—16 页。

第一,自由意志被认为是真正原创性的一个必要条件。如果现实世界都是被决定的,都受着因果律的支配和制约,那人类的生活是枯燥和无趣的,人类也不可能创造原创性的东西,而自由意志被视作是原创性的理论前提和预设,它强调一种对清新新奇和真正创造性的渴望动机的存在,强调一种人的开放性、开拓性和创造性的能力,而这一点正好契合原创性的要求。

第二,自由意志被认为是自主性的一个根本依据。人是自我生活的主宰,对自我生活的管理和自我设计,正是基于一种自主性的存在,自己是自我的主人。自己掌控自己的道德命运,这是始自康德将意志作为人的最高心理能力的理性,把自我管理的概念和自主管理的概念联系起来,人自身成为自我的目的王国。理性存在者就是自己的目的原创者,人类的尊严才开始具有一种现代性。席勒认为人没有别的能力只有意志,意志作为现实的理由支配理性和感性。叔本华更断言,康德的自在之物、现象后面的存在、世界的"最内在本质"、"客观世界……仅仅是其外部显现的内核——意志"。而谢林则在更高的思辨层次上说"存在只不过是意志"①。总而言之,自由论者也勾连起了人的尊严和自由意志的关系,甚至自由意志与世界本体的关系。自主性的生成来源就内蕴着本体论的意义。

第三,自由意志与我们对个体性和独特性的理解有密切关系。人的价值和意义在很大程度上就在于个体的差异性和独一无二性,尤其是人的禀赋、情感、行动以及精神气度。如果人的行动是被决定的,那千人一面万人同性,这世界就成为一个自然单调乏味的世界。个体的重要性在很大程度上就在于人的行动的独特性。以赛亚·柏林曾经告诫过我们,

① [美]汉娜·阿伦特:《精神生活·意志》,姜智辉译,凤凰出版传媒集团2006年版,第18页。

个体性的丧失,它的严重后果甚至比我们的思想和行为受到他人操控更加可怕,而个体性和独特性就成为人的尊严的标志性呈现。

第四,自由意志论还对人的特殊情感和特殊关系有重要意义。在人的世界中,一些特殊情感和关系是需要有纯粹的自由意志,比如爱情和友谊,爱情和友谊虽然具有一些生物学上的根据和条件,但是我们发现爱情和友谊的价值恰恰反映在自由意志的一种选择上,是发自内心最真诚的情感和意志的互换,以一种非常微妙的方式表现出来的。我们在世俗生活中发现,我们选择与谁共度一生,选择与谁友谊长存,这与外在的物质条件和环境关系不大,而更多地在于自我的价值态度和行为。

第五,自由意志与我们所期待的生活有关联。在一个开放的社会中,人们对生活理所当然抱有期望,但这种期望取决于我们按照自己生活理想来实现某些目的,而我们实现这些目的的可能性就在于未来对于我们来说并不是确定的,在开放的时期我们愿意相信可能性的存在,而这个信念和意志会促使我们追求所希冀的东西,自由意志的价值大概就在于它能够满足我们自己的欲望,实现我们的目的,过一种创造性的生活。

第六,自由意志的价值还体现在对自我概念的理解。人是理性的动物,能够过一种有反思性的生活,正所谓,"一个未经省察的人生是不值得过的。"生活的意义就在于我们能够不断地反思自我,拷问自己当下的生活是否是自己真正想要的生活,因此人们能够自我支配自己的思想、欲望和行为,自由意志的意义很大程度上体现为对自我认识的兴趣,以及对认识本身所具有的价值内涵。关于自由意志的论争主要在于人们是否拥有它,传统自由意志论受到决定论和各种怀疑论的辩难,同时又与各种决定论纠缠不清。有时决定论以自由意志的存在为前提,有时又全部否定它;有时决定论具有真实性,其与自由意志相容;有时决定论的真实性,不与自由意志相容。必须在具体的情境中探讨各种自由意志论。

一、作为理性慎思的自由意志

人们对人类意志的理解最初基于人与动物的区别,认为动物不具有理性能力,动物缺乏对自身行为的道德含义的理解和认识,而且不能对可供选择的可能性和长远意义进行思考。从柏拉图开始,西方哲学家就认为人类的理性本性包含了这样的能力:我们能够把某些目的判断为好的或有价值的追求的,而且即便满足那些目的会导致相当程度的不快,我们也会予以珍视。亚里士多德将意志视为"理性欲求"。大卫·休谟将意志作为一个人自由决定采取行动的能力。乔纳森·爱德华兹将意志理解为出于一个人自己的欲望的意愿。托马斯·阿奎那将之总结为按照欲望和价值进行的审慎选择。他认为人的本性决定了人意欲善为最高目的的一般目的,我们对各种目的进行考虑的时候,自由就出现了,于是就有了对实现目的的手段的选择问题。自由选择就在于判断,也关涉是否主动承担责任,所以它既涉及智力能力也涉及意志能力的问题。这就产生一个问题,到底是意志还是智力是自由选择的最终决定力量呢?由此带来两大困难:一是行动者出于慎思选择了自己采取的行动,但他们采取行动确是被一种强制性的支配欲望所推动。此种情况意志还是自由的吗?二是可能出现一种情况,行动者的心理被另一个行动者从外部控制,以至于他的行动是被引起来进行慎思的,最终会强烈地欲求先前并不欲求的那个行动。它的意志还是自由的吗?针对这个难题,一些学者提出自由意志就是正确地加以安排的欲求。他们认为,真正的自由意志应当是从低级欲望的暴政下解放出来和获得向善的欲望。柏拉图早先对人的灵魂三分为理性、激情和欲望,意愿只是出自较高级的理性的部分。奥古斯丁谈自由意志,但认为自由的价值低于加以安排的自由。苏珊·沃尔夫提出行动者只有选择真和善的能力的时候才是自由行动的。在现实生活中,行动者作出如此选择,他的这种能力就一定会呈现。相反,如那些拒绝向善行善的人,只有在采取不同的行动的时候才是自由的,这就使得意志自由在作恶的行动中成为一个更加严苛的条件。

二、因果关系下的自由意志

自由意志与必然性问题相生相随,哲学家和伦理学家对自由意志的分析必然涉及行动者的决定和实施过程问题,自由意志论者是如何解释行动者可能性的背景的,即如何看待受因果关系支配的宇宙系统和自我内在系统,主要有乐观主义和悲观主义两种。前者接受自由意志并认为自由意志是在一种可能性的背景下构造出来的。后者认为宇宙世界都是依据与个人无关的自然规律所决定的,意志也是一种被决定了的自我控制而已。自由意志论体现为作为终极起点的自我意志和引导性自我控制。作为终极起点的自我意志论如亚里士多德所言"当行动的起源在一个人自身之中时,做还是不做那些行动也是由他决定的"①。

关于自我决定问题又有两种看法,相容论者和不相容论者。相容论者认为自由与因果论是相容的,过去以及基本的自然规律逻辑上决定我采取实际上的行动,而这个事实与我能够采取其他行动是不矛盾的。也即是说我能够采取其他行动,在情况允许的情况下,如以我的性格特征或一定的心理状态不一样的情况下,我采取不同的审慎会导致不同的结果。不相容论者认为条件应当更强一些,必须有许多与过去既定的真实状况相一致的未来对我开放。不相容论者认为决定自己一致行动的不是外部的因果因素。如笛卡尔认为意志的本性就是自由,它决不可能受到任何限制。萨特更是高扬这种自由意志,认为人具有绝对的自由,"除了自由自身之外,我的自由没有其他限制,或者你愿意的话,也可以这样说,在放

---

①　Aristotle：*Nichomachean Ethics*，translated by Terence Irwin，Indianapolis：Hackett Publishing，1985.

弃自由上我们是不自由的"①。

在雅斯贝尔斯看来,人的自由之所以是可能的,是因为我们没有绝对真理,真理是强制性的,人之所以可能是自由的,仅仅在于因为人不知道回答最终的问题。司各特和坎贝尔都认为不存在对自由选择活动的直接的因果性影响,在很大程度上他们是不认同决定论以及对自由的决定性意义的。同时他们均承认我们意欲的东西的可能性范围多少是受到约束的。司各特一方面认为只有意志才是活动的完全原因,另一方面也承认我们不能意欲我们从中看不到任何善的东西,也不能积极地拒绝对我们来说似乎是绝对善的东西,我们过去的历史情境和选择及环境现时对我们的选择有重要影响。坎贝尔认为性格不能说明自由的选择,但有一种被称为"道德诱惑的处境"对我们的行动有重要影响,在此处境中,形成性格的那个过程所规定的行动方式是一个与一个行动者的道德理想相冲突的行动方式,不依据性格来行动的意志是可能的。

还有一些温和的自由意志论者认为,信念、欲望和外部因素都可以影响自由选择行动本身,而在关于如何选择及其形而上学方面,又有一些分歧。一是一种非因果或所有权的观点。论者认为我控制我的选择仅仅是由于我是自由的,自主的我不需要任何因果性的说明。二是通过事件的因果性关系来阐释自由意志。认为任何选择都是有原因的,都是被决定的,正是通过选择而对选择产生影响,认为对行动者而言,最有意义的自由选择是在慎思过程中有意志努力在前的那些选择。三是行动者因果关系理论。"认为意志自由在于一种独特的因果关系的个人形式,即行动者自己引起了他的选择或行动,而这不能被还原地分析行动者内部引起这个选择的一个事件"②。如托马斯·里德所言的资源选择的原因就是

---

① John Paul Sartre, *Bing and Nothing*, New York: Washington Square Press, 1965, p. 567.

② 徐向东:《自由意志与道德责任》,江苏人民出版社 2006 年版,第 48 页。

自己的意志指向的那个人。

三、神学自由意志

按照阿伦特的理解,自由意志问题首先是宗教神学家提出来的。对基督徒来说,尽管死后的生活是被决定的,但他仍是一个"在世的朝圣者",在他本人有一个超越其命中注定的人生的未来,正是在于未来生活准备联系的一种紧密联系中保罗发现了在其复杂性之中的意志及其必然的自由。[①] 奥古斯丁作为意志论哲学家,具体探讨了自由意志问题。

奥古斯丁在《忏悔录》和《论意志自由》中详细探讨了自由意志问题。他认为人拥有肉体的意志和精神的意志,这两种意志如何在他的内心缠斗,二者的不一致如何挟持着他的灵魂。他认为意志与执行是人的两种能力,但意志具有优先性,因为没有意志,法律就不能发号施令,但他并不认同意志决定一切,如果意志决定一切,恩惠就不起作用,上帝就消解了。意志是属于上帝赋予我们的能力,但它是自由的。意志自由的证明来自意志与理性和欲望的比较。在奥古斯丁看来,欲望在我的身体里主动产生,我的欲望由在我之外的事物唤起;我能根据理性给予的劝告或上帝的法律对它们说不,但理性本身并不要求我抗拒。对自由意志来说,重要的选择能力不适用于为达到目的的手段审慎选择,而主要适用于在愿意(velle)与不愿意(nolle)之间的选择。愿意与不愿意都是一种意志能力:如果我想得到我不想得到的东西,那么我就拒绝我的欲望;同样我就拒绝理性告诉我的合理的东西。每一个意志活动中,都有我愿意和我不愿意。他认为意志作出的服从必须以意志能力本身的严格限制为前

---

① 参见［美］汉娜·阿伦特:《精神生活·意志》,姜智辉译,凤凰出版传媒集团2006年版,第16页。

提,每个我愿意中都伴随着我不愿意,但能力的自由是有限度的,因为任何被造物都不能拒绝创造。即使在自杀的例子中——一个意志不仅仅针对一个相反意志,而且也针对愿意的和不愿意的主体的每一个存在。① 意志作为生命体存在能力,不能说"我不想存在"或"我无欲无求"。一切存在着的东西都是善的,包括善和恶,这不仅仅因为它们起源于上帝和相信造物主上帝,而且也意味着你自己的存在阻止你思考或希望决定的非存在。奥古斯丁从这种存在理论推断出来的东西不是上帝的意志,而是对上帝的赞美:"对你的存在,你应该感恩";"赞美一切事物,意味他们存在着"。

奥古斯丁还探讨了意志自身的分裂问题。他认为意志具有一分为二的性质,始终存在着两种对立的意志,意味着两种意志在同一个灵魂中的斗争"造成主体的分裂",而非有两个灵魂。恶的意志的分裂不亚于善的意志的分裂,反之亦然;作为肉体的指挥者的意志只不过是灵魂的执行工具,肉体要服从于灵魂;因为下命令和要求服从是意志的本质,所以抗拒也是意志的本质。当然他没有作出抗拒由谁最终裁决,对抗的意志最终如何成为完全的意志。奥古斯丁及其后的宗教学者试图将解决意志内在冲突的方法转到意志自身的转变上,将意志化为爱。爱将爱者和被爱者联系了起来,产生一种内聚力,将之前分离的东西结合起来,而且爱的力量特别强大,能够平息意志的焦虑,使得灵魂能够自己思考自身,爱就成为爱自身,灵魂使之成为一种可理解事物的持久"脚印",既不是爱者,也不是被爱者,成为相爱者互爱的爱自身。

概言之,奥古斯丁的自由意志不能理解为一种分离的能力,而应当被理解为作为一种整体的灵魂之内运作的能力,在意志的抉择中,爱通过力

① 参见[美]汉娜·阿伦特:《精神生活·意志》,姜智辉译,凤凰出版传媒集团2006年版,第100页。

量施加自己的影响——意志类似于力量——进入灵魂,以阻止灵魂的波动。① 奥古斯丁相信上帝的全知全能,是永恒的造物主,上帝按照自己的形象创造了人,人拥有愿意和不愿意的能力,而人的意志是区分彼此的唯一特征,意志在各种心理能力中具有优先性。

第三节 决定论与自由意志论的反思

决定论和自由意志论从各自的预设及理论前提出发,得出彼此对立而有时有些模糊纠缠的结论,应当说在很大程度上丰富了我们对意志的理解。我们应当从马克思主义唯物史观视角科学阐释这个问题,即世界是物质的,物质的运动、发展是有规律的,行动的一致性从根本上是被决定的,但这一运动并不一定是被迫或被强制运动的,而是说它是有规律地始终一致的运动的。②

人的精神或意志具有被决定的特性,即是说意志被决定是在它有统一的前提,它不是任性和无规律的,而是有规律可循的。意志在它不为任何它外面的东西强制的意义上是自由的。③ 正如包尔生所言:"如果因果性意味着一种排除内在必然性的外部必然性,那么反对把因果性运用到心灵的人是正确的。每一种事物都确定地与它的前提和结果相联系,不仅在物理世界,而且在精神世界都是这样。"④每个人都隐含地承认在完全相同的内外条件下一定会不变地出现同样的观点、感情和意志。自由

---

① 参见[美]汉娜·阿伦特:《精神生活·意志》,姜智辉译,凤凰出版传媒集团 2006年版,第 112 页。

② 参见[德]包尔生:《伦理学体系》,何怀宏等译,中国社会科学出版社 1988 年版,第 499 页。

③ 参见[美]梯利:《伦理学概论》,中国人民大学出版社 1987 年版,第 214 页。

④ [德]包尔生:《伦理学体系》,何怀宏等译,中国社会科学出版社 1988 年版,第490 页。

绝不与正确理解的因果性相冲突,自由不是逃脱规律。

正如马克思在批评一切唯心主义时候一样,我们反对那种纯粹的意志自由论,我们也反对历史上机械的唯物论,否认或忽视人的主观能动性,否认或忽视自由意志的存在,我们不可能同意司各特所言的自由意志,原因有三点:一是世界的客观统一性存在于现实世界的现象,都能在它前提的现象或现象的总和中寻找原因,精神世界与物理世界一样,因果律都同样存在与适用。正如詹姆斯在其《决定论的二难推理》文中指出的那样,运动都遵循着一条必然路线的世界,并不比运动都服从绝对的意志的世界要少一些合理性。① 二是将因果性解释为自由和非因果性的错误,强调自由是用于一种特殊的因果性,认为存在两种因果性,其中一种是客观物质世界现象中的必然律,还有一种被称为创造性的因果性,如沃德博士所言的一个理性实体就是作为一种创造的原因而行动,这个实体就是人的灵魂。这种假设和论证都是有问题的,等于他解释说明意志自由是因为它是自由的,陷入一种循环论证之中。三是现代心理学及心脑科学的证明。现代心理学的无数成果证明人的思维、意识、精神现象包括意志的因果性联系。现代心脑科学甚至找到了控制意志意识的大脑区域和额叶。乔治·弗兰克尔在其《道德的基础》一书中指出:"位于人头前部的是额叶,它的主要功能关乎言语、学习、记忆、智力和意志的操作,以及计划和选择。"②安托尼奥·达玛西奥在他《对所发生的感觉》一书中详细描述了大脑前额叶的功能,他认为这是大脑的道德中枢。他还研究了人的大脑前额叶损伤与人的意志障碍及意志病态的关系,当然他们的结论非常谨慎,没有武断地认为每个反社会或败德行为都是缘于脑的损伤,他们既考虑脑神经学的损伤问题,也综合考虑人的心理损伤问题,这

---

① 参见[美]梯利:《伦理学概论》,中国人民大学出版社 1987 年版,第 214 页。
② [荷]乔治·弗兰克尔:《道德的基础》,王雪梅译,国际文化出版社 2007 年版,第 84 页。

为我们现实世界解释人的意志问题提供了很好的视角和路径,也从很大程度上说明了人的意志与人的内部和外部世界有重要的关联性而非纯粹的自我决定。

生活实践告诉人们,如果意志是自由的,那所有试图决定、改变它的努力都是无用的,那教育、赏惩、立法、规则这些因素促进决定手段的措施都是徒劳无用的。人们为之负责的意志行动还有意义吗？完全自由意志如果不须理性支配而选择较为合理的行动,它只会毫无根据地行动,而毫无根据地行动在伦理的层面上鲜有意义,理想的自由人行动与白痴、傻瓜并无二致。从行动的动机出发,我们也很难理解意志自由理论,无论是扩展还是限制意志创造一个新的因果队列的能力,同样令人费解且谬误百出。

同时我们认为,分析意志的自由非常有必要。作为意识的条件,专属于人的世界,谈论自由非常有必要。自由存在于人的意识领域,或存在于人的精神和推理方面。[1]　如萨特所言,你可能是天生残疾或盲人,没有别种选择的自由;但如何选择残疾人的生活,你是自由的。在先天的身体条件方面,你是被决定的,你还要受到经济、政治、文化和家庭出身的决定,但关于生活的态度和方式,你是有选择权的。还如戒烟者一样,受到烟瘾的驱使,在戒烟与吸烟的两难痛苦中,这种过往生活经验的决定性,使得你的选择游移不定,使得你的行动困难重重,欲念、快乐、积习常常拉着你回到以前的状态,自我清醒的意识及理性迫使你作出种种抗争,以摆脱烟瘾的控制,于是我们就创造了那种生活经验。当然,其间有戒烟团体的协助及外在的督促可以使得这种行动更容易一些,但起决定性的还是烟瘾者自我意志的选择。我们判定自由的存在,不仅存在于我们生活方式和

---

①　参见[美]J.P.蒂落:《伦理学——理论与实践》,孟庆时译,北京大学出版社 1985 年版,第 126 页。

行为方式的选择,还在于道德领域内价值观念和道德行为方式的选择。

决定论和自由意志论还将论争下去。我们应当看到,无论是理论的还是现实的生活世界,非严格的决定论是不是更有道理一些?同时,决定论和自由意志论在很大程度上是可以相容的,也就是认为普遍的因果关系是与人的自由和谐相一致的,必有现实的充分有力的论证。自由尤其是人的精神包括道德生活的意志自由是有必要的,但我们的自由是有限的、有条件的和关联的,有些时候我们并不能控制自己的行动,如具有强迫症的盗癖和攻击性行为,我们就不能认为我们对偷盗及攻击行为负全部道德责任,因为我们的意志并不能完全自主,它决定于一些心理病症和障碍。或如胁迫状态下丧失行为能力去做不合乎道德的事情,在责任的判定方面,也是需要特殊对待。从更大的意义上讲,我们的生活环境所接受的教育、遗传上的原因对我们的行动也有很重要的影响,这些因素可能最大程度上决定我们的性格,乃至决定我们的命运,如果不能够承认这一点,我们就说不清楚行为与道德责任的关系问题,就不能合理解释对人们奖惩、褒贬的现实意义。

自由意志论因其生动灵性的论说较容易打动人心,同时非严格决定论也不是令人泄气和麻木不仁的理论。① 决定论并不必然损害行动的力量,它可以成为行动最强有力的动机,正如伊斯兰教徒信奉那样宿命论的民族,往往比信奉意志绝对自由的基督教苦行主义更具有活力。一如巴特勒所言的那样,人们受必然性决定,但并不排除人的思虑、喜好、选择,并不阻止人们为了某种目的,依照某种原则采取积极行动。

---

① 参见[美]梯利:《伦理学概论》,中国人民大学出版社1987年版,第219页。

第三章　传统视阈中的道德意志

　　在历史的长河中,东西方学者从不同的角度对道德意志问题进行了不同程度的探讨,给我们留下了极其丰富的理论资源。我们应以马克思主义伦理学的基本立场、观点出发,以审慎、谦恭、严肃、科学的态度,对这些理论、观点进行梳理、分析、解剖,取其精华,去其糟粕,为建构现代道德意志理论提供积极借鉴。

第一节　中国传统伦理思想中的道德意志理论

　　中国传统伦理思想中没有出现西方式的意志论哲学,如上帝意志、自由意志、权力意志等理论,并不是说中国传统伦理思想中不重视道德意志问题,没有道德意志理论。其实,中国传统伦理思想尤其是儒家很重视道德意志问题,留下了极其丰富的道德意志理论。中国传统道德意志理论采取了与西方不同的概念范畴、表达方式和实践模式,而显示出不同的特点。①

一、传统道德意志的内涵与特征

　　儒家伦理思想很重视道德意志问题,儒家经典文献中最接近现代

---

　　①　中国传统伦理思想中对道德意志问题进行讨论的主要有儒家、道家、墨家及中国佛教,由于儒家是中国伦理思想的主流,并且儒家对道德意志的研究最为深入、成果最丰富,故本书主要探讨的是儒家伦理思想中的道德意志理论。

道德意志的范畴有"意"、"志"、"志意"、"毅"等,而不同的学者用不同的范畴表达"道德意志"这个概念。传统儒家思想中没有提出完整的"意志"概念,孔子表述道德意志的主要范畴是"志"而不是"意",他说:"三军可夺帅也,匹夫不可夺志也。"(《论语·子罕》),孔子强调"志于道",做人应以"闻道"、"行道"为志,这里的"志"就是意志,就是人不可剥夺的独立意志。《论语》中的"士不可以不弘毅,任重而道远","毅"主要指的是一种精神力量,也就是坚毅、刚强的道德意志品质。孔子所崇尚的"三达德"——"仁"、"智"、"勇",其中的"勇"就是一种意志品质。

孟子尚志,王子垫问曰:"士何事?"孟子曰:"尚志。"曰:"何谓尚志?"曰:"仁义而已矣。杀一无罪,非仁也;非其有而取之,非义也。居恶在? 仁是也。路恶在? 义是也。居仁由义,大人之事备矣。"(《孟子·尽心上》)孟子所言的"志"就是意志,"尚志"即崇尚意志,就是"士"应当做的事情,而且以"仁义"作为"志之道"的解释和注脚,孟子又以"志"、"气"对举。孟子说"夫志,气之帅也;气,体之充也。夫志至焉,气次焉。故曰:持其志,无暴其气。"(《孟子·公孙丑上》)这里的"志"指的是意志,"气"指的是血气。① 在孔子、孟子那里,"志"、"意"是有区别的,"意"不具有意志功能,而主要指主观意见或臆测,如孔子所言的"毋意,毋必,毋固,毋我"(《论语·子罕》)中的"意"。

而随着儒学的发展,"意"字的含义越来越接近今天的道德意志概念了。《大学》提出"诚意"之说:"所谓诚其意者,毋自欺也。如恶恶臭,如好好色,此之谓自谦。故君子必慎其独也。"这里的诚意与道德意志直接相关。人皆有好善恶恶的意志,可称为善良意志。在任何时候任何地方

---

① 参见张岱年:《中国古典哲学概念范畴要论》,中国社会科学出版社 1989 年版,第199 页。

都贯彻此善良意志,就是诚意。慎独是诚意之独特表现形式,诚意是慎独的内在精神。

荀子以"志意"来表述道德意志①,荀子云:"志意修则骄富贵,道义重则轻王公,内省而外物轻矣。"宋儒朱熹对"意"做了详细解释,朱子曾说:"意者,心之所发也。""心者,身之所主也。"(《四书章句集注》)这里的心不是物质器官(不能离开物质器官),而指人的精神或意识存在状态及其功能,"心"之未发状态可称之为意向,"心之发"就是意向或"潜意识"的发用,即具有方向性和目的性的意志。故朱子又解释"诚者,实也。意者,心之所发也。实其心之所发,欲其一于善而无自欺也。""诚意"就是诚实其意志,按照善的意志本来面目发生、发展,不虚伪欺诈,这才是真正的道德意志,道德修养做到了"诚意",才能达到止于至善的境界。(《大学章句》,《四书章句集注》)朱熹又区分了"意"与"志"的不同,认为"志是心之所之,一直去底。意又是志之经营往来底,是那志底角。凡营为、谋度、往来,皆意也。问意志。曰:'横渠云:以意、志两字言,则志公而意私人,志刚而意柔,志阳而意阴。'志是公然主张要做底事,意是私地潜行间发处。"(《朱子语类》卷五)从这里我们可以看出,"志"表示意志的方向性和定向性,相当于现代语中的意愿、意向、动机等,"意"是"志气"的脚,具有谋划、实现的意思,包含有如何实现或达到其方向的策略,单独的"意"就具有现代道德意志的全部意义。

王阳明认同朱熹将"意"视为道德意志,只是他将"良知"作为道德意志的本体,良知与意志的关系就是本体与发用的关系,而且他的"知行合一"观中"知"就包含着意志行为,甚至认为意志就是行为,同时他认为这种意志有善有恶,在一定程度上否定了孟子以来的善良意志。刘宗周将

---

① 参见张岱年:《中国古典哲学概念范畴要论》,中国社会科学出版社 1989 年版,第199 页。

"志"排除在意志之外,尤其重视"意"即意志的作用,认为"意"是心的主宰,具有"主向"、"定向"功能,而且它本身就是"定盘车"和"指南针",从而决定了知行,决定了善恶。故后人将刘宗周哲学称为中国传统思想中的典型的意志论哲学。

从上述我们可以看出,在儒家伦理思想中,道德意志是"心"的功能,是道德实践活动中的一种持之以恒、坚忍不拔的精神和力量,这种精神和力量是有所指向的,是指向"道"的,即人们的求道、行道精神。

传统儒家道德意志理论具有如下三大特征:首先,传统儒家伦理思想中的道德意志概念,不是放在因果关系中去理解,而是从决心和志向的角度去诠释,强调道德意志的实践意义,即在道德选择和行为实践中人们克服困难的精神和坚持的能力,重视道德意志对于个体道德的生成和道德理想人格完善的意义。所以,在儒家思想中,很难见到西方意志概念的踪影,即很难见到任何对逻辑意义或是物理意义上的因果关系所做的理论分析,也不见宗教意义上的上帝意志和形而上学式的自由意志,更没有导向主体性极致的权力意志。其次,从总体上来说,儒家伦理思想对道德意志的理解大都带有较强的理性主义色彩,强调道德意志对于德性养成、人格塑造的意义。这种理性主义的道德意志大都强调理性对情感、意志对欲望的控制,主张"节欲"、"制欲"、"无欲"、"忘情",甚至要"灭欲",主张道义论,反对功利主义。即使在陆王心学中,虽然对道德意志的超越性、个体性推崇备至,却也没有滑向如西方唯意志论的地盘。值得我们注意的是,近代的"心力"论具有唯意志论的某些特征,①但与西方近代唯意志论观点还

---

① "心力"在中国古籍中是心思与能力的并称,近代思想家所说的"心力"是指"心之力",就是人人所具有的一种情感、精神、意志的力量。近代龚自珍、谭嗣同、康有为、梁启超等人提出的主观唯心主义的"心力"论,具有极为鲜明的唯意志论倾向。其主要特征是高度弘扬人的精神意志力量和主体意识的能动性,强调"自强其心",呼唤"心力",认为充分激发人人的"心力",挖掘人人心中的潜能,调动人人心中的爱国热忱,就能成就一切,创造一切,达到振奋民族精神、救亡图存的目的。

是有本质区别的,并且从没有成为社会伦理思想的主流。再次,儒家伦理思想中的道德意志主要是一种善良意志,大都具有德性的性质。这种道德意志的德性体现在意志目的善的指向性。儒家从性善论和德性论的前提出发,将道德意志看作一种求善、为善的意志。孔子的"志"是由"仁爱之心"发出的意志,具有仁的品性;孟子的"志"是由"四端"导引而决定的,是求善的意志;朱熹所言的道德意志是体用性情及其所发,是为善的意志;王阳明所说的道德意志是"良知"及其所发,是为善去恶的意志。即使在主张人性恶的荀子那里,道德意志也是一种除恶、排恶的意志,实质上也是一种求善的意志,只不过与性善论殊途同归而已。最后,儒家伦理思想中的道德意志是一种"行"的意志,是在实践生活中形成的并指向实践生活的意志。孔子的"讷于言而敏于行"(《论语·里仁》)、"古者言之不出,耻躬之不逮也"(《论语·里仁》)。孟子的"存心养性事天",这里的"存心"就是存道德之心,表现为一种道德意志,实现出来就是道德实践。荀子也是重行主义者,认为"学至于行之而止矣","行之明也,明之为圣人。圣人也者,本仁义,当是非,齐言行,不失毫厘,无它道焉,已乎行之矣。"(《荀子·儒效篇》)这是对于行的重要性的最明确的说明。王阳明"知行合一"(非认识论意义上的)更是将道德意志的动机发动与行为的实践紧密联系在一起。

二、道德意志的地位与作用

儒家伦理思想很看重道德意志的地位,大都认为道德意志是人具有的独特品质,是个体成德的关键,是德性确立的前提,甚至是生命的本体存在。

孔子肯定人有独立的意志:"匹夫不可夺志"的"志"即独立的意志和理想,匹夫即一般平民,平民虽没有贵族的地位和财富,但也有自己的不受外人外物强制的意志。孔子重视道德意志在道德修养和人格品德中的作用,曾说:"有能一日用其力于仁矣乎? 我未见力不足者。盖有之矣,我未之见也。"《论语·里仁》"博学而笃志,切问而近思,仁在其中矣。"
(《论语·子张》)都是说任何人凭借自身的积极努力,不管其社会地位如
何,都可以达到很高的道德境界,只要持之以恒,就能实现"仁"的目标。
孟子比孔子更明确强调意志的自觉能动性和积极作用,他认为"人皆可
以为尧舜"(《孟子·告子下》),把人的道德意志能动性提到一个很高的
地位,对普通民众具有强大的吸引力和感染力。又称"待文王而后兴者,
凡民也。若夫豪杰之士,虽无文王犹兴"(《孟子·尽心上》)。孟子认为
"志帅气",充分肯定了"志"在人类生活中的主导作用。荀子也充分肯定
了人的道德意志地位和作用。他说:"心者形之君也,而神明之主也,出
令而无所受令,自禁也,自使也,自夺也,自取也;自行也,自止也。故口可
劫使墨云,形可劫而使屈伸,心不可劫而使易意。是之则受,非之则辞。
故曰心容其择也,无禁必自见。"(《荀子·解蔽》)这里的神明之主即自主
的意志。所谓"自禁"、"自使"、"自夺"、"自取"、"自行"、"自止",就是
讲意志的多种功能,"心容其择也",也是说意志具有选择和调控的作用。

宋儒陆九渊特别强调人的道德意志对德行、人格的能动性。他说:
"收拾精神,自作主宰,万物皆备于我,有何欠缺?当恻隐时自然恻隐,当
羞恶时自然羞恶,当宽裕温柔时自然宽裕温柔,当发强刚毅时自然发强刚
毅。""自得,自我,自道,不倚师友载籍"(《陆九渊集·语录下》)。这些
说法都强调人格独立、意志自由,反对依傍他人,反对精神上受奴役。张
载在《正蒙·至当篇》里说:"志久则气久、德性久。"认为道德意志保持的
时间越长久,道德品质保持的时间就越久。王阳明有名的"四句教"①:
"无善无恶是心之体,有善有恶是意之动,知善知恶是良知,为善去恶是

---

① 王阳明早年还有一个"四句教":"身之主宰便是心,心之所发便是意,意之本体便
是知,意之所在便是物。"此处是王阳明晚年的"四句教",其晚年四句教中讲"意"即道德意
志可以为善、可以为恶,实际上是对早年"四句教"的修正,认为道德意志不全是道德上的
善良意志。

格物。"(《传习录下》)即心本来是超乎善恶对立的,所以是无善无恶;意念发动,便有善恶之分;良知自然能分别善恶;道德修养就在为善去恶。王守仁将认识和修养都归于心灵的活动,即道德意志的活动过程。人所有的认识与修养,都建立在道德意志的基础上。尤其王阳明对"心"这种主观精神、结构及功用做了深入的探讨和张扬,对意志品质的强调和对人格修炼中的意志培养也做了深入研究,虽然我们可以从总体上说道德意志理论没有离开理性主义的路线,但其已经开通了导向唯意志论的通道①。阳明后学尤其是刘宗周,将"诚"与"意"发展成具有本体论色彩的道德意志,他要上至皇帝、下至民众,在内心自觉地确立这种"为仁由己"的道德意志,从而被认为是儒家伦理思想中具有的唯意志论色彩的代表。

儒家伦理思想主要从三个方面来谈道德意志的作用。一是通过确立善良意志,纯洁道德动机。如孔子所言的"苟志于仁,无恶也"(《论语·里仁》),"士志于道,而耻恶衣恶食者,未足与议也"(《论语·里仁》)。二是通过道德判断和选择,作出合乎道德规范要求的判断和选择。如《二程遗书》(卷二下)中记载:"有人胸中常若有两人焉,欲为善,如有恶以为之间;欲为不善,又若有羞恶之心者。本无二人,此正交战之验也。持其志,便气不能乱,此大可验。"说的就是在道德选择过程中,道德意志可以充当善恶两念的"判官"或"调解人",要用善良意志去战胜恶念、恶欲。三是通过排除内外障碍、克服困难,执行道德意志活动,实现道德目的。如孔子所言的"君子无终食之间违仁,造次必于是,颠沛必于是"(《论语·里仁》)。指的就是君子须有坚持不懈之精神,即使在身心劳顿和危难困厄情势下也不改其志,持志如一,无稍间息。

三、道德意志的修养与培育

儒家伦理思想中就如何培养道德意志,提出了一系列修养理论和方

---

① 参见张明仓:《实践意志论》,广西人民出版社 2002 年版,第 10 页。

法,主要有正心诚意、养气治气、躬行践履、环境磨砺等,时至今日,这些思想仍具有很高的时代价值。

正心是儒家提出的道德修养概念,是进行道德修养的起始阶段。语出《大学》:"所谓修其身在正其心者,身有所忿懥,则不得其正;有所恐惧,则不得其正;有所好乐,则不得其正;有所忧患,则不得其正。心不在焉,视而不见,听而不闻,食而不知其味。此谓修身在正其心。"(《礼记·大学》)在儒家看来,正心就是端正自己的心,即端正自己的道德欲望和道德感情,就是增强、扩充自己善的欲望和感情而减弱消除自己恶的欲望和感情。"正心"的内容是通过抑制情感和意念而达于"自得"。自足于心,则"治天下有余"。"斯远乎哉? 求之心而已矣!"其所谓"忠正仁理存乎心,则万品不失其伦矣;礼度仪法存乎体,则远迩内外咸知所象矣",这实际上是儒家内圣外王思想的一种表述。(《全晋文》卷四十八)①因此,正心就是用善的、道德的行为动机克服恶的、不道德的行为动机,端正道德的目的和动机,从而能够形成道德行为,成就德性。如何做到正心,传统儒家伦理学家提出了各种方法。孔子强调要"志于学"、"志于仁"、"志于道",这是从积极的方面去正心,又提出"克己"、"修己"、"正身"去克服那些不正当的道德动机。孟子提出要志在仁义、志在圣贤,要"不动心",要养浩然之气,树立坚定而正确的道德信念,不要因个人的利害得失而动摇自己的信念。朱熹提出了"省身克己"的道德意志锻炼说,他主张关起门来,按曾参"吾日三省吾心"的方法,"专用心于内"。他说:"大率克己工夫,是自著力做底事,与他人殊不相干,紧紧闭门,自就身上细体认,觉得方有私竞便克去。"(《朱子语类》卷四十一)

"诚意"就是道德意志的修养和集中,就是自觉地把意志集中到高尚的目标上来,使自己的意志诚实而无欺,不虚伪,不受恶、邪所染。也就是使意志按其本然的状态得以发生、发展,这样就能到达善的境地,即止于

---

① 参见陈瑛等:《中国伦理大辞典》,辽宁人民出版社 1989 年版,第 155 页。

至善之地。这是真正合目的性的发展，也就是真正的道德意志。《大学》解释"所谓诚其意者，毋自欺也。如恶恶臭，如好好色。此之谓自谦。故君子必慎独也。"朱熹在解释《大学》时指出，"深自省察以致其知，痛加剪落以诚其意"。朱子解释说："诚者，实也。意者，心之所发也。实其心之所发，欲其一于善而无自欺也。"（《四书章句集注》）这是对"意"和"诚意"的一个经典性的解释，后来的儒家包括王阳明，都同意并接受了这一解释（但刘宗周除外）。诚者乃"开心见性，无所隐伏"，孟子"反身而诚"也是这个意思。通过自我意志的反省，建立意志的自觉性，以至达到"慎独"的境界。坚定的道德意志能够使人做到"暗室不欺"，人前人后一个样，有人监督无人监督一个样，如《中庸》中所说："是故君子戒慎乎其所不睹，恐惧乎其所不闻。莫见乎隐，莫见乎微。故君子慎其独也。"

孟子对道德意志的培养提出了"养气"说。孟子说要养"浩然之气"。何谓"浩然之气"，"其为气也，至大至刚，以直养而无害，则塞于天地之间。其为气也，配义与道；无是，馁也。是集义所生者，非义袭而取之也。"（《孟子·公孙丑上》）这里的"气"我们可以理解为是心中"义"的道德意识和情感日积月累而产生的，而不是偶然从外取得的，是道德信念、情感、意志的集合，因此，它"配义与道"具有道义的力量，有了它，人们就会理直气壮，感到充实；失去它，就会"馁矣"，就会精神不振，就会良心不安，心灵空洞。而且这种"浩然之气"至大至刚、集义所生，只有君子仁人才能培养。如何才能培养这种"浩然之气"呢？孟子认为要"必有事焉，而勿正，心勿忘，勿助长也"（《孟子·公孙丑上》），就是要郑重对待，坚持不懈追求，同时遵循其固有规律，循序渐进，不拔苗助长。可见，"浩然之气"作为一种精神力量，必然表现为坚强的道德意志，以理性自觉为基础，从而保证了理想人格的实现①。当然我们要看到，孟子的这种道德意

---

① 参见朱贻庭：《中国传统伦理思想史》，华东师范大学出版社1993年版，第109页。

志存养工夫是以先验的唯心主义人性论为前提,夸大了存养的内求,轻视甚至排斥感性外求,这点应该引起我们的注意。在道德意志培养方面,而荀子从"人性恶"的理论前提出发,指出道德意志的修养不在于人之天然善性的积累,而是对于先天恶性的纠正与克服,提出了"治气说"。他在《荀子·修身》中说,要以"柔、一、辅、节、廓、抗、劫、炤、合、通"等手段治理"刚强过度、知虑渐深、勇胆猛戾、齐给便利、狭隘褊小、卑湿重迟贪利、庸众驽散、怠慢僄弃、愚款端悫"等弊病,在改变先天缺点错误的过程中完善意志,健全人格。

中国的传统伦理学家无不强调"躬行践履",以"躬行践履"作为道德、道德意志修养的最重要途径。儒家从孔子肇始就很重视个人的笃行,认为理想人格、道德意志品质来源于实践的培养和检验。他教导人们要"讷于言而敏于行"(《论语·里仁》),认为"古者言之不出,耻躬之不逮也。"(《论语·里仁》)他看不起"巧言令色"之人,认为他们"鲜矣仁"。躬行者最容易做到仁,也就是"刚、毅、木、讷,近仁。"(《论语·子路》)这里的刚、毅可都是重要的意志品质。孔子总是把实践放在培养和检验道德意志品质的第一位。孟子在提出"尽心知性知天"的理性运作的同时,又提出"存心养性事天"的实践功夫,并且最终落在"存心养性事天"的道德实践上。其"存心"就是存道德之心,表现为一种道德意志,而这种道德意志实现出来就是道德实践。"寿夭不贰,修身以俟之,所以立命也。"(《孟子·尽心上》)进行修身的实践活动,就是"存心养性"之学,"事天"、"立命"之学也就是在道德实践中去磨炼道德意志,实现道德意志。荀子也是重行主义者。他认为"不闻不若闻之,闻之不若见之,见之不若知之,知之不若行之。学至于行之而止矣。行之,明也;明之为圣人。"(《荀子·儒效》)。这是对于行的重要性的最明确的说明。《中庸》之重笃行,《大学》"三纲八目"中,"壹是皆以修身为本",由"内圣"而至"外王",都是以实践为根本原则。宋明理学更是"笃实践履"之学,强调在实践中培养道德意志。陆九渊特别强调践履，"未尝学问思辩，而曰吾唯笃为学有讲明，有践履行之而已，是冥行者也。"（《与赵泳道》之二）"要常践道。践道则精明，一不践道，便不精明，便失枝落节。"（《语录》）其"尊德性"就是属于心性修养即主体实践范畴。朱熹重视道德、道德意志修养的"道问学"，但并不忽视"尊德性"，只是强调道德实践建立在自觉的认识之上，却毫无轻视实践的意思。在知行关系时，也始终坚持认为"论轻重，则行为重"，"《书》曰：'知之非艰，行之惟艰'，工夫全在行上"，"若不用躬行，只是说得便了。"（《朱子语类》卷十三）都是把实践放在比知识更为重要的地位。王阳明的"致良知"与"知行合一"说，明确地把实践提到第一位，并作出了理论性的总结。"致良知"就是把自己的道德意志实现出来；"知行合一"，就是道德意志在实践中体会运用。"人须在事上磨，方立得住，方能静亦定，动亦定"。如果"徒知静养"，"如此临事，便要倾倒"（《传习录上》）。知中有行，行中有知，"行之明觉精察处即是知，知之真切笃实处即是行。"（《传习录》）王夫之非常重视行在道德修养中的作用。他说，其力气也，得不以为喜，失不以为忧。心志专一，意气就随之而动，而后可德成。在学、问、思、辩、行五者之中，"第一不容缓，则莫如行"（《读四书大全说》卷三）。颜元最为崇尚"习动"，可以说，颜元是中国古代重行思想的集大成者和最杰出的代表。[1] 他认为，只有在习行上下工夫，才能达到道德修养之功；他还对习行的内容做了规定，"博学之，则兵、农、钱谷、水、火、工虞、天文、地理、无不学也"（《颜元·存学篇》卷一）颜元开创了重习行、倡实学的新学风，对当时和以后的思想界都产生了很大的影响。

　　道德意志还要在艰苦的环境中去磨砺。对此孟子有经典的论述。"故天将降大任于斯人也，必先苦其心志，劳其筋骨，饿其体肤，空乏其身，行拂乱其所为，所以动心忍性，曾益其所不能。人恒过，然后能改；困

---

[1]　参见张锡生：《中华传统道德修养概论》，南京大学出版社1998年版，第119页。

于心,衡于虑,而后作;徵于色,发于声,而后喻。入则无法家拂士,出则无敌国外患者,国恒亡。然后知生于忧患而死于安乐也。"(《孟子·告子下》)孟子认为要使自己成为能"负"大任的人,应在艰苦的环境中接受磨炼,险恶环境和所经历的艰难生活对道德意志的培养和理想人格形成具有重要意义。荀子在《劝学》篇中强调了道德意志修养要付诸实践,是个不断积累的过程,要持之以恒,才能积善成德,在《不苟篇》和《解弊篇》中提出心灵(意志)的修习要合乎理(规律),养之以诚、养之以清,不以外物害之。① 应该说,荀子在培养道德意志和意志品质方面,坚持了一条朴素的唯物主义路线。宋明理学提倡"极高明而道中庸",更把事上磨炼作为道德修养的根本途径,强调在艰苦的环境中,在困难的情况下磨炼自己的道德意志。王阳明的《传习录上》记载:"(陆)澄在鸿胪寺仓居,忽家信至,言儿病危。澄心甚忧闷,不能堪。先生曰:此时正宜用功。若此时放过,闲时讲学何用? 人正要在此等时磨炼! ……"(《王阳明全集》卷一《传习录上》)此句意为越是在困难,甚至不幸的情况下,越是要用功,要磨炼。在另一处,王阳明又说:"居常无所见,惟当利害,经变故,遭屈辱,平时愤怒者到此能不愤怒,忧惶失措者到此能不忧惶失措,始是得力处,亦便是用力处。天下事虽万变,吾所以应之不出乎喜怒哀乐四者,此为学之要,而为政亦在其中矣。"(《王阳明全集》卷四《与王纯甫书》)此句更是强调为学、为政之要就在非常之处、非常之时用功、着力。

四、关于意志自由问题

意志自由问题,也就是自由和必然的关系问题,是伦理学中的一个重要问题。所谓意志自由是指意志摆脱外在约束的能力和状态,即人们正确地认识外在的客观必然性和自我选择及决定的能力。从总体上来说,

---

① 参见焦国成:《中国伦理学通论》(上册),山西教育出版社1997年版,第401页。

儒家思想在自由和必然问题上,持有宿命论倾向,注重整体、群体观念,强调理性的自觉,强调道义和社会伦理规范,忽视个体的感性欲望和意志自愿,个人的意志总体上处于被压抑的地位。所以,一些学者认为传统儒家思想中没有意志自由思想。① 实际上,这一看法失之偏颇,儒家自孔子以降,在强调知命,承认客观必然性的同时,许多思想家都肯定人具有独立的道德意志,肯定道德意志的积极作用,人是具有意志自由的。传统儒家伦理思想对意志自由的观点如下:②

（一）天人合一——意志自由的形而上学基础

天人合一是中国传统文化的基本特征和最高成就,是中国古代思想家对人与对象世界相互关系的深刻思考,特别是反映了人对自身存在、本质及其价值的认识。③ 天人合一思想是儒家伦理学的形而上学基础,也是儒家对意志自由问题探讨的基础和逻辑出发点。

天人合一观念发轫于殷周时期。这里的天可指帝神之天、命运之天、自然之天、义理之天,这里的人可指自然之人、德性之人、主体性之人。《诗·商颂·玄鸟》记载:天命玄鸟,降而生商;《尚书·召诰》记载:皇天上命,改厥元子。讲的就是人是由具有意志的上天派生的,君权是神授的。北宋张载用"天人合一"词语表达这种观念。各时期儒家伦理思想家用不同的方式表达了"天人合一"的思想,主要有孟子的性天同一论、董仲舒的天人相类论、张载的天人同性论、二程的天人同体论、陆王的天人同心论。④ 虽然各派表达不同,但大体意思具有一致之处,即在对待天

---

① 参见［法］弗郎索瓦·于连:《道德奠基——孟子与启蒙哲人的对话》,宋刚译,北京大学出版社 2002 年版,第 91 页。
② 参见沈永福:《论儒家传统伦理思想中的意志自由》,《内蒙古社会科学》2009 年第 3 期。
③ 参见陈瑛主编:《中国伦理思想史》,湖南教育出版社 2004 年版,第 218 页。
④ 参见张岱年:《中国伦理思想研究》,人民出版社 1999 年版,第 191—203 页;宋志明等:《中国古代哲学研究》,中国人民大学出版社 1998 年版,第 43—57 页;陈瑛:《中国伦理思想史》,湖南教育出版社 2004 年版,第 218—229 页。

与人、自然与人为、自然界与人类社会、天道与人道的相互关系上,强调二者统一、相同与和谐。这种天人合一思想把哲学的宇宙论、认识论和道德观连为一体,使中国传统哲学从一开始就面向人伦,把"人道"(即人伦)视为宇宙的有机构成而与"天道"合而为一,从而规定了儒家的道德本原、人性论、道德选择、道德修养等方面的理论模式,也决定了他们在意志自由理论方面的特点。一方面,由于在道德、道德意志来源问题上,由天道直接引出人道,如董仲舒的"道之大原出于天"、朱熹的"是皆得于天之所赋",从而不可避免地将必然与当然、事实与价值混为一体,把"人道"这个人们行为的"当然之则"看作是不可违背的"天命"、"天理"之必然,陷入了道德宿命论。这也决定了在道德意志问题上重视自觉而忽视自愿、重视必然而漠视意志自由的倾向;但另一方面,在道德主体、意志能动性、道德行为评价和道德修养方面,却又高扬人的主体精神,突出意志的巨大能动作用,如在道德修养中,通过"尽心、知性、知天"、"复性"、"居敬穷理",在内心世界达到"天人合一",更通过道德实践,存养涵育,知行结合,极力去实现这种自由意志,以期达到"天地万物一体",成就主体的至善自由境界。当然,我们还是应该看到,这种主体意志自由,在儒家那里,更多是排斥了个体感性欲望和个性的意志自由,而且因阶级局限性和历史条件的限制,不可能真正实现。

(二)道德选择中的"为仁由己"

意志自由首先表现在人的意志的独立性,即道德选择中的自觉自主性。孔子肯定人有独立的意志:"三军可夺帅也,匹夫不可夺志也。"这里不可夺的"志"即独立的意志和理想,匹夫即一般平民,平民虽没有贵族的地位和财富,但也有自己的不受外人外物强制的意志。当然,孔子没有提出自由的观念,而提出"由己",他说:"为仁由己,而由人乎哉?"(《论语·颜渊》)又说:"有能一日用其力于仁矣乎?我未见力不足者。盖有之矣,我未之见也。"《论语·里仁》这种观点可以说是肯定了意志的自由及其自觉能动性,那就是,任何人凭借自身的积极努力,不管其社会地位如何,都可以达到很高的道德境界。孟子比孔子更明确强调意志的自觉能动性,他认为"人皆可以为尧舜"(《孟子·告子下》),把人的道德意志能动性提到一个很高的地位,对普通民众具有强大的吸引力和感染力。又称"待文王而后兴者,凡民也。若夫豪杰之士,虽无文王犹兴"(《孟子·尽心上》)。孟子对于志的诠释:"夫志,气之帅也;气,体之充也。夫志至焉,气次焉。故曰:持其志,无暴其气。"(《孟子·公孙丑上》)这充分肯定了"志"在人类生活中的主导作用。荀子也充分肯定了人的意志自由。他说:"心者形之君也,而神明之主也,出令而无所受令,自禁也,自使也;自夺也,自取也;自行也,自止也。故口可劫使墨云,形可劫而使屈伸,心不可劫而使易意。是之则受,非之则辞。故曰心容其择也,无禁必自见。"(《荀子·解蔽》)荀子讲心对身的主宰作用,主要是意志、情感的主宰作用,这里的神明之主即自主的意志。所谓"自禁"、"自使"、"自夺"、"自取"、"自行"、"自止",就是讲意志的自由选择。"心容其择也",也是说意志具有选择的作用。

宋儒陆九渊特别强调人的意志自由和能动性。他常常对他的学生说:"汝耳自聪,目自明,事父自能孝,事兄自能弟,本无欠缺,不必他求,在自立而已。"(《陆九渊集·语录上》)又说:"收拾精神,自作主宰,万物皆备于我,有何欠缺? 当恻隐时自然恻隐,当羞恶时自然羞恶,当宽裕温柔时自然宽裕温柔,当发强刚毅时自然发强刚毅。""自得,自我,自道,不倚师友载籍。"(《陆九渊集·语录下》)这些说法都强调人格独立、意志自由,反对依傍他人,反对精神上受奴役。王守仁则在"心外无理"的基础上提出了认识论和修养论上的"致良知"。他有名的"四句教":"无善无恶是心之体,有善有恶是意之动,知善知恶是良知,为善去恶是格物。"(《传习录下》)即心本来是超乎善恶对立的,所以是无善无恶;意念发动,便有善恶之分;良知自然能分别善恶;道德修养就在为善去恶。王守仁将认识和修养都归于心灵的活动,即自由意志的活动过程。人所有的认识与修养,都建立在意志自由的基础上。阳明后学尤其是刘宗周,将"诚"与"意"发展成为具有本体论色彩的道德意志,他要上至皇帝、下至民众,在内心自觉地确立这种"为仁由己"的自由意志,具有唯意志论的典型倾向。

(三)道德实践中的"力命并举"

这里的力指的是人事、人力、人为,即人的主观意志努力。命指的是人们常说的命运、命定,也就是人力不可改变的必然性。力命关系也就是人的主观意志努力与命运的关系。传统儒家伦理思想既肯定客观必然性的存在,又宣扬人的主观能动性,强调道德意志的积极作用。

孔子孟子既肯定命运,又重视人为。他们认为贵贱、贫富、生死、寿夭、祸福等则取决于命,而人的善恶、智愚、贤不肖等则取决于人的主观意志努力。孔子说"死生有命,富贵在天"(《论语·颜渊》),又说"道之将行也与,命也;道之将废也与,命也。"(《论语·宪问》)这里我们可以看出孔子对"命"的肯定和认可。他认为人的生死富贵都是命中注定的,事业成功失败也是命定的。因此,他要求人们知命,自称"五十而知天命"(《论语·为政》),并说,"不知命,无以为君子"(《论语·尧曰》),作为理想人格的君子当知命。但是,孔子从未因"畏天命"、"知天命"把人引向对"天命"的单向度的仰赖,他反倒是由对这"畏"和"知"的反省更大程度地肯定了人在天人之际的那份主动。[①] 孔子又强调人的主观意志努力,不废人事,认为人成其为人最要做的只在于仁心、德性的修持,要"学以致其道"(《论语·子张》),以"朝闻道,夕死可矣"(《论语·里仁》)、"求仁而得仁,又何怨?"(《论语·述而》)"无求生以害仁,有杀身以成

---

① 参见黄克剑:《"命"而"道"——老子、孔子前后中国古代哲学命意辨正》,《哲学研究》2002 年第 7 期。

仁。"(《论语·卫灵公》)作为自己的人生态度。总之,孔子认为只有尽人事方可言天命,不可假天命而废弃人事,体现了儒家思想中极为珍贵的人应当与命运抗争的自强不息的精神。孟子的主张与孔子基本一致,他更加明确地划分了何者属于命的范围,何者属于人为决定的范围。孟子说:"口之于味也,目之于色也,耳之于声也,鼻之于臭也,四肢之于安佚也,性也,有命焉,君子不谓性也。仁之于父子也,义之于君臣也,礼之于宾主也,知之于贤者也,圣人之于天道也,命也,有性焉,君子不谓命也。"(《孟子·尽心下》)这里对于美味、声色、安佚等欲望的满足,不是天性所能为的而应该归于天命,不用强求,而对于仁义礼智等善的实现,则不能强调命运,而应努力追求。孟子还区别"天爵"、"人爵"之分。他说:"有天爵者,有人爵者。仁义忠信,乐善不倦,此天爵也;公卿大夫,此人爵也。古之人修其天爵,而人爵从之。今之人修其天爵,以要人爵;即得人爵,而弃其天爵,则惑之甚者也,终亦必亡而已矣。"(《孟子·告子上》)孟子认为人们应该追求"天爵",即仁义忠信,把修天爵放在第一位,天爵修了人爵(公卿大夫)就会自然而来。

　　后世儒家对力命观有了更进一步的发展,尤其是在突出人的主观意志方面,逐渐淡化命定、突出人力作用。东汉的王充提出了"禀气受命说",对先天命定论进行了批判,认为人与万物都由气所构成,由于人禀气的不同,造成了人性的差异,也造成了人们不同的后天命运。柳宗元说:"变祸为福,易曲成直,宁关天命,在我人力。"(《柳河东集》卷二《愈膏肓疾赋》)二程也说:"人事胜,则天不为灾;人事不胜,则天为灾。""儒者只合言人事,不得言有数,直到不得已处,然后归之于命可也。"(《河南程氏外书》卷五)更重要的是二程提出了"循于义"、"命在义中"、"命以辅义"等观点,将命置于义之下,降低了命的地位,重视人事、人力的作用,是具有积极的历史进步意义的。明朝中后期以后,一些思想家如王夫之、颜元、魏源提出了"造命说",主张"造命回天"、"主宰气运"(《颜习斋先生言行录·赵盾第十六》),这些观点强调了人们的理性精神的自觉和主观意志能力的功用,也反映了时代的进步和人们思想的启蒙与觉醒。

(四)行为评价中的"志功结合"

传统儒家伦理思想中的意志自由观点还在道德行为的判断、评价标准上有所体现。总体上讲,儒家伦理是典型的道义论,义以为上,看行为是否符合道义的标准,但我们不能将儒家伦理学说简单归为动机论。实际上,儒家很多思想家对行为的考察,既看动机"志",又看行为的效果"功",也就是"志功结合"的观点,应该说,这是一种较为全面的道德行为评价标准。

孔子虽然对志功问题没有直接论述,但综观其思想,其中确有志功结合考察道德行为的思想倾向。如孔子称许管仲"如其仁,如其仁","观其语脉",程颐解释说"称其仁之功用也",显然孔子"亦计人之功",并非通常人们理解的只讲"义以为上"的纯粹动机。孟子对志功问题有自己的看法。孟子有"尚志"之说:王子垫问曰:"士何事?"孟子曰:"尚志。"曰:"何谓尚志?"曰:"仁义而已矣。杀一无罪非仁也,非其有而取之非义也。居恶在? 仁是也;路恶在? 义是也。居仁由义,大人之事备矣。"(《孟子·尽心上》)"尚志"指的是具有崇高的道德理想,坚持"仁义"的原则,也就是要有高尚的意志目的和动机。孟子又主张"食功",对于"有功"的,应给予报偿。《孟子》中记载:

> 彭更问曰:"后车数十乘,从者数百人,以传食于诸侯,不以泰乎?"孟子曰:"非其道,则一箪食不可受于人;如其道,则舜受尧之天下,不以为泰,子以为泰乎?"曰:"否,士无事而食,不可也。"曰:"子不通功易事,以羡补不足,则农有余粟,女有余布;子如通之,则梓匠轮舆皆得食于子。于此有人焉,入则孝,出则悌,守先王之道,以待后之学者,而不得食于子;子何尊梓匠轮舆而轻为仁义者哉?"曰:"梓

匠轮舆,其志将以求食也;君子之为道也,其志亦将以求食与?"曰:
"子何以其志为哉? 其有功于子,可食而食之矣。且子食志乎? 食
功乎?"曰:"食志。"曰:"有人于此,毁瓦画墁,其志将以求食也,则子
食之乎?"曰:"否。"曰:"然则子非食志也,食功也。"(《孟子·藤文
公下》)

　　孟子认为,士从事于道德实践,也就是从事于宏伟的事业。孟子认为
士不是"无事而食",士从事于教育事业,也是有功的。从上我们可以看
出孟子的观点是肯定动机与效果的统一。就是典型功利主义者的陈亮,
在强调功效的突出地位和作用时,也并不忽视动机的作用。如他在评价
汉初王陵和陈平时说,两人"发心"都"不欲王诸吕",而欲"刘氏之安",
尽管他们"不幸或事未济而死"没有获得成功,但是"其心皎然如日月之
不可诬也"。反之,"若只欲得直声"或"若占便宜,半私半公","则济不
济皆有遗恨耳","皆有罪耳"(见《复吕子阳》),可见,从总体上而言,陈
亮也主张动机与效果的统一,而不是"以成败论是非"的效果论者。①
　　与志功问题相似的还有心迹问题。心是思想,即动机,迹是行动上的
表现,即实际效果。隋代王通曾说:"心迹之判久矣。"(《文中子中说·问
易》)在这里王通将思想和行为、动机和效果看作是不同的东西,强调它
们的不一致。而这遭到了程朱的批判。朱熹说:"王通言心迹之判,便是
乱说。故不若且于迹上断定不与圣人合。其言有合处,则吾道固已有;有
不合者,固所不取。如是立定,却省易。"(《近思录·异端之学》卷十三)
程颐也说:"有是心,则有是迹,王通言心迹之判,便是乱说。"(《河南程氏
遗书》卷十五)在这个问题上,程朱强调的是思想和行动、动机和效果的
统一。

---

　　①　参见焦国成:《伦理学通论》(上册),山西教育出版社 1997 年版,第 401 页。

第二节 西方传统伦理思想中的道德意志理论

西方伦理学较早就对意志问题予以很高程度的关注,从古希腊神话故事中对众神的英雄崇拜肇始,就赋予意志精神以伦理意义;柏拉图将灵魂三分为理性、意志和情欲,亚里士多德把意志看成是人的灵魂欲动功能,把意志作为划分善行的基础,表现为人在理性领导下的选择能力;中世纪经院哲学的帷幕下,在全能的神的意志统照下,人的意志自由问题成为争论的焦点;近代,一方面,从理性还是情感去分析意志问题成为了时代特色,另一方面,由意志论和机械决定论的争辩又深化了意志问题的探讨。尤以康德为代表的理性主义和以休谟为代表的情感主义双峰对峙,极大地推动了对意志的研究。随后,在对理性主义的反思和批判中,叔本华、尼采等人建立了一个唯意志论的理论体系,将意志论推向了一个极端,即人的生存意志或权力意志是人的本体存在;同时,费尔巴哈则提倡人本主义的意志论,将人的意志导向了现实的欲求。大体来说,西方传统道德意志理论按照其历史发展和内容可以分为如下六大类型:①

一、古希腊罗马时期道德意志理论的先声

西方道德意志理论的最早源头可直溯古希腊神话,神话中诸神的德性反映了当时人们现实的道德愿望和需求,其中之一就是对英雄人物意志精神的赞美和意志品质的讴歌。如在《被缚的普罗米修斯》神话传说中,普罗米修斯就是一个人格神的化身,他为人类求取光明而献身,表现了英雄大无畏的意志精神,而他的遭遇又显示了英雄命运的必然性和悲剧色彩,实际也反映了当时历史环境下,人类意志的受制约性和不自由

---

① 本论题参考了张明仓《道德意志论》中对西方传统意志论的历史分类的观点。

性,以及人类对意志自由的肯定和向往。在《荷马史诗》中,主要宣扬的是希腊先民的顽强意志和英雄事迹,《伊利亚特》主要表现希腊民族与异族的战争,里面贯穿着对英雄人物的崇拜,《奥德赛》则主要表现英雄奥德赛同大自然的斗争,实是一曲英雄主义的赞歌。

古希腊哲学家苏格拉底开启了美德与知识关系的思考,得出"美德即知识"的结论,试图给美德提供一个具有普遍性的理性基础,认为诸德之本,皆在知识,致德之途,务求知己,强调"理性自制","做自己的主人",这里已内含着对于人的意志与理性关系的思考。强调理性、知识的知识论哲学传统后来成为西方哲学的主导性传统。而柏拉图在"善的理念"前提下,将灵魂三分为理性、意志、欲望,主张理性是灵魂的主宰,而意志、情欲则应服从理性。其中,意志是灵魂用以发动行动的部分,它能执行理性的命令去控制欲望。并认为意志是联系古希腊尊崇的"智慧"、"勇敢"、"节制"、"公正"四个德目的重要桥梁。而亚里士多德则进一步修正和发展了柏拉图学说,把德性分为伦理德性与理智德性,后者是更高层次的德性。德性是指灵魂的德性。而灵魂分为理性和非理性两个方面,德性服从正当的理性指导,无理性则无德性。亚里士多德认为,道德意志在人们的道德行为中,表现为一种能力。人的行为中的过与不及以及中道都出于人的意志。人的意志有经过慎思自动选择善恶的能力。美德靠自己,恶行也依于自己。任何人有权力去做的事,也有权力不去做,很多人之所以有德,并不完全是知识的结果,而是因为道德意志发生了作用。亚里士多德认为要形成良好的德性,必须具备以下三个因素:立志、取中、力行。要想成为一个有德性的人,必须与灵魂中的非理性因素进行"搏斗",用道德意志去战胜、克服非理性因素,这就是立志。

总的来说,从古希腊神话传说到苏格拉底、柏拉图、亚里士多德,其意志理论都具有明显的古典理性主义特征,这种具有浓厚知识论意蕴的意志理论对西方近代理性主义意志论产生了很大影响,但因其讨论的范围及理论深度有限,因此只是西方道德意志的先声。

二、中世纪神本主义道德意志论

中世纪在"上帝是万物的尺度"这一根本教义的统照下,"道德来源于上帝",人们现实的道德规范都与上帝的意志相联系。上帝赐予、规定了人与人的道德,人类对上帝只有绝对的义务,因此,基督教神学把对上帝的爱、对上帝的信仰、对上帝的纯理智的认识作为对个人的最高道德要求,作为个人必须履行的道德义务。如奥古斯丁就认为"一切事物都是由那具有至上、同等、永不改变之善的三位一体的神所造成的"。人只有以上帝为楷模,以天国为理想,靠虔诚的信仰或行为感化上帝,才能获得来世的幸福。仅就这一点而言,神本主义道德意志论从根本上就否认了人的意志的重要性,在本质上也限制了个体意志的选择。

个人的意志自由问题是基督教神学所涉及的与个体道德有关的问题之一。奥古斯丁在强调上帝高于人的前提下,羞答答地承认意志自由在个人道德选择中的作用。他认为上帝的意志决定一切,但又不能把人世间的恶归因于所谓至善、至能的上帝,为了为人世间的恶寻找原因,他承认人有自由意志。他认为,意志本身有正确和错误两种指向,如果意志本身错了,灵魂的活动,人的道德选择也会随之而错。道德上的恶就是出于一种欲求卑劣事物的意志,恶行就是这种堕落意志的结果。意志若对了,灵魂的活动不但不会错,而且值得称道。人的灵魂究竟是受肉体控制还是与上帝结合,都取决于意志。人在亚当和夏娃堕落以前曾经有过意志自由,但人类始祖"滥用自由意志"而把"自己和自由意志一起毁坏了"。人必须用自我忏悔的办法向上帝赎罪,重新获得意志自由,使灵魂得救。因此灵魂的得救取决于两个方面:一方面是上帝的恩赐、选择、宽恕;另一方面是从个人的灵魂入手,通过忏悔、修行得以解脱。托马斯·阿奎那提出了上帝理性决定论。托马斯也在承认上帝是推动意志的唯一对象的前提下承认意志自由。他认为人类行为的特点是自愿,而自愿必须具备两个前提条件:一是行动者活动的内在原则,即自律;二是对所追求目标的认识。人的意志决定前者;理性向意志提供善恶判断,从而决定后者。与奥古斯丁不同,托马斯认为理性高于意志,虽然意志自身有一种追求善的自然倾向,但这种倾向需要理性的指导,只有借助理性,意志才能确认所追求目标的善恶,并使意志去实行这个决定。

神本主义意志论从上帝出发而不是从现实人的意志行动出发来探讨道德意志问题,确实有许多荒诞不经之处,但却在一定程度上,为近代意志论进一步探索历史整体的合理性、合规律性,提供了一个潜在的起点和可供利用的"形式",尽管这种"形式"只有在上帝那里才存在。值得注意的是,神本主义意志论的理论前提、内在缺陷和现实的虚幻使其不可自圆其说,其后遭受各种批判,尤其是唯意志论的颠覆性批判实是历史的必然。

三、近代情感主义意志论

休谟是情感主义的代表人物,他从人性的高度给理性、情感、意志重新定位,他强调情感,贬斥理性,认为道德必须来自情感,情感是道德的基础,意志要服务于情感。其意志论的主要观点包括:

1. 意志是人的一种独特的内在印象。休谟指出:"我所谓意志只是指我们自觉地发动自己身体的任何一种新的运动,或自己心灵的任何一个新的知觉时,所感觉到和所意识到的那个内在印象。①"在休谟那里,意志就成为人的"内在的"表现人性本质的东西,并且具有自觉地发动身体的一切新的运动和心灵的一切知觉的功能。

2. 意志受情感决定,并受理性指导。休谟承认道德感是人类的本性,

---

① [英]休谟:《人性论》(下册),关文运译,商务印书馆1980年版,第437页。

它是普遍的。在人类的道德感里就蕴藏着行为的动力和原则。在指导人的意志和行为方面,情感总是主人,而意志和理性总是为情感服务和服从于情感的。休谟认为:"理性是、并且也应该是情感的奴隶。除了服务和服从情感之外,再不能有任何其他的职务。"①同时,理性虽有服务情感、指导意志的功能,但由于理性过于脆弱,所以它难以担负支配意志并决定行为的重任,理性"单独绝不能成为任何意志活动的动机","理性也不能制止意志作用,或与任何情感或情绪争夺优先权"。

3. 真正的理性与意志、情感是和谐的,不可能发生冲突。休谟认为,理性对意志的影响以及情感的控制,实际上是平静的情感对意志的影响和对猛烈情感的抑制。那些唯理论的"形而上学家们"片面地只讲理性不讲情感,并用"平静的情感"代替理性,理论是错误的,实践上是有害的。休谟把理性与情感做了明确界定和区分,他否定了传统理性的永恒性、不变性和神圣权威,高扬非理性的情感之价值,并置之于终极的意义和地位。

4. 关于意志自由的问题。意志究竟是自由的,还是被决定的呢? 行为的动机究竟是"迫使"还是"促使"意志去作出某种决定呢? 休谟按照他的因果论原则,认为人的意志是以特定的方式为各种原因所先定的。自由就是根据意志的决定而活动的可能性。他所说的不是"意愿"的自由,而是行动的自由。根据这个观念,除了被钉上十字架的人之外,一切人都是自由的。这是有条件的自由,我们想休息,我们才休息;我们想走动,我们才走动。休谟用决定论来解决问题,把问题的重心从意志自由方面而转移到行动自由方面。在他看来,自由不是必然的反面,而是强制的反面。② 这在一定程度上消解了意志自由的伦理学意义。

休谟的情感主义意志论在一定程度上揭示了道德意志的基础和作

---

① [英]休谟:《人性论》(下册),关文运译,商务印书馆1980年版,第453页。

② 参见罗国杰等:《西方伦理思想史》(下卷),中国人民大学出版社1985年版,第222页。

用,具有不少新意和启发意义,但因其自身内在矛盾和理论的局限受到后世理性主义意志论的批判。

四、近代理性主义意志论

以康德为代表的理性主义把意志看作是其伦理学的出发点,将道德意志抬到极高的位置。康德认为人是理性的动物或理性存在物。人的意志之所以是自由的,就在于它是理性的。意志就是理性的实践能力,就是实践的理性。按照康德的看法,作为出发点的意志,既必须是来自常人道德生活的特殊意志,又必须超出常人的特殊意志。这种特殊的东西就是具有普遍性的善良意志或善意志。这样的善良意志不是来自上帝的意志,也不是来自人的自然本性和世俗的权威,它只能是来自人的理性本身,它是无条件的善。康德认为,在世界之中,甚至在世界之外,除了善良意志,不可能设想一个无条件善的东西。①

康德还进一步指出,善良意志不但是一切行为品性是否具有道德价值的必要条件,而且它本身就是善的。康德强调说:"就它自身来看,它自为地就是无比高贵,任何为了满足一种爱好而产生的东西,甚至所有爱好的总和,都不能望其项背。如果由于生不逢时,或者由于无情自然的苛待,这样的意志完全丧失了实现其意图的能力。如果他竭尽自己最大的力量,仍然还是一无所得,所剩下的只是善良意志(当然不是单纯的愿望,而是用尽了一切力所能及的办法),它仍然如一颗宝石一样,自身就发射着耀目的光芒,自身之内就具有价值。"②康德强调理性的善良意志,目的在于克服传统经验主义的狭隘性,将个人的偏好、兴趣、利益等个别的、主观的、具有偶然性的东西剔除在道德之外,保持道德的纯粹性和高尚性。

---

① 参见[德]康德:《道德形而上学原理》,苗力田译,人民出版社 1986 年版,第42 页。

② [德]康德:《道德形而上学原理》,苗力田译,人民出版社 1986 年版,第43 页。

　　康德强调善良意志和绝对命令,认为作为人的目的和手段统一的基础就是意志自律,即主体自我意志立法。"一个彻底善良的意志,它的原则必定表现为定言命令,包含着意志的一般形式,任何客体都不能规定它,它也就作为自律性。"①这就是说,人既是立法者,又是执法者。康德为了阐明人的道德责任,把意志自由引进了伦理学。康德认为人在自然界摆脱不了必然性的控制,因而是不自由的。但是,人作为理性存在者,可以有绝对的意志自由。"人是目的"这一普遍法则所解决的就是人的意志自律即自由问题。康德指出自由乃是一切有理性存在者的同性,即自由是人的本质。从而,作为理性存在者的人有意志自由,能够为自己立法并能执法,因此应该对自己的行为负责。当然,康德在这里割裂了人的"两种存在",所以,他的自由只是企图摆脱客观世界发展规律的自由,只能是幻想的自由。因此,后来受到黑格尔的批判,特别是受到恩格斯的批判。尤其是当康德在此岸与彼岸的自由实现和幸福追求中陷入矛盾,不得不借助三个悬设:意志自由、灵魂不朽、上帝存在。马克思、恩格斯批评康德,说他只谈论善良意志,一涉及实践和现实领域,这个缺乏具体规定性的善良意志便显得十分软弱无力。

　　黑格尔把道德与伦理区别开来,认为道德是相对于个体而言的,"道德主要地包含着我的主观反省、我的信念,我所作的遵循普遍的理性的意志决定,或普遍的义务。"②黑格尔把意志理念的发展分成三个阶段:抽象法、道德、伦理。抽象法是客观外在的法,是抽象人格的定在,是意志的普遍性;道德是主观内心的法,是内心信念的规定,自我的特殊规定,是意志的特殊性。黑格尔把现实的意志看作绝对理念外化的一种形式,他认为,"意志……是经过在自身中反思而返回到普遍性的特殊性",是"把自己

---

　　① [德]康德:《道德形而上学原理》,苗力田译,人民出版社1986年版,第98页。
　　② [德]黑格尔:《哲学史讲演录》(3卷),贺麟等译,商务印书馆1959年版,第36页。

转变为定在那种思维,作为达到定在的冲动的那种思维"。① 他肯定了意志的自由本性,强调意志的本质就在于摆脱偶然性的支配,进而成为把握必然性的自决力量。"按照意志的概念来说它本身就是自由的"②。黑格尔给行为下的定义是:意志作为主观的或道德的意志的外部表现。道德行为就是道德意志的外在表现。是一种自觉意识与普通意志相联系并力求符合法的要求的行为。黑格尔把道德行为分为三个环节,在形式方面有故意、意图和良心;在内容方面,相应地有责任、福利和善。故意和责任、意图和福利、良心和善,可以说是道德行为发展的三个层次。③ 黑格尔还辩证地把动机与效果统一起来进行道德评价,认为道德行为与意志的目的在本质上是一致的。同时,黑格尔不但看到了善恶的辩证关系,而且强调恶在历史上的肯定的积极的作用,应该说这是很难得的。黑格尔认为善与恶是不可分割的,强调一旦和意志相关联,人就会有恶产生。而且还认为恶是历史发展的动力这一伟大论断。④

黑格尔的道德意志论虽然是唯心主义的,但它强调了意志的巨大作用,这一点是不能抹杀的。同时,黑格尔第一次把历史主义的观点用于对社会道德意志的分析,是有重要意义的。其道德意志观点虽然从根本意义上是唯心主义的,但其内容却具有巨大的历史感和深刻的现实感。⑤

―――――――――

① ［德］黑格尔:《法哲学原理》,范扬等译,商务印书馆1961年版,第17、12页。

② ［德］黑格尔:《法哲学原理》,范扬等译,商务印书馆1961年版,第11页。

③ 参见罗国杰等《西方伦理思想史》(下卷),中国人民大学出版社1985年版,第474页。

④ 恩格斯对黑格尔关于人性善恶的深刻分析予以高度肯定,在《费尔巴哈及德国古典哲学的终结》里指出:"在黑格尔那里,恶是历史发展的动力借以表现出来的形式。这里有双重的意思,一方面,每一种新的进步都必然表现为对某一神圣事物的亵渎,表现为对陈旧的、日渐衰亡的、但习惯所崇奉的秩序的叛逆,另一方面,自从阶级对立产生以来,正是人的恶劣的情欲——贪欲和权势欲成了历史发展的杠杆,关于这方面,例如封建制度的和资产阶级的历史就是一个独一无二的持续不断的证明。"

⑤ 参见罗国杰:《西方伦理思想史》(下卷),中国人民大学出版1985年版,第502页。

五、生命意志论与权力意志论

以叔本华、尼采为代表的唯意志论举出的是非理性主义的旗帜,主张意志是世界的本原和人的本质,意志统辖理性,强调个人的能动性、创造性和毫无节制的绝对自由。叔本华是唯意志论的创始人,他提倡生命意志论。叔本华赋予意志以本体意义,即"一切表象,不管是哪一类,一切客体都是现象。唯有意志是自在之物"①。叔本华指出:自在之物世界是意志世界,"世界是我的意志"。在他看来,意志不是从属于理性的,意志是自在之物,是一切客体和现象存在的根据。叔本华把理性置于意志的统辖之下,认为人的理性是完全服从意志的。这种意志是一种以自身为目的的无止境的永不满足的欲求,其基本点是求生命、求生存,因而又可称为生存意志或生活意志。把意志认定为生活意志、生殖意志,这是叔本华唯意志主义不同于其他形式的唯意志主义的主要特征。叔本华认为人绝不能为意志立法,意志是完整的、不可分的,它作为世界的本质无处不在,现象各异的事物在本质上都是同一意志的显现,不能说各种人或物可以按层次高低有区别地分享意志。他强调,意志是人的真正存在,人的理性是完全服从意志的。世界上的一切事物都决定于这种非理性的、偶然的、不可捉摸的意志,并且只有作为自在之物的意志本身的行动才是自由的,而人直觉到自己作为意志本身的唯一的行动就是否定意志这个行动。他承认意志是世界上一切罪恶和痛苦的根源。由于意志永无满足,痛苦也永无终结,因此,生命本质上就是痛苦,而摆脱痛苦的唯一方式就是完全弃绝生存意志,实行禁欲主义。

尼采继承并发展了叔本华的唯意志主义思想。他从非理性主义立场对欧洲理性主义和基督教传统进行批判,认为理性主义限制和扼杀了个

---

① 〔英〕休谟:《人性论》,关文运译,商务印书馆1980年版,第453页。

人所独有的非理性的生命和本能。尼采反对叔本华把意志世界当作超出现象世界以外的自在之物的世界,转而认为意志即存在于现象世界之中,他宣扬一种被称之为积极的表现、释放、改善、增长自在的生命力的意志,即"权力意志"。他认为,人作为权力意志或者说作为非理性的生命力与人的现实存在不是分裂的,人的欲望、激情、本能冲动与人的肉体存在及人的思想和行动是构成个人存在的统一整体,这样的个人是完全独立自主的,不受其本身以外的任何力量支配。尼采推崇希腊神话人物、酒神狄俄尼索斯,认为酒神精神体现了一种无穷无尽、无拘无束的生命力,它意味着人的一切最原始的冲动都获得解放,个人的生命与世界的生命融为一体而达到了最高境界。他抛弃并批评了叔本华的悲观主义论调,强调在不断追求中实现自我的超越,提出了人格理想中的"超人"是人生目标,并以"超人"来取代基督教上帝和善的理念。

唯意志论把意志完全看成是非理性的东西,对传统理性主义和基督教进行了颠覆性的批判,大大地动摇了以传统理性为基本内容的主体概念,从人的意志方面对人性、生存境况及人生意义等问题做了探讨,对其后西方流行的生命哲学、存在主义、弗洛伊德主义和法兰克福学派等思想和理论有重要影响,时至今日,仍然影响着一些人。从整体上说,唯意志论从基本立场、方法到具体观点、结论都存在着根本的矛盾、缺陷和错误,有学者将其归纳为四个方面:①其一,无限夸大意志的地位和作用,陷入一种新的唯心主义。其二,片面强调意志的非理性一面,陷入非理性主义。它把意志的非理性特征绝对化,认为意志至上,意志高于并统辖理性,否定人们可以通过感觉经验和理性思维认识现实的世界。其三,缺乏辩证的思维方法,陷入形而上学。不能唯物辩证地把握理性与非理性的关系,因而在避免了一个极端的同时却又陷入了另一个极端。其四,歪曲

---

① 参见张明仓:《实践意志论》,广西人民出版社 2002 年版,第 90、116—119 页。

个人与社会的关系,陷入贵族主义和极端个人主义。在伦理学意义上讲,唯意志论从根本上解构了传统道德,解构了传统善良意志的道德基础。

六、人本主义的道德意志论

费尔巴哈反对康德的"善良意志",认为它是幻想的、形式的、没有对象的、虚构的空中楼阁。他认为,意志必须永远有自己的对象,否则它就根本不会出现。在意志与追求幸福的意愿之间存在着不可分离的统一性。他充分肯定人的感性欲望的合理性,认为意志、意愿就是对幸福的追求,反对禁欲主义。同时也反对唯意志论将意志作为世界的本原,反对夸大意志的能动作用。他还强调意志的生物性基础和外在制约性,认为"人的意志,是以身体为基础的,并且它只是意志与大脑、神经、肌肉的亲密的和秘密的联系的鲜明的表现。……意志乃是一种执行权;然而我之所以能够执行我所能够愿望的活动,这是因为我的活动是以我的大脑和我的机体为基础的"①。

对于意志自由问题,他认为,就现实社会生活来说,人的意志自由就在于力量、财富和资本。② 费尔巴哈认为,一旦牵涉到利益、命运、苦痛或欢乐、生与死的情况下,人如果没有条件按照自己的意志行事的,往往是得不到自由的。自由乃是人的自然状态。意志自由就是人的"真正"本性在排除上述强迫意志的因素后的"自然自决"。费尔巴哈认为在心理学方面,能够根据自己的本性而行动的人,首先是追求幸福且能达到由此而生的目的和满足需要的人,是自由的。在道德方面,自由的人乃是将自己对幸福的追求同他人对幸福的追求协调起来的人。③

---

① 张明仓:《实践意志论》,广西人民出版社 2002 年版,第 90 页。

② 参见[德]费尔巴哈:《费尔巴哈哲学著作选集》(上卷),荣震华等译,商务印书馆 1984 年版,第 440 页。

③ 参见罗国杰等:《西方伦理思想史》(下卷),中国人民大学出版社 1985 年版,第 532 页。

费尔巴哈从人的现实的欲求出发,强调了意志的生理基础和对象性特征,在唯物主义的基础上对意志理论进行了分析,对包括康德、基督教等理性主义进行了旧哲学所能达到的最高水平的批判。但他的意志理论在很大程度上是从客体的角度来理解和解释意志,从而忽视了意志的能动作用,而且其根本缺点在于停留在抽象的人性论的基础和范围内,对幸福的欲求也是求助于虚幻的"爱"的实现,始终没有找到一条通向现实世界的道路,在历史观上他的意志论仍然是唯心的。

综上所述,中国和西方传统伦理思想中关于道德意志的理论极其丰富,在各个历史时期都为那个时代作出了各自的贡献,为我们今天建构新的道德意志理论提供了宝贵的历史材料和有用资源,我们应在批判继承的基础上,取其精华,剔其糟粕,综合利用,创新发展。

第四章　道德意志的发生与发展

　　道德意志是属于人类意识的重要组成部分,是属于人类精神这一主观世界的领域。因此,就道德意志的本质来说,它不是具有世界本体的意义,而是派生的和第二性的东西,它需要借助客观物质世界来说明自己。因此,我们从物质与精神、存在与意识、道德与客观世界、道德意志与人的需要等二重关系来说明道德意志的本质,说明道德意志的起源与产生,这只是从横向方面进行分析,缺乏历史的考察和现实的考证。还应当从纵向的水平,即从道德意志的最初人类学发生和个体道德意志的产生来进行分析论证。

第一节　道德意志的人类学发生

　　道德意志的发生是个历史过程,研究道德意志的人类学发生,就是从历史的源头去探讨原始的初民如何形成道德意志的。道德与道德意志有着密切的关系,没有作为社会规范而存在的道德,就没有或无须所谓的道德意志,道德意志就成为无本之木,无源之水。同时,没有主体独立道德意志的存在,没有作为个体道德生存与发展最重要内在环节的道德意志的产生与发展,没有主体道德意志对目的的指向、情感的驾驭、行为的控制,个体道德也将成为水月镜花、空中楼阁。从道德意志的发生与发展中我们可以了解道德发生与发展的一个缩影。

一、生产劳动——道德意志产生的深层基础

劳动是人类第一的和基本的活动形式,劳动创造了人,又创造了人类历史。劳动作为人类掌握的第一种社会力量,促使了猿人揖别,成为"完全形成的人"。劳动在道德意志发生中的作用,概括起来表现在以下几个方面:

（一）劳动创造了道德意志的主体

劳动活动创造了道德意志的主体,使人类"这种发展一方面获得了强有力的推动力,另一方面又获得了更加确定的方向"①。人类通过劳动活动,不仅社会化了自然界,使之成为社会的对象,而且社会化了自身,使自己成为现实的社会的人,"成为人自己的本质力量的现实"②。

人作为道德意志的主体,并不是一下子生成的,而是经历了一个漫长的历史过程,其中,劳动起着举足轻重的作用。第一,劳动使人的机体结构得以形成并不断完善起来。猿人为了生存而与自然环境展开了艰苦的斗争,不得不借助身体之外的东西来实现自己的意图,从利用天然工具,到制造天然工具,再到制造较复杂的工具,这既是劳动本身的发展过程,也是人类的进化过程。一旦人们自己开始生产他们所必需的生活资料的时候（这一步是由他们的肉体组织决定的）,他们就开始把自己和动物区别开来。从利用自然工具到制造工具,由劳动萌芽发展到劳动,逐渐代替了猿的活动。这种转变不仅促进和带动了人的机体结构和机能的建构与确立,而且也为人成为道德的主体创造了条件。在生产劳动中,人不仅使自己的形体、结构发生了根本变化,形成了人的手足、大脑和感觉器官,为人成为道德的主体创造了自然条件,使猿群居生活的本能逐渐得到了改

---

① 《马克思恩格斯选集》第3卷,人民出版社2012年版,第993页。
② 《马克思恩格斯文集》第1卷,人民出版社2009年版,第190—191页。

善和加强,形成相互依赖、相互协作的关系,为人成为道德的主体创造了社会条件。更重要的是,生产劳动使人的意识在猿本能的基础上逐步发展起来,为人成为道德的主体奠定了主观方面的基础。① 第二,劳动使猿的群居生活的本能逐渐得到改善和加强。环境的恶劣、个体力量的薄弱都决定了劳动必须在群体之中进行。劳动把本来是单个的个体联系起来,并逐渐形成互相协作、互补不足的"关系",从而为人作为道德主体创造了社会条件。第三,劳动使人的意识在猿本能的基础上逐步发展起来。经常使用工具作用于对象,使本来是外在的对象,变成了内在的影像;影像在量上的积累、质上的提高,萌发了与动物本能截然不同的人类意识、语言和交往;意识、语言和交往反过来又促进了劳动不断向高级发展。马克思指出:"动物和自己的生命活动是直接同一的。动物不把自己同自己的生命活动区别开来。它就是自己的生命活动。人则使自己的生命活动本身变成自己意志的和自己意识的对象。他具有有意识的生命活动。这不是人与之直接融为一体的那种规定性。有意识的生命活动把人同动物的生命活动直接区别开来。正是由于这一点,人才是类存在物。或者说,正因为人是类存在物,他才是有意识的存在物,就是说,他自己的生活对他来说是对象。仅仅由于这一点,他的活动才是自由的活动。"②人的生命活动与动物的生命活动的不同之处就在于,它是一种有意识、有目的的活动。人能够意识到自己活动的环境和对象,而且给人类满足需要的活动注入了一种意图和目的,给活动的天然节奏和秩序加进了自觉自为的成分,从而使得人不仅了解自然界,而且了解自己的需要,并根据自己的需要来安排自己的活动。在这一过程中,原始的、无所不包的劳动开始分化,形成了人类社会的其他种种活动,人也从原来单一的生存活动主体

---

① 参见罗国杰:《伦理学》,人民出版社 1989 年版,第 29 页。
② 《马克思恩格斯选集》第 1 卷,人民出版社 2012 年版,第 56 页。

变成了具有丰富多样性的原始社会活动的主体。通过这种活动,人在发展自己体力的同时,也锻炼着自己的智力,不仅参与生活资料的生产和再生产,而且在这种生产中培养出艺术、想象、管理、交往的才能,开始从事艺术活动、道德活动、思维活动及其他种种精神活动。人的道德本质在这些活动中第一次表现了出来。① 此时,人的道德主体性在道德意志方面主要表现在以下三点:②一是主体具有自我的道德意识,这种意识表现为利益意识和责任意识;二是主体具有选择自由,主体的利益意识和责任意识必然要求主体在各种可能性中进行选择;三是主体具有自我调节性,能够自我调节主体自身的需要和情感、活动的方法和手段、活动的过程和结果。

(二)劳动促成了人类道德需要的发生

包含着人类一切本质和特征的原始劳动开始沿着两个方向日益深化。其一是劳动分工的出现与发展,产生了对道德的客观需要。分工是劳动的一大进步。分工给原来无差别的人划定了各自活动的范围和方式,从而产生了人与人的差别。与早期的自然分工相适应,人际关系主要是性别关系与血缘关系。在这种关系中,人只有作为血族系谱中的一员才有意义和地位,而为了稳定自己的地位,人又必须巩固自己所处的关系。某种人多次重复某种活动,就会产生某种习惯和秩序,按照这种秩序进行活动是由分工关系内在必然性决定的,是原始劳动活动的节奏和"逻辑"。当然,由于劳动分工的狭隘与原始,它所表现的节奏与"逻辑"也不那么强烈。随着分工的扩大、深入,人与人的联系愈加广泛、全面,劳动对自身节奏的要求也愈加强烈,并以维护人际关系的某种需要的形式呼唤着政治、道德和风俗习惯,构成活动出现的最为深刻的契机。由于道

---

① 参见姚新中:《道德活动论》,中国人民大学出版社 1990 年版,第 85—86 页。

② 参见唐凯麟:《伦理学》,高等教育出版社 2001 年版,第 59 页。

德需要作为人的一种社会性需要,植根于人存在的二重性(个体存在物和社会存在物)及其所决定的人的需要或利益的二重性(个体性和整体性)之中,因而也只有在发生个人与整体、个人利益与整体利益关系的时候,只有当人脱离了动物界并将其"社会性"本能上升为交往关系时,它才有可能发生。

动物仅仅依靠自身的器官从自然界取得现存的东西维持生存,只能作为类的个体消极地适应环境,它们之间不可能形成关系。对于动物来说,"关系"不是作为关系而存在的。换言之,动物的正常存在,动物之间的所谓"关系",只是自然规律简单作用的结果,是由它们当时的居住和所适应的环境造成的。但是,人在物质生产中所展示和表现出来的对自然界的关系,不是一种生物学意义上的自然关系,而是按人的方式同自然界发生的"为我"关系。"意识到必须和周围的个人来往,也就是开始意识到人总是生活在社会中的"①。这个开始和这个阶段上的社会生活本身一样,带有同样的动物性质,这是纯粹畜群的意识,这里人和绵羊不同的地方只是在于意识代替了他的本能,或者说他的本能是被意识选择,劳动的结果反映了主体的意图。但是,人作为劳动的承担者,既可主动地创造,又会受劳动结构、水平和关系的制约。作为创造者,他以自己体力或脑力的支出来换回某种目的的实现,并在这种实现中肯定了自己;作为后者,他的所作所为不过是原始关系的一个表现,原始活动的一个环节。这是一个矛盾。人类从形成到意识到这一矛盾,一定经过了漫长的历程。当人类意识到这一矛盾时,解决这一矛盾的条件也相应出现了:劳动的内在结构变成了人类活动的简单"秩序",按照这种"秩序"进行活动,就能满足主客观两方面的要求。而这恰恰是当时人们的全部心理的核心,是人类对道德活动需要的最初表现形态。

---

① 《马克思恩格斯选集》第一卷,人民出版社 2012 年版,第 161 页。

（三）劳动创造了道德意志发生的动力

原始劳动的"完满性"决定了人与人、个人与整体在根本利益上的一致：个人没有自私的观念，没有特殊利益的追求，一切都从属于整体。这些为后人推崇备至的道德品质在当时显得那么自然，并不需要专门的宣传和教育。但自然的平衡终有一天会被打破。劳动的发展既突破了自身也否定了自己所创造的人际结构，否定了早先对个人活动和交往设下的种种"束缚"与"限制"。劳动产品的剩余使人产生了利益的观念和追求，而对利益的追求又把自然的差别变成社会的差别。人与人、个人与整体的绝对统一被打破了，于是也出现了弥合差距、协调关系的努力。早已存在的风俗习惯第一次被发现具有这方面的功能，进而又创造出了种种其他形式的东西来为人们制定规矩、指明道路。人际关系的差距越大，道德意志发生的动力也就越大。但是，这种经过否定之否定而形成的道德活动，还仅仅是其发生的一个内容，但它一旦形成，就孕育了巨大的生命力，从而构成道德活动之中积极的、肯定的内容与发展方向。劳动的目的性演变为人的理想，劳动的结果增强了人的自信与自尊，劳动的手段和过程使人在观念上和实际中都远远高于动物的水平。人不会消极地适应环境，他还要积极地改变环境；人也不会满足于自身的现状，他在改造环境的同时，也在有意识地改变和发展自己。这种改变和发展就是道德意志最为基本的内容。

二、道德需要——道德意志产生的直接源泉

需要是一种被意识到的欲求不满状态，这种状态引起的感觉、思想、动机、意志成为追求理想的意图，并通过人们的现实活动来达到消除欠缺状态和实现理想。道德需要就是指道德主体的人对道德的依赖性和倾向性。① 需要的性质决定了它是主体自身发展的内在动力，是道德意志发

---

① 参见彭柏林：《道德需要论》，三联书店 2007 年版，第 15 页。

生的推动因素。因为需要与本能不同,需要总是有目的,并与满足需要的活动相联系的,没有这种活动或形不成这种活动,需要就会萎缩,甚至不称其为需要。

需要又有不同的层次。人本主义心理学家马斯洛研究了人类需要的梯级结构,将人类的需要分为五个梯级,从低到高依次为生理需要、安全需要、归属与爱的需要、尊重需要、自我实现。捷克的奥塔锡克在其《经济—利益—政治》一书中,将需要分为四个层次:物质需要、运动活动需要、与别人关系需要、文化需要。不管如何划分,道德需要属于精神需要的层次,属于较高梯级的需要。

道德需要是道德意志产生的源泉和动力,主要表现在四个方面:

第一,道德需要是道德意志的直接动机。需要就是意识到的欠缺,道德需要也同样如此。主体具有某种道德需要,常常会感到精神上缺少点什么,这种状态就会促使他去积极地活动,以弥补自身的欠缺,获得满足,也使自己的道德境界得到了某种程度的提高。正是因为有了善的需要,从而使主体的冲动或欲望有了道德意义的性质而成为一种动机。没有道德需要,就不会有自觉的道德意志动机。

第二,道德需要是道德意志的持续动力。主体有了需要,并通过活动而得到满足,但在满足的过程中或同时,又会产生新的需要。正如马斯洛在其需要理论中指出的那样,需要正是根据主体满足的状况不断从低层级向高层级发展。根据需要满足的累积效应原理,一种需要越是不能充分地得到满足,它就越是处于不活跃的状态;一种需要越是充分地得到满足,它的发展越是加快。在主体没有追求道德需要满足之时,它可能会是静态的,为其他类型的需要所压抑的;但一旦主体成为道德主体,积极追求自我完善和自我发展时,他的道德需要就会接连不断地出现,每一次满足不但不会使主体松懈自己的追求,反而会产生更多的、更强烈的要求,得以推动着主体在完善自身与社会的活动中永不停息。

　　第三,正当的道德需要通过抑制不正当的道德需要,促进主体道德意志的德性生成与发展。任何主体(个体、群体)的需要都是一个体系,在这个体系中,某一种或几种需要得到充足发展,成为主体最迫切、最强烈的需要,都会不同程度地降低其他几种需要的地位。道德需要按照其价值追求上的性质,还可以分为正当的需要和不正当的需要、合理的需要和不合理的需要。正当的需要、合理的需要正是通过对不正当或不合理的需要的抑制,使道德意志具有了善或正当的性质;反之,如不正当或不合理的需要突破或压制了正当的需要、合理的需要,并成为主体需要的掌控者,道德意志往往就成为恶的帮凶。一切穷凶极恶之徒在强烈恶的欲望、需要的刺激下,会置道德、法律于脑后,作出极其罪恶的勾当,手段极其恶劣,后果极为严重,其意志之"坚定"会让人侧目与刺眼。如云南马加爵因所谓尊严连杀同学四人[1],随州杀人狂熊振林因个人情感纠葛连杀 8 人,其中包括一名两岁半的小孩。[2]

　　第四,道德需要促进道德意志的社会性发展。道德需要既包含着个体需要与群体需要,又内在地具有协调两者关系的倾向。需要不是抽象的,它是现实中个人的需要与群体的需要。个人需要是社会群体生存与发展的客观内容,是社会发展的重要动力之一。但个人有局限性,当他过高地估计自己的需要在整个社会需要体系中的地位时,就可能片面地追求自己的满足,从而会排斥甚至损害他人或社会整体的利益。社会需要是代表着大多数社会成员的稳定、长远、普遍的需要,因此它高于个人需要。但正因为它的普遍性,所以它就有可能被抽象地发展,从而否定个人的需要。反对这两种片面的需要观,在发展社会需要的前提下,发展个人

---

　　[1]　参见《马加爵称杀人只因打牌时被疑作弊》,2004 年 3 月 16 日,见 http://www.sina.com.cn。

　　[2]　参见《熊振林特大故意杀人案二审庭审结束》,2009 年 2 月 27 日,见 https://news.qq.com/a/20090227/001426.html。

正当的需要,是道德意志的基本任务,也是道德需要的内涵之一。个体道德需要与社会道德需要的矛盾演进既是道德意志产生的根源,又是道德意志发展的原初映像,使得道德意志获得了社会性意义和内涵。需要本身又创造了需要,从而推动着道德意志活动由低级向高级的发展。

三、社会关系——道德意志发生的物质基础

社会关系不仅仅是道德意志活动的发生学前提,而且是道德意志活动的基础和决定性因素。正如爱尔维修所说:"如果我生活在了一个孤岛上,孑然一身,我的生活中就没有什么罪恶和道德了。我在那里既不能表现道德也不能表现罪恶。那么我们对道德和罪恶这两个名词必须怎样了解呢? 必须了解为对社会有益的行为和有害的行为。这个简单明了的观念,依我的看法,要胜过一切对道德所做的不明了的花言巧语。"①动物没有社会关系,只有人才能建立社会关系,而且人能够认识到这种社会关系,并利用和改造这种社会关系。一方面,人要通过认识这种关系,才能开展正常的协作交往活动,并按照关系的规范要求修正自己的意愿和要求,使自己的目的能够实现,这种关系中的活动提高和强化了人的主体意识、支配关系的能力和发展自身、完善自身的需要,也就构成了道德、道德意志活动发生的主观愿望。另一方面,社会关系的性质、发展程度也决定了人们必须重视关系的要求并自觉调协这种关系,使自己与他人、社会意识、意志一致,把发展自己与发展群体、推动社会进步联系起来,也就是为道德、道德意志活动提供了客观的前提。"上古之世,人民少而禽兽众,人民不胜禽兽虫蛇"(《韩非子·五蠹》),就生动说明了原始社会初民的悲惨命运,个体的发展必须"以群的联合力量和集体行动来弥补个体自

---

① [俄]普列汉诺夫:《唯物主义史论丛》,王太庆译,三联书店1961年版,第66页。

卫能力的不足"①。人们的互助、合作、联合强化了关系的发展,关系又使互助、合作、联合得以实现、发展以致稳固,这种关系就是凝固的秩序凝结点,是道德、道德意志活动的场所和条件,这种关系的附着物及其活动和发散,就是道德和道德意志活动发生的形式。"人的活动无论是在什么条件和形式下进行,无论它具有什么样的结构,都不能把它看作是脱离社会关系和社会生活的。个人的活动尽管有它自己的特点,但总是一个包括在社会关系系统中的系统,在这些关系外,人的活动是根本不存在的。"②

在所有的社会关系中,起决定作用的是经济关系,经济关系构成了社会的经济基础,也构成了道德和道德意志的经济基础,决定着政治、法律、文化等其他上层建筑。经济关系的性质决定了道德、道德意志活动的内容和形式,也决定和影响着道德意志的变化和发展。与原始的公有制经济关系相适应,原始氏族部落的道德、道德意志活动是一种淳朴低级的道德、道德意志活动,它一方面把氏族整体利益视为唯一,看作道德活动的目的,在一切社会交往活动中,始终以氏族利益为依据和标准,在发展氏族的活动中,个人也得到发展。另一方面,由于原始经济关系的狭隘性、片面性、低层性,人与人、个体与整体的关系还没有出现分化,道德、道德意志活动只能融合于人类的生存活动中,还没有成为相对独立的特殊活动,也很少有自觉、能动的因素,仍处于早期风俗习惯的范畴,"日出而作,日入而息,不识不知,顺帝之责"就是这种状况的生动写照。随着原始氏族经济的瓦解,私有制经济关系逐渐成为社会的基础,道德、道德意志活动也进入了一个新的阶段。由于人们在经济关系上分为彼此对立的两个阶级和集团,每个集团都要维护自己的集团利益和社会地位,

---

① 《马克思恩格斯选集》第 4 卷,人民出版社 2012 年版,第 42 页。
② [美]列昂捷夫:《活动·意识·个性》,李沂等译,译文出版社 1982 年版,第52 页。

社会道德就成为一种维护统治阶级利益的工具,道德、道德意志活动主要以约束为主要内容,它虽然在一般的意义上仍是人类的自我完善,但实际上已经成为他律力量支配下的自我调节和自我发展。在私有制社会中,道德成为支配人、压迫人的异己力量,当然,随着商品经济的出现和发展,等价交换、自由竞争、民主人权等因素和力量触发了一种新的道德的产生,并要求对这种经济政治关系乃至旧的道德体系进行变革,道德活动第一次具有了自觉、自主、自控的内容,人也获得了真正意义上的意志自由,而且随着公有制的社会主义的建立,人类的道德意志才真正获得了新生。

四、原始规范——道德意志的具体条件

规范即人们的活动、行为应遵守的规则。道德规范指人们在社会生活领域中应当遵循的道德准则。① 原始规范发展到道德规范可以解释道德的起源问题,也可以说明道德意志的生成问题。原始规范作为约束、规范原始人群的准则,首先是作为一种他律性的要求而出现在世人面前,而当这种准则被原始人类所认同并接受,从而内化为自律的要求,我们说,在那一刻,规范就达到了主客体的一致,道德也就产生了,道德意志也就出现了。实际上,人类道德意志的发生过程,就是原始规范内化为人类意志的过程,因此,原始规范是道德意志的外在镜像和内在模板,是道德意志产生的重要条件。

原始人的道德规范大致可以集中概括为图腾、禁忌、风俗、礼仪、准则、箴言、义务及责任等。他们在道德意志发生过程中起着层层递进的作用。外在的道德规范要从原始道德规范升华为文明社会的道德规范,成

---

① 参见罗国杰主编:《中国伦理学百科全书》(伦理学原理卷),吉林人民出版社 1993年版,第 184—185 页。

为一种意志的自律性,仅从道德规范的内在构建看,至少需要具备两个条件。其一,它必须溶入人类的道德智慧,摆脱原有的那种神秘莫测的成分,成为人类对自己种属的行为的一种自觉的道德反思,而不是盲目的臆测。其二,它要把原来那种纯粹外在的神秘莫测的强制力量,转换为自己内心的自觉自愿的内在强制力量,使自己的行为不仅仅是出于对后果的恐惧,而是更出于对信仰的真诚,从而把遵守一定的道德规范的行为,视为自我实现的一种方式。① 据此,可以把上述规范分成两类,第一类包括图腾、禁忌、风俗、礼仪,这类规范在历史上曾起过重要作用,但它们还是比较低级、比较粗糙的道德规范。它们基本上是人类在盲目地同自然、同社会、同他人的交往中,自发地形成的,还没有更多地凝聚着人们的道德智慧,归根到底是人类初年蒙昧的产物,对人类道德意志的产生所起的作用还很有限。第二类包括准则、箴言、义务、责任,此类规范凝聚了人类理性的认识行为,是人类道德智慧的真正结晶,属于人类的理性信念,因而其在制约人们的行为时,已不再是单纯外在的使人恐惧的祸福惩奖,而是转向人们的心灵,转向人们的道德觉悟,转向人们的自我实现的需要和维护社会秩序的需要的统一,从箴言开始,道德的规范本质日益凸显出来,人类的自律机制开始建立。②

　　道德意志到底是如何发生的? 从属系发生的角度来观察道德规范他律性向自律性的转变,弗洛伊德的研究给我们提供了很好的启示。他从古希腊神话中寻找道德规范他律性的起源,发现是因为"俄狄浦斯情结"(又称"恋母情结"③)使然。"于是便出现了最早的、由克制本能的满足

---

①　参见夏伟东:《道德本质论》,中国人民大学出版社 1991 年版,第 107 页。
②　参见夏伟东:《道德本质论》,中国人民大学出版社 1991 年版,第 108 页。
③　俄狄浦斯情结,亦称"恋母情结",是精神分析学派的一个概念,源于希腊神话中的人物俄狄浦斯无意中杀父娶母的神话故事。弗洛伊德认为俄狄浦斯情结是男孩从 2—3 岁就具有的一种无意识欲望,其内容是对母亲的强烈的爱和占有欲,对父亲的嫉妒、恐惧与敌视,到 5—6 岁时男孩便加强与父亲的认同,抑制反父亲的欲望。

而产生的社会组织形式,他们开始承认彼此应有的义务,建立了所谓神圣不可侵犯的社会机构。总之,道德和法律由此发端。"①在弗洛伊德看来,人的道德感,成人的道德良心,最早就起源于这种杀父的罪恶感及其由此而引发的禁止人们继续杀父的契约需要。这种外在的禁规,一开始还只是一种极其外在的东西,是纯粹的他律,它们只是后来才转换为人的良心、人的自律的。但由于历史的久远,道德规范的这种他律性起源及其向自律性演变的过程,渐渐被人们遗忘在人类文明的历史长河中。弗洛伊德认为,"超我"对"本我"的压抑并形成"自我",这一过程,恰恰是古代的史实在现代文明中的重现,是古代道德规范的他律向自律转换的届系发生在个体发生上的重现。如果抛开弗洛伊德这一学说中的历史唯心主义成分——即把神话当成人类史实,把人的心理机制简单推广到社会历史领域,并用之说明社会现象的本质,那么,弗洛伊德从远古人与人之间的关系中寻找道德规范他律性起源及其向自律性过渡的思想还是具有一定的合理性的。它至少表明了道德规范从他律向自律转换的这么一种历史可能性。但是弗洛伊德的这种"契约"学说,无疑是近代西方"契约论"的一种精神分析学说的翻版,因而其根本是不科学的。"契约论"的最致命弱点,就是马克思所说的,它把人与人之间的社会关系(包括道德关系)说成是人任意选择的,而不是看成一种社会历史发展的必然产物,不是看成经济关系的必然产物。② 鉴于此,弗洛伊德用神话和"契约论"来猜测道德规范从他律向自律的转换过程,也就不足为怪了。③

实际上,从人类的图腾、禁忌、风俗、礼仪以及箴言、准则、义务、责任的发展链条中,就能够清楚明白地发现道德意志从他律向自律的转换过

---

① [奥]弗洛伊德:《摩西与一神教》,1949 年英文版,第 129 页。参见夏伟东:《道德的历史与现实》,教育科学出版社 2000 年版,第 75 页。
② 参见《马克思恩格斯全集》第 3 卷,人民出版社 1960 年版,第 85 页。
③ 参见夏伟东:《道德本质论》,中国人民大学出版社 1991 年版,第 131—132 页。

程。最初原始人只是朦胧地把握着世界,控制他们的只是一种外在盲目的超自然力量;这时他们对图腾、禁忌的膜拜,动因还只是一种神秘的恐惧心理或喜爱心理,亦如婴幼儿对父母的爱畏心理一样;道德意志既未成熟为现代意义上的道德意志,又几乎完全处于他律的境地,迫使人们盲目就范。在相当程度上,婴幼儿的心态确乎是原始人心态在现代的重现。但随着人类的进化,不断的劳动,产生了人的语言并使人的大脑日益发达起来,生产工具的更新,开拓出新的世界并形成新的人际关系。这样即使人类对世界、对社会和对自身的把握,能够上升到一个新的境界。人的自觉意识增强了,人的信念诞生了,随之就能产生人的自觉活动,使人可能把外在的规范内化为自己的规范。①

第二节　道德意志的个体发生

如果说,道德意志的人类学发生是从历史的角度,探讨作为人类意识的道德意志的根源及形成,那么道德意志的个体发生就主要从个体的角度,探讨作为个体意识的道德意志的生成。个体道德意志的发生与人类的道德意志(属系)发生在某种程度上是同一的,原始人道德意志如同个体道德意志的童年。人类的道德意志(属系)发生为个体道德意志的发生提供了历史依据,个体道德意志的发生又为人类的道德意志(属系)发生提供了有效证明。

在道德意志的个体发生问题上,有人持先天论的观点,认为个体的道德意志是先天就有、不学而能,认为是"非由外铄我也,我固有之也"。孟子、陆九渊、王守仁以及西方的卢梭、康德等都可以说是这种观点的代表。有人认为是外部模塑的结果,洛克、涂尔干、斯金纳等都是这种观点的代

---

① 参见夏伟东:《道德本质论》,中国人民大学出版社 1991 年版,第 132—133 页。

表。这两种观点各执一端,都是错误的,都缺乏科学根据。"心灵与自我本质上是社会的产物","单单从个体人类有机体的观点看待心灵是荒谬的……心灵是在社会过程中、在社会相互作用这个经验母体中产生出来的。"①个体道德意志的发生只有从个体和社会的内在联系及互动中才能找到正确的答案。

一、道德意志个体发生的社会机制

个体道德意志的形成是多因素、多参量相互作用的结果。不仅离不开社会道德,而且离不开整个的社会生活。现代社会学家帕森斯的行动理论分析模型表明,群体和个体的社会行为受到多重系统的制约,这些系统主要包括行为有机体、个性系统、社会系统、文化系统。每一系统自身机能的实现,都是系统与环境间和系统与系统间多重叠合相互作用的结果。这一观点有其合理性。个体道德意志的形成是个体与社会相互作用的结果,但是考察个体道德意志的发生,从唯物史观的角度,我们首先要找到个体道德意志所赖以生长的社会环境和社会生活,包括社会生产关系、阶级关系、社会制度以及家庭、邻里、亲戚、朋友、学校、娱乐场所、传播媒介、风俗习惯和其他的社会关系。这些因素是个体道德意志赖以发生的基础。② 其中起着决定作用的是环境、教育和社会实践。

从道德意志的个体发生影响因素来看,与个体道德意志发生关系最直接、最密切的是家庭和学校。一般认为个体道德的发生在婴儿期已经开始。因此,家庭成为个体的"第一道德课堂"。在婴儿期,孩子伴随对客观世界的认识,随着牙牙学语开始懂事,并开始以不同方式提出各种各样的要求。这时作为教育者的家长应该明确区分孩子的哪些要求是他实

---

① [美]乔治·米德:《心灵、自我与社会》,赵月瑟译,译文出版社 1992 年版,第118—119 页。

② 参见李肃东:《个体道德论》,华中理工大学出版社 1994 年版,第 66 页。

际需要的表现,而哪些是违背道德原则、于道德生长不利的,前者应尽力满足,后者当断然拒绝。例如,有的婴儿常常把自己喜欢的物件统统据为己有,不准任何人碰一碰,如果不及时纠正,顺势引导,就会慢慢在无形中培养小孩自私的心理。

两岁以至儿童入学前,这四五年间是家长完成子女道德教育的决定性阶段,也是个体道德意志形成的关键期。个人的思想品德都要在这个时期奠定基础。这一时期,对儿童影响最直接的是家庭成员。西方心理学家弗洛姆认为,乳幼期育儿方式在个体的社会性性格的形成方面确实是非常重要的因子,但这不是育儿方式给予的直接性影响,而是通过承担育儿任务的人(亲属及其他人们)把某种性格的类型,按照那个社会的要求,传达给幼儿的。弗洛姆看到了家庭成员对幼儿的影响。在家庭中,幼儿在与家庭成员的接触过程中,他们看到行为榜样或听到道德议论和要求,于是就仿效或尝试着去行动,因此而受到表扬或批评、受到谴责或宽容,由此获得成功或失败的经验。这样,在头脑中逐渐形成一定的道德观念,它和一定的道德行为建立起一定的联系。如孩子看到其他同伴偷吃东西、打人,父母说偷吃东西、打人不好;当他看到哥哥帮助妹妹系鞋带,把大梨子让给妹妹,得到父母的赞许。这些批评和表扬,在他们的脑海里留下深刻的道德行为印象,产生感性的道德认识,并模仿那些受到表扬的行为,不做那些被认为是不好的行为,逐渐地就形成"帮助人好,欺侮人坏"等观念。又比如,有的家长看到自己孩子把新买的玩具拿出去和邻居孩子一起玩,就骂自家孩子"傻"而呵斥他,次数多了,渐渐地在小孩心里也就形成了私有观念和自私习惯。最初的道德观念和道德行为就是这样形成的。儿童的一些不良品质有时也是在不知不觉中,甚至是由家庭塑造的,例如撒谎,如果孩子做错事承认了,往往遭致家长简单粗暴的一顿打,后来他怕挨打就以谎言来规避,反倒避免了挨打。久而久之,孩子就形成说真话挨打、说假话安全的心理,养成不诚实的品性。

学龄前儿童所形成的道德认识十分肤浅,道德意志行为十分不稳定。从小学开始,他们由家庭进入学校,学习生活和集体生活开阔了他们的视野,扩大了新的信息量,在正确的教育下,他们才逐步发展起完整的个体道德意志。个体道德是在个人与外界的相互作用中发生的,这种相互作用是在具体的实践活动中展开的。因此,实践活动也是个体道德发生的基础,个体道德在实践活动中发生,又通过实践活动表现出来。

个体在客观存在的社会关系中学习道德知识,形成道德观念,而客观的社会关系必须通过实践活动才能对人发生作用。实践活动是家庭、学校和社会相互联系的纽带和基础,实践活动使社会关系得以实现。也正是在实践活动的基础上,个人掌握了社会道德原则和规范,并将其内化,形成个体道德意志。生产劳动是最基本的实践活动,马克思认为:"生产劳动同智育和体育相结合……是造就全面发展的人的唯一方法。"①生产劳动使个体接触社会、接触群众,养成劳动习惯,培养他们热爱劳动,全心全意为人民服务的道德品质,除生产劳动外,还有各种实践活动形式,如教学活动,课外、校外活动和班级活动,家庭劳动和娱乐活动等。这些实践活动形式,各有自己的特点,各自发挥着特殊的作用,共同完成促进个体道德意志生长的目的。所以马克思说:"凡是把理论引向神秘主义的神秘东西,都能在人的实践中以及对这种实践的理解中得到合理的解决。"②

二、道德意志个体发生的生理机制

道德意志作为人脑的机能,需要自身的物质基础,而这个物质基础就是人的大脑及其活动。现代科学研究表明,人脑的结构是由左右半球组成的,左半球主管语言、逻辑思维和时间观念,控制身体右侧;右半球主管直

---

① 《马克思恩格斯选集》第 2 卷,人民出版社 2012 年版,第 230 页。
② 《马克思恩格斯文集》第 1 卷,人民出版社 2009 年版,第 501 页。

观的、创造性的、识别空间的能力,控制身体的左侧。左右脑(半球)是由胼胝体联络起来的。人脑不但有左右半球的分工,而且也有上下脑的分工,上下脑的分工是更原始、更基本的脑内分工,这个分工还对大脑左右半球的分工起决定作用。上脑即大脑或新皮质,因其覆盖整个大脑顶层而名之,它主管语言、思维、信息加工;相应地,大脑覆盖下的边缘系统和脑干旧皮质和原皮质,称下脑,它主管感觉和运动。下脑的功能在婴儿刚诞生时便能发挥作用,后天的实践及训练,使功能得到强化和提高。下脑缺乏信息加工的能力,它所控制的行为都是不需思考,是自行进行的。它所控制的行为很有限,而且很单调。上脑发育过程远较下脑慢,它的大部分物质及神经联系是在人出生后发育成的。这个过程要在婴儿长到6岁左右,大脑前额叶物质最后生成才算基本结束。因此,环境对上脑功能的形成起决定作用。个体上下脑建立联系的过程是人类上下脑进化及建立联系过程中的缩影。起初,当婴儿上脑还未最后发育完全,只起主导作用的是下脑。下脑逐渐把它的功能扩展到上脑,当上脑发育过程完成后,上脑开始取代下脑,成为联系的主导方面。它一方面巩固和完善与下脑已建立的联系,并与身体各器官和部位建立具有特定功能的神经回路。另一方面,它运用信息加工机制,不断"训练"下脑,使下脑对其控制的行为有目的而合理,并"教会"下脑自如地支配原来不属于它支配或极难单独支配的行为。

从人脑的生理结构可以看出,人的意志的发生主要是以人脑的下脑和右半球作为其生理机制的。实验证明,前额部位的大脑皮层在实现意志调节中具有非常重要的意义。正是在大脑皮层中把当时每一瞬间所得到的结果与预先拟定的计划进行着校核。前额部位的损伤会导致意志缺乏(如病态的优柔寡断)。①

————————

① 参见[苏]B.B.波果斯洛夫斯基主编:《普通心理学》,魏安庆等译,人民教育出版社1979年版,第330—331页。

当然,人脑的生理机制只是说明了意志的发生要以人脑作为基础,但并不能说明意志的现实发生。这就是说,人的意志并不是人脑所固有的一个组成部分,也不是先天的生物遗传,而是在后天的社会环境和生活实践中,逐渐地发生和发展起来的。从本质上说,人的意志和其他精神属性一样,是人脑的机能和属性,是对外界客观对象的反映。①

意志活动是大脑皮层支配下的一系列随意动作所组成的活动,而随意动作是由大脑皮层的运动区和自觉区来调节和控制的。运动区调节运动器官的运动,当大脑皮层的运动区传出神经冲动,引起相应肢体的运动,这种运动本身又刺激运动器官的本位感受器,感受器把运动情况的信息传回到大脑皮层的运动感觉区。这时大脑皮层就感受到运动的情况,并根据这种感觉来调节下一步的行动,从而就产生了随意动作。人的意志不仅受大脑皮层的运动区和自觉区来调节和控制,而且受整个大脑皮层的调节和控制。这主要表现在:第一,人的意志行为可以摆脱物质环境的直接影响,它不是由直接的刺激而引起的,在很多情况下,人的意志行为是由理智的分析、道德情感等因素的影响而产生的。第二,人的意志行为是同大脑皮层的各种联想、想象联系在一起的,人们正是利用过去的经验,进行联想和想象,提出具体的目的和行动计划,然后再把这些具体的目的和计划付诸实践。而目的和计划都是以表象或想象的形式出现的,这就在大脑皮层中形成视觉的、听觉的、触觉的、动觉的和语言的神经兴奋。第三,在人的意志行为中,第二信号系统的语言起着重要的作用。总之,意志行为在大脑皮层上并没有单一的定位,它依赖整个大脑皮层的调节和控制。即使竖起手指这样一个简单的意志行为,中枢发生的冲动发

---

① 参见胡敏中:《理性的彼岸——人的非理性因素》,北京师范大学出版社 1994 年版,第 141—142 页。

放效应也遍及整个大脑,只是在有关细胞上特别集中而已。①

小脑和网状结构对意志行为的调节也起到了重要的作用。小脑是控制运动的器官,大脑皮层与小脑共同活动,协调着躯体的运动状态。网状结构好像一个过滤器,它对于外界刺激,按其对有机体是否有重大意义而起着筛选作用;网状结构能调节循环、呼吸等从而影响人的意志行为;网状结构内还存在着促进肌肉紧张和抑制肌肉紧张的结构。所以网状结构对意志行为的调节也起了重要的作用。

总之,无论人的意志行为多么复杂,无论人的动作多么自在自如,它总得依赖大脑、小脑以及其他皮层下中枢神经的活动。

三、道德意志个体发生的心理机制

在个体道德意志发生的过程中,道德认识、道德情感、道德需要和道德信念等要素起着重要的作用,可以说,是在这几种要素相互作用、相互影响下并在与外在客观环境相辅相成中得以发生的。②

（一）道德认识——道德意志发生的前提

道德认识包括道德经验知识、道德理论知识、道德判断力。个体只有掌握了一定的道德经验知识,才能形成一定的道德自我和道德反思;只有掌握一定的道德概念、道德知识,才能概括地抓住一定道德关系的本质,并自觉作用于这种关系;只有形成并不断提高自我的道德判断力,才能对道德活动进行指导,进而全面认识自己和他人的道德行为。没有个体的道德认识,就没有个体的道德意志,没有对于规范、原则、要求、行为中蕴

---

① 参见胡敏中:《理性的彼岸——人的非理性因素》,北京师范大学出版社 1994 年版,第 146 页。

② 有人把道德心理结构概括为"知"、"情"、"意"三要素。有人更缜密地将其归纳为两个层面,其一是个性道德心理的过程结构,包括道德认知过程、道德情感过程和道德意志过程;其二是个体道德心理的倾向结构,包括道德需要、道德兴趣、道德理想和道德信念。在此将其结合起来分为"知"、"情"、"信"、"意"四要素。

含的客观必然性及其逻辑条理的认识,就没有道德意志观念和行为活动,就没有道德"践履"。黑格尔说过,儿童(幼儿)和野蛮人也可以作出道德行为,但这并不是真正的道德行为,因为这种行为不受道德意识(道德认识)的支配。

意志的内容和特性决定了意志的发生要依赖于一定的自我意识能力、理智力和自我控制能力。因为目的性是意志的一个首要特征,意志的这一特征就意味着意志的形成和培养首先是建立在对客观事物和自我及其相互关系的深刻认识的基础之上,只有这样,才能确定人们的目的,然后根据行动的目的和方法来改造客观世界,在这一系列的行动中就体现出人的意志。一般来说,儿童在6岁之前只是拥有道德认识的萌芽,没有完全、独立、自觉的道德认识能力,因此,其道德意志也只是在萌芽状态。6—10岁儿童的道德认识所具有的具体性、肤浅性的特点,决定了他们在道德评价上缺乏独立性、全面性,往往以教师、家长、成人的评价为转移,因而,其道德意志薄弱,道德意志行为也不稳定、不持久。11—15岁少年期的道德认识水平比儿童期的大大发展了,表现出积极性、主动性、独立性的特点,与此相联系,在行为上,把自己的行为与对他人、对社会的义务感联系起来,形成了较高级的意志行为和品质。至此,完整意义上的个体道德意志才确立起来。

正确的道德认识还是道德意志得以发挥的前提。离开正确的道德认识,道德意志就成为一种盲目的"生存意志"或本能冲动,所以斯宾诺莎说,善是自觉自愿的行为。善首先是被自觉地意识到,然后才可能被实践。道德认识越是深刻的人越是会有坚定的意志,道德认识越是全面、深刻,越是能够给自己提出实事求是的目的,周密地考虑实现目的的可能性,达到动机与效果的高度统一。个体道德意志只有以道德理性认识为依据,才可能是自觉的;而有了个体的道德意志之自主选择,才可能是自愿的。因此,可以说,道德认识的发展虽然不是个体道德意志发生的充分条件,但它是一个必要条件。

(二)道德情感——道德意志发生的直接依据

道德情感是人对现实生活中的道德关系和道德行为的爱憎、好恶、信任、同情、痛苦等内心体验和主观态度,是个体道德意志发生的直接心理依据。① 没有情感的推动,道德仅仅是一种形式上的善,只能作为高悬在主体之外的他律。无数经验表明:冷酷无情的人往往是缺乏道德感的人,这种人虽然深谙各种道德知识,但对善恶却无动于衷,更不会作出积极的意志努力去行善除恶。因此,黑格尔肯定地说:"我们简直可以断然声明,假如没有热情,世界上一切伟大的事业都不会成功。"②

在中国古代哲学家、伦理学家看来,很多时候情感与意志是不可分的,故有理性情感,即道德意志控制下的情感,有情感意志,即道德情感支配下的意志。孟子的"四端",即恻隐、羞恶、辞让、是非之心,亦即仁、义、礼、智的情感发用或表露,是"理性"的情感,是德性的善,也就是道德意志(善良意志)控制下的情感;王阳明的"良知"是道德情感和道德意志的天然合一体。西方哲人康德的"善良意志"既是一种理性的情感,又是一种自律的意志。西方伦理学中的情感主义者虽然夸大了道德冲动、激情或愿望在道德中的作用,但他们充分重视道德情感在实践中的作用尤其对道德意志的指导和支配作用,应该说还是有其合理的成分。一般意义上说,道德情感的产生是个体对社会道德规范、风俗习俗及社会道德评价标准的情绪反映,如是非感、羞恶感、辞让感或恻隐感。在更多的场合,道德情感是已经内化于心的道德意志的直接表露,如"孺子将入于井"时的"恻隐之心",如"杀身成仁"、"舍身取义"等情感冲动。道德情感在个体道德意志发生中的功用至少有三个方面:一是个体意志的目的和某些价

① 参见李肃东:《个体道德论》,华中理工大学出版社1994年版,第74页。
② 北京大学哲学系外国哲学史教研组编译:《18世纪末——19世纪初德国哲学》,商务印书馆1975年版,第477页。

值取向,要通过情感的渠道表现出来、显露出来;二是个体的道德情感如正义感、良心感、是非感、义务感、责任感、荣辱感、尊严感以及对真理的渴求和对理想的道德人格境界的渴求,又往往成为道德意志的直接动机;三是一些情感直接体现意志努力和意志品质,如勇敢、节制、坚韧等。

道德情感对个体的道德意志行为有具体的、局部的或长久的影响,它能够转化为人的追求善、真理和正义的力量。没有个人内在的道德情感作支柱,人的道德意志就不会确立。所以蒙培元教授说,道德情感是道德意志的骨子。① 但是道德情感由于与个体的其他情感、心意状态常常交织在一起的,故又有一定的随机性和复杂性。因此,一般地说,中西道德学说中除个别流派外,对于"情感"都颇为警惕,都主张以理性或意志来控制情感,驾驭情感中的非理性成分。如孟子的"大体"与"小体"、康德的"道德律令"与"感性情欲"、黑格尔的"普遍的自我"与"个体的自我"的划界,都含有此意。②

(三)道德信念——道德意志发生的价值定向和直接动力

道德信念指个体内心对某种道德正义性的坚信与执着,以及由此产生的履行相应道德义务的强烈责任感。信念的形成也是一个不断发展的过程。一般来说,6岁以下的幼儿没有什么道德信念,六七岁的儿童才开始有了道德信念的萌芽,只能说有了初步的信念因素,到少年期道德信念开始形成。个体往往都要经过从轻信到独断和信念,然后再到成熟的过程,其中交替着怀疑与坚信、否定与肯定,从权威信念到自主信念,从封闭体系到开放体系,并不断调整和发展。③ 因此,道德信念对道德意志具有重要意义和影响,它关系到个体的道德意志的动机和目标选择,是道德意志发生的行为准则和价值目标,起着一定的价值定向的作用,道德信念还

---

① 参见蒙培元:《情感与理性》,中国社会科学出版社2002年版,第252页。
② 参见李肃东:《个体道德论》,华中理工大学出版社1994年版,第76页。
③ 参见李肃东:《个体道德论》,华中理工大学出版社1994年版,第83页。

起着推动道德意志从观念向行为的转化。一般来说,个体在经验积累的基础上,逐渐有了道德的知识,对知识的反思与巩固才转化为信念,信念推动着意志力量的发挥并将道德意识在行为中显现和展示。

对道德意志发生起直接作用的是道德信念。从认识论角度上讲,道德信念就是坚定的道德观点,它一经确立,就具有稳定性,不轻易改变,直接参与道德意志活动。从价值论的角度而言,信念的作用在于为人们确定思想和行动上的有效原则和目标,告诉人们应该怎样,不应该怎样,把行为目标指向未来;并努力使之对自己有益,满足自己的需要。因此,信念往往是判断是非善恶的内在标准。人的信念不同,立场也不同。人总是用自己的信念来审度事物,判断是非的。凡是符合自己信念的,就认为是正确的,就相信,就亲近,就作出意志努力。相反,则认为是错误的,就怀疑,就疏远它。"凭借因遵守法则让我们感受到的肯定的价值,职责的法则找到了通过对于我们自己的敬重进入我们自由的意识的方便之门。一旦自由确实奠立之后,当人们深感畏惧的莫过于在内心的自我反省中发现自己在自己的眼中是可鄙而无耻的时候,那么此时每一种德性善良的意向都能够嫁接到这种自由上去;因为我们自由的意识是提防心灵受低级的和使人败坏的冲动侵蚀的最佳的、确实唯一的守望者。"①信念是人们道德意志坚定、守望德性的重要力量。

由上述分析可知,认识为道德意志的产生提供了价值意识,是道德意志发生的逻辑起点,情感使人的需要体验化、态度化,是确立道德意志发生的基本动力或阻力,信念本身的坚定性为道德意志发生树起了"航标"和提供了动力来源的"加油站"。也可以说认识为道德意志提供了"原则和方法",情感为道德意志的发生提供了"硬件"内核,而信念则为道德意志提供了"软件"程序,三者结合才产生了意志内容和形态。也正是在认

---

① 唐凯麟:《伦理学教程》,湖南师范大学出版社 1992 年版,第 348 页。

识、情感与信念的多重融洽与沟通中,在反复的道德实践中,道德意志才得以发生。

四、意志自律——道德意志个体发生的标志

原始规范(图腾、禁忌、风俗、礼仪以及箴言、准则、义务、责任)转化为人类的自觉的道德意识,成为调节社会的重要力量,作为类意识的道德意志也就产生了,这是道德意志属系发生的典型标志。而个体道德意志发生的标志,也就是外在的社会道德规范(他律)内化为个体的主体力量(自律),成为个体控制观念和行为的道德自制力。道德意志也就是在他律向自律转化的过程中产生的。"每个人都有自身的精神与物质等各方面的需求,亦有他所属的社会共同体或所处的环境的要求,以及对这些要求的承诺,因而就有了现实的目的和为达到这些相对目的的个别意志和趋向价值理想的普遍意志。只有当个人将每种具体的相对目的与作为绝对目的的价值理想相一致时,即个别意志与普遍意志相统一时,才会形成道德意志。"①

在婴幼儿的道德意志形成过程中,成人(通常是父母)成为把婴幼儿同社会联系起来的桥梁,他们的道德要求和道德言行举止最初对婴幼儿产生直接影响。此时的婴幼儿缺乏自我道德意识,要通过父母的奖罚言语或行为,来领会道德规范的他律性。父母对婴幼儿的奖赏包含爱抚、表扬,或给予婴幼儿所喜爱的玩具、糖果等,以此表示对婴幼儿某一言行举止的赞扬和鼓励;父母对婴幼儿的惩罚,包括鞭打、训斥,或禁止婴幼儿吃某一喜爱的食物、玩某一喜爱的玩具等。随着婴幼儿年龄的增大和道德经验的增多,成人对婴幼儿的道德影响,可能就逐渐发展为对儿童的道德意识的教育和道德习惯行为的培养,以使儿童最终养成相对稳定的道德自我意

---

① 李肃东:《个体道德论》,华中理工大学出版社 1994 年版,第 77 页。

识和道德习惯行为,使儿童能够相对有意识地调节自我道德活动。①

　　儿童从对他律的遵守到实现自律的过程可以从两个方面来考察,一是从儿童的自我道德意识来看,首先,在他律阶段,儿童对道德规范的认识是肤浅的,在他律向自律的过渡进程中,这种认识逐渐深刻起来;其次,在他律阶段,儿童一般只能简单地根据某种结果来判断道德规范的善恶性质,在他律向自律的过渡进程中,儿童逐渐学会从动机与效果的统一中,来判断道德规范的善恶性质;再次,在他律阶段,儿童的自我道德意识,主要受制于外在的权威(父母、师长等),在他律向自律过渡的进程中,这种外在的权威逐渐转换为儿童内心的某种觉悟和信念,开始有意识地服从自己。简言之,儿童正是因为有了自律意识的增长才真正有了道德意志的增长。二是从儿童的自我道德行为来看,首先,在他律阶段,儿童的行为主要是模仿尤其是对父母的模仿,在他律向自律的过渡进程中,模仿逐渐让位于主动学习,其中包括儿童的自主判断和选择,善者模仿之,恶者摒弃之。有些心理学家认为,儿童对父母的爱的意识或恨的意识,就是在这一时期开始萌发的。如果儿童不赞同某一行为,他常常会表现出抗拒或捣乱的行为特征。② 其次,在他律阶段,儿童的行为由于基本上出于模仿,因而多是无意识、不自觉的,“责任和价值取决于法律和命令本身,而与儿童的意向和儿童与同伴或成人的关系无关。”皮亚杰曾举了一个例子来说明这一点:某幼童习惯地接受母亲给他的并无道德意义的命令(如必须吃完一顿饭),某日此幼童感有不适,母亲自动放弃了这命令,但幼童仍感到受这一命令的束缚,并由于没有遵守命令而引起内疚。③ 但在从

_____

　　① 参见夏伟东:《道德本质论》,中国人民大学出版社1991年版,第129—130页。
　　② 参见[瑞士]J.皮亚杰等:《儿童心理学》,吴福元译,商务印书馆1983年版,第93—94页。
　　③ 参见[瑞士]J.皮亚杰等:《儿童心理学》,吴福元译,商务印书馆1983年版,第94—95页。

他律向自律的进程中,儿童道德行为的灵活性也同时增强起来,儿童此时的行为,不是机械地盲从,而是多少加注了自己的理解,并依据场景来具体把握自己行为的恰当性。再次,在他律阶段,儿童的行为常常表现出脱节现象,知行不一致,或表现为说到做不到,或表现为在这些人面前做到而在另一些人面前做不到;在他律向自律的过渡进程中,这种脱节现象大大减少,并产生一定的自觉行为,甚至可能有某种"慎独"精神的萌芽。最后,在他律阶段,儿童的行为常常有随意性特征;在他律向自律的转换过程中,这种随意性逐渐被自觉的控制与忍耐能力所代替。例如,不再任性地想吃什么就吃什么,而是开始考虑该不该吃或该让谁先吃,不再任性地打扰父母,而是开始考虑父母现在能否被打扰,等等。①

外在道德规范与个体内在道德需要的契合,道德规范他律性向自律性过渡过程的完成,或者社会化道德内化过程的完成,促成了个体道德意志的产生,也催生了个体道德及德性的发展。值得注意的是,道德意志实现从他律向自律的转化不是一个短暂的瞬间,而是一个漫长的过程,其间不乏灵与肉、理性与欲望的抗争,诚如康德所言,这种抗争,并非是理性与灵魂"一劳永逸"的胜利,而是一场艰苦卓绝的鏖战,谁胜谁负,并无定论。② 恰是这场"战争"的长期性和艰巨性,充分体现了道德意志的重要性,充分说明了道德意志的养成与培育是长期的事情,是一辈子的事情。

第三节 道德意志的发展

从根本上说,道德意志的发展与道德的发展一样,也遵循着由他律到自律到自由的发展规律,但道德意志的发展研究与道德的发展研究侧重

---

① 参见夏伟东:《道德本质论》,中国人民大学出版社 1991 年版,第 130—131 页。
② 参见夏伟东:《道德本质论》,中国人民大学出版社 1991 年版,第 136 页。

点不同,前者着重研究的是,人们对现实生活已有的现行的或理想的道德规范、准则、精神等的选择、接受的发展规律,后者则着重研究的是道德意志自身的内容、结构、形式等形成、发展、演变的规律。因此,个体道德意志一经发生往往会随着个体道德实践的深入而不断由低层次向高层次发展。一般来说,它要经历三个发展阶段,即道德意志的他律阶段、道德意志的自律阶段、道德意志的自由阶段,在不同的发展阶段,道德意志具有自己鲜明的特征。

一、道德意志的他律阶段

他律阶段是道德意志发生和发展所要经历的最初阶段。这一阶段大致相当于皮亚杰所说的自我中心阶段和权威阶段,或相当于科尔柏格所说的前习俗水平和习俗水平阶段,具有明显的他律性。在这一阶段,道德意志主体接受道德规范、发动道德行为、实施道德活动不是以自主的选择、判断为基准的,而是以他人或社会主导性要求为依据,并且具有一定的绝对化倾向,个体道德价值标准完全依附于外部的规定和期望,缺乏自我独立意志思考和判定能力。此时人们往往把外在力量和规定看成是神圣的和不可改变的,对法律、权威、权力、规范有着纯粹的尊重和服从,从严格意义上说,这一阶段并没有真正意义上的道德意志活动。

所谓他律,对个体道德意志来说,就是接受他人或外在规定的约束,而他律阶段,就是个体道德意志通过服从他人或外在规定的阶段。此时他律阶段的道德意志具有如下特征:一是间接性。也就是在道德意志与控制它的思想和行为的过程中不是直接进行的,有一个中间力量,这种中间力量可以是具体的他人或外在的某种权威、规范等;二是外在性。他虽然遵守了道德规范,但这种道德规范并没有成为它的意志目标或动机,没有真正认识道德规范,也没有内心的高度认同,更没有内化为自己的道德意志和信念,一旦离开了外在的约束、管理与监督,他随时都有可能偏离社会主导性要求的轨道。因而,他的道德行为或活动仍然是一种客观外在的必然或给定性的东西,具有强烈的外在性;三是被动性。他对自己所遵守的道德,所实施的道德行为都是被动地执行他人或社会权威的命令,并不是主体自我意志的自觉发动,因而,他不能真正理解所给定的道德规范,未能从心灵上、情感上真诚地认同道德规范,所表现的道德行为也不是道德意志所产生的力量所致,缺乏主动性、自觉性、积极性,仅仅是对他人的要求、约束或外在权威的粗浅呼应,表现出强烈的道德实在论的特征。

皮亚杰的儿童道德发展阶段理论中的"权威阶段"和科尔伯格的"习俗道德水平"中的"好孩子道德倾向阶段"、"维护权威或秩序的道德倾向阶段"都属于"他律"道德意志阶段。皮亚杰和科尔伯格利用道德两难故事做了大量的实证研究,结果表明处于"他律"道德意志阶段的儿童在道德观念的接受上和对道德行为的判断上,表现出两个明显的特征,一是认为不服从成人的命令就是错误的行为,是坏孩子的行为;二是认为周围环境对他们所规定的规则和要求是固定的不可变更的,是应当绝对服从的、谁也不能违反的。

处于他律阶段的道德意志主体,大都属于尚未成年的儿童,但也不排除一些成年人仍然停留在"他律"发展阶段,这类人接受社会道德规范不是出于主体内在追求,而是出于外在的压力,在社会生活中,他们处于被动排队的地位,是被某种外在力量拉着走、推着走、赶着走的。当处于复杂情景中或社会道德生活剧烈变动时期,他们往往显得不知所措,常常要寻找权威、依赖权威,以权威的是非为是非。在现实生活中,这种人还有另外一种表现形式,即"追赶时髦"、"跟着感觉走",这种人表面看起来很有主见,似乎很新潮,实际上他们缺乏必要的判断和选择力,常为表面现象和社会潮流所裹挟,因此他们在接受道德规范时,仍然处于"他律"阶段。

处在他律阶段的道德意志是低水平的,不完善的,但是它又是个体道德意志发生、发展过程中不可跨越的一个必经阶段和重要环节。对我们个体而言,道德意志发展的目标,应当从他律阶段向更高阶段——自律阶段迈进。

二、道德意志的自律阶段

随着个体道德实践活动的不断深入发展,他对各种道德现象的认识也日益深化,在这一阶段,道德意志主体对道德的接受已经不是为社会主导性的要求所左右了,而是按照自己的道德价值观标准进行自主地选择、判断和接受,道德个体的意志所具有的外在性、他律性就被扬弃了,这一活动过程体现出了强烈的意志主体性而进入自律阶段。

皮亚杰儿童道德发展阶段理论中的"可逆性"阶段和科尔伯格的"后习俗道德水平"都属于"自律"道德意志阶段。他们的研究表明,处于这一阶段的青少年既不盲目地服从权威,也不机械地遵守规则,而是根据自己的原则来选择道德标准和接受社会道德要求、道德规则,并努力摆脱权威来考虑整个社会和人类的利益。这一阶段的人大多数都是 16 岁以上的青少年和成人,他们已经形成了高度的道德自我意识和相当成熟的道德选择能力、调节能力和判断能力,他们接受社会道德规范,不是出于别人的告诫、暗示、命令、引导而形成,而是在道德自我意识前提上的和在责任意识基础上的一种主体自觉。对于他们来说,社会道德规范已经内化为自己的"内在的法",他们是用"内在的法"有意识地规范自己的行为取向,接受社会道德规范和要求。

自律阶段的道德意志具有以下特征:一是直接性。个体意志发用及其所表现出来的道德行为和道德活动,已经不存在任何中间力量,不是由外在的压力或权威所支配,而是直接按照自己善的意志行事,不再是听从别人并以别人的名义进行抉择、行动,而是听从自己并以自己的名义作出抉择,实施行为活动;二是内在性。道德个体道德意志的意向性已经不是由外在的压力或权威所决定或授予,而是自我意志的意愿,有着自我鲜明的目的动机,不受外在东西的束缚,另外,意志所实现的道德规范要求也不再是外在于他的客观必然性,而是内化为他的心灵和行为个性的有机构成要素,已积淀为个体的道德意志和信念;三是主动性。处于这一阶段的道德意志主体,已经不再是处于被动依附和简单服从的消极执行者,而是自主、自决、自控、自制地进行自我抉择和自我调控的积极主体了,道德意志也就成为个体积极主动的理性能力,而且成为一种指向理想目标的实践精神,成为主体认识世界、改造世界的重要方式。

道德意志由他律阶段发展到自律阶段是一个巨大的进步,但我们也应当看到处于这一阶段的道德意志总是根据自己的主体特性及其所形成的道德需要、道德境界、道德水平来衡量和接受社会道德规范,而道德意志的主体特性本身又存在着表面性、盲目性、主观性,很难等同于代表社会先进道德要求的社会主导性,因此往往会出现这样一种现象,即道德意志仅只能做到"凭良心行事"、"不坑人、不害人"、"将心比心"、"己所不欲,勿施于人",而对于更高层次的社会道德要求则处于模糊状态,这种人在尖锐的道德冲突中,容易受自我心理因素的影响而忽视外在道德规范的约束,往往从自身利益出发,不顾社会舆论的监督,舍弃更高层次的道德要求而保全自身,甚至作出错误的行为选择,走向唯意志论。如在现实社会生活中,人们大都能做到不害人,但在危急关头却很难做到"见义勇为"、"舍己为人",因此说,道德意志不能停留在自律阶段,不能仅满足于良心的发现,而应由自律阶段朝着更高阶段——自由阶段发展。

三、道德意志的自由阶段

道德意志有其一定的价值目标追求,并在此目标的驱动下,通过克服困难、改造自身而实现完善自身的一种价值追求。当这种价值追求经人们的充分体认并在实践中确定下来、巩固下来,就扬弃了道德意志中盲目的崇拜和敬畏的服从,即逾越了他律道德意志和自律道德意志的局限性,使道德主体的意志得以升华,道德意志便进入了自觉中的自由阶段。在这一阶段,道德意志主体对道德的接受既不是出于一般的社会道德要求,也不是纯粹的自我选择,而是已经将先进的社会主导性道德要求与自己的内在价值追求,与自己的主体特性相结合,构成了自我身心的统一,自我与社会的统一。显然,当道德接受活动发展到这一阶段时,不仅意味着扬弃了他律阶段的外在性、被动性,而且也意味着扬弃了自律阶段可能出现的主观性、盲目性以及脱离高层次社会义务要求的现象。它充分体现了道德意志主体性与先进的社会主导性道德要求的统一,是人类理想的道德意志阶段。

处于这一阶段的道德意志主体最明显的特征是"我想要"与"我应该"的统一。"我想要"和"我应该"分别是由人的内在需求和社会的外在要求两种因素决定的。"我想要"通常是指源于个体自我意志的要求和感受,是个体意志的自然流露,具有强烈的个体性、主观性色彩。"我应该"则是指主体对客观环境、社会要求、国家、集体、他人要求的反应,是一种外在约束和规范。由此可见,"我想要"是一种发自内心的主观意愿,"我应该"则是一种客观既定的义务规范。"我想要"与"我应该"的融合与统一,从道德意志角度看,实质上就是代表社会先进主导的道德要求与道德意志主体的内在需求的融合与统一,在形式上这种融合和统一表现为在社会道德规范和道德要求面前,身心一致,浑然天成;在内容上这种融合和统一则是一种在具体活动中个人和社会、自我和他人、小我和大我的相互统一。对于进入这一发展类型的道德意志主体来说,社会道德要求作为"我应该",已经创造性地内化为主体的价值追求、自由愿望,他们接受道德规范,履行道德义务已经达到了"从心所欲"的自由状态,不再有强求自己的内在艰难和外在强迫的异己性。如果说,处于"自律"

阶段的道德意志主体在接受社会道德规范时，还需要内在命令的自我约束的话，那么，进入自由阶段的道德意志主体在接受社会道德规范时便不再是自我约束，而是自我追求了。在此种道德意志的驱动下，人们的道德活动不仅是自觉自愿的，而且是他们心灵的一种内在需要，这种需要也已经不是出于某种功利的考量，不是出于纯粹自我约束、自我控制的结果，而是成为意志的自然流露，成为一种行为习惯，即不需要任何有意为之就达到理想目标，也就是孔子所言的"从心所欲不逾矩"、庄子的"逍遥游"的自由境界。这样道德意志在个体的自由中，就成为一种自觉的实践精神，人们道德主体性能力也就达到了成熟和完善状态。

第五章 道德意志的结构与功能

道德意志作为人类意识的一部分,不是一个我们可触摸、可视见的客观事物,它不具有存在性的结构特征,我们固然不能对其进行物理性的解剖和分解,但是它作为社会化的道德现象和个体道德活动中一种重要的内在力量和过程,也具有相当于人类其他意识的内在性结构,也是一个自成体系的有机系统,它与外部客观世界有着广泛联系,与同源性的其他道德内在要素相互影响,其自我内部各要素和机制相互依存并处于动态发展变化之中,道德意志作为一个自我整体,有着独特的结构和功能。

第一节 道德意志的多维结构

所谓结构是指组成系统的各元素、各部分之间相互关联方式的总和。① 道德意志的结构,也就是构成道德意志的各个部分或环节遵循某种关系组成相对稳定的有机形式。道德意志的结构是很复杂的,由于研究工作的薄弱,在心理学上至今尚无统一的看法,在伦理学中还未有讨论。道德意志相较于道德认识、道德情感、道德信念、道德行为更为复杂,因为它是连接道德内在心理与外在行为的关键环节和纽带,需要从多层次、多方面、多维度进行分析和考量。

---

① 参见李淮春:《马克思主义哲学全书》,中国人民大学出版社1996年版,第295页。

一、道德意志的要素结构

道德意志反映的是一种个体在道德活动中的心理状态和作用,揭示的是人与道德之间的内在联系,因此,从道德意志的构成要素来说,主要包括道德意志的主体、客体以及道德意志的中介。

(一)道德意志主体

在道德意志的要素结构中,人是道德意志发起者和调控者,是道德意志的主体要素。需要从两个方面去理解"人是道德意志的主体":

第一,人是道德意志的唯一主体,道德意志是人所特有的一种意志。中外历史上许多伦理学家把道德意志看作是人与动物相区别的主要标志,看作是人之所以为人的本质特征。如荀子曾经说:"水火有气而无生,草木有生而无知,禽兽有知而无义;人有气、有生、并且有义,故为天下贵。"(《荀子·王制》)此处荀子认为人与禽兽最大的区别在于"义",也就是具有道德意志的道德。

我们也许可以在高等动物身上发现意志的萌芽或痕迹,但绝不能找到我们所说的那种意义上的意志,当然也不会有道德意志。主要因为:其一,道德是人们在处理各种社会关系时产生的价值取向,而"动物不对什么东西发生'关系',而且根本没有'关系';对于动物来说,它对他物的关系不是作为关系存在的",虽然有些动物具有合群习性,尤其是社会化程度较高的动物结成严密的动物社会,单个动物对其所依附的动物社会具有极强的依附性、归属性,各动物之间有着严密的分工和协作关系,但我们还是认为动物社会的联结纽带,是纯粹的动物本能,维系它们关系的也只是自然法则,不可能产生道德;其二,意志就是"人自觉而有目的地对自己的活动进行调节的心理现象"①。自觉性、目的性也是人所特有的属

---

① 冯契主编:《哲学大辞典》,上海辞书出版社1992年版,第1675页。

性,对自我进行心理调节更是人所独有的能力,意志活动是一种受意识控制的活动,它的特点是根据预定的目的对行为进行调节、控制,它一方面联系着人的意识世界(包括人的认识、评价能力),另一方面联系着人的行为、动作方面的活动能力。意志过程是一个可以被经验地认识、考察的过程。意志活动表现为人的活动过程的一种倾向性,表现于生活、实践着的人的活动过程中。再高等的动物也不可能具有这些复杂的心理活动或心理过程,当然也就不可能有意志活动;其三,道德意志表现为对道德目的的追求及对道德生活中困难的克服,动物连道德关系、道德认识、道德情感、道德信念都没有,当然也就不会有道德意志。

第二,人作为道德意志的主体,是主体能动性的典型表现,自主性、自觉性、自律性、自控性是道德意志主体性的重要特征。并非所有人都能成为道德意志的主体,道德意志的主体性具体体现在:首先,主体具有强烈的自我意识,即自我利益意识和责任意识。[①] 利益意识是主体自主性活动的出发点和归宿,是主体从满足自我需要出发,对自己和社会的生存及发展所产生的意识。由于不同的利益主体,利益意识也就有了不同的层级,可能不同利益意识之间存在错综复杂的矛盾关系,需要形成相应的责任意识才能发挥作用。责任意识是主体自主从事道德意志活动的内在动力,即对自我所负的义务、职责、使命的意识。其次,主体具有高度的选择自由。在强烈的自我意识中,在利益意识和责任意识的驱动下,主体在各种可能性中进行选择,意志自由就成为选择的特性,当然我们所说的意志自由是一种被正确理解的意志自由,也就是认识了必然性的自由。意志自由是道德主体性的主要标志,我们通常所说的"为仁由己"、"为恶亦由己"就是其最典型的表现。再次,主体具有积极的调控功能。实际上,主体性就是把外在的规则、要求内化为主体需要(良心),并使之控制自我

---

① 参见唐凯麟:《伦理学》,高等教育出版社 2001 年版,第 5 页。

观念和行动的过程。主体的调控功能体现在对目的的定向、动机的发动、认识情感的驾驭、行为的调节和控制等方面。如果没有主体的调控功能与作用,尤其是道德意志不能对爱好与欲望有效控制,在道德活动中,主体就会逐渐沦丧直至失去其主体性和道德属性。

(二)道德意志客体(对象)

道德意志的客体就是指被道德意志的主体所认识并发挥作用所指向的对象,包括观念性的道德意识和实践性的行为活动。主体是道德意志的作用者,客体是被作用者,主体与客体一起构成道德意志活动结构中的两极。

在道德意志结构中,主体是主动的、能动的、作用的一方,而客体则是被动的、受控的、被作用的一方。道德意志活动是一种受主体意识控制的活动,它的特点是根据预定的目的对行为进行调节、控制,它一方面联系着人的意识世界(包括人的目的、动机、认识、情感、信念),另一方面联系着人的行为、动作方面的活动。因此,我们可以将道德意志客体分为两类:一是人的道德意识,主要是人的主观世界,如认识、情感、需要、动机、信念、理想等。它们是主体的重要内容,但同时也能成为主体意志作用的对象,受到主体意志的实践精神的作用,从而暂时脱离主体。人的认识、情感、需要、动机等一旦形成,往往具有相对独立的性质,支配着人的行为,形成人的习惯和生活方式,这时主体意志就可以对它们进行认识、评价、教育、调控,即把它们作为道德活动的对象。二是人的道德行为或活动,即道德意识支配下的外在表现,道德意志既作用于内部意识活动中,是意识的能动方面,也作用于外部的意志行为中,表现为意志对行为的调节。这种行为是道德意识在道德意志支配下的外化,是一种意志行为。意志行为是有意识的、自觉的、有目的的行为,是道德意志价值的全部显现,一般意义上说,对道德意志的评价主要通过目的、动机和行为来判断,但目的、动机是看不见、摸不着的内在意识,只有通过对意志行为的考察,才能判断意志性质和水平。

道德意志的对象在道德意志活动的微观结构中具有十分重要的地位。第一,对主体而言,对象并非孤立的、与主体无关的,而是与主体同为结构中的两个基本因素,相互关联、相互影响、相互转化。根据主体与对象的相关律,对象的性质、状态往往会决定主体的性质和状态。从这个意义上说,主体的要求从属于对象的属性。主体只有与对象相接触,作用于对象,才能表现出自己的主体性,也才能将自己的愿望、动机、目的化为实际的活动。第二,对结构而言,对象的性质不同,对象在活动中的作用不同,也可以使整个活动表现为不同的类型。如果对象属于人的意识,那么主体对它的作用就很可能表现为一种内部活动、意识活动,如果对象是人的行为,那么主体对它的作用则往往表现为一种外部活动、实践活动。第三,对活动的过程而言,主体虽然作为活动的发起者、支配者,具有决定的作用,但这一活动能否顺利实现,能否依次经过各个阶段最终达到目的,则又受着对象的影响。总之,道德意志主体与对象是活动结构中的必要组成部分,既互相对立,具有自己的地位和特征,又相互影响,推动着道德意志活动由浅入深的发展。

(三)道德意志作用手段

主体与对象是道德活动的两个基本要素,也是构成道德意志结构的两极。主体作用于对象,就是一个最基本、最简单的活动过程。但是,主体与对象是功能上截然相反的两方,主体作用于对象必须有一定的中介,这个中介就是道德意志的手段。

在道德意志活动中,使用什么样的手段以及怎样使用手段,同样是至关重要的。仅看到道德主体的决定作用,而看不到主体性必须借助于一定的手段才能表现出来,是一种片面的结构观。道德意志活动的手段多种多样。从性质上看,主要有语言手段,如劝告、评论、教育等;情感手段,如感化、移情、后悔等;行为手段,如利他、沟通、调控等;有的还直接以活动本身作为主体与客体的中介。这些手段虽然与其他活动所使用的手段大致相同,但由于它们代表着主体的一定道德要求,具有价值性和道德目的性,因此能够充当道德活动结构的联结要素,将主体的目的传递到对象之上。

从功能上来看,道德意志作用手段主要有三类:第一是约束性手段,这是道德意志最重要的手段。约束的要义在于主体根据一定的规范要求有意识地约束、限制自己或他人,使其观念和行为符合某一道德标准。道德意志的约束主要是一种自我约束,也就是如康德所讲的自己为自己"立法",自我控制是约束性手段发展的最高阶段。其含义:一是指在自我之中,理性有意识地限制情感、欲望,以保持人格的同一性;二是指自我为了达到某种理想、满足某种要求而限制自己行动的范围和界限。自我约束是主体进行内部活动时经常采用的手段,由于它是主体对自己的控制,因此是最少他律性的手段。第二是协调性手段,可以表现为调解、立约等。它们的作用不是像约束性手段那样"强制地"使人遵从某一标准或原则,而是把人格中的感性与理性、社会中的群体与个性、个人与他人看作彼此关联、相互依赖的部分,通过协调它们的关系,求得双方同时发展。作为道德活动的手段,它是主体在深刻认识自身需要和道德关系的前提下解决特定问题的方法。主体使用协调性手段不是为了得到"绝对的中道",而是达到"相对的适中"。在道德活动结构中,协调性手段不仅将主体与对象联结起来,而且在它们之间建立了互相补充、互相渗透、平衡发展的关系,使之不经过冲突而顺利地达到主体的目的。第三是激励性手段,主体除使用约束和协调之外,也经常使用激励性手段如劝说、鼓励、倡导等来唤起对象中的主体意识,鞭策对象朝某一方面发展,激发对象的活动积极性。以激励性手段为中介的主体——对象关系,比上述通过两种中介建立起的关系更为一致:主体并不将对象看作外在的东西,而是看作自己的一部分;使用手段的目的不是将自己的意志强加于对象之上,而是作为诱因在对象之中建立某种优势,使对象自己约束自己、自己协调自己,从而达到完善的境地。对于使用者而言,激励性手段有多种表现形式:有时是有意地反向行动,以显示对象的某种错误所带来的恶果,促使其幡然悔悟、痛改前非;有时是培育对象的羞耻心、是非心,使对象自我反省,从沉迷中清醒,从挫折中奋起;有时则是教育、鼓励以形成对象的责任感。不论以何种形式出现,激励性手段都会在主体与对象之间建立一种平等、信任的关系,从而更容易实现道德意志活动的目的。

二、道德意志的活动结构

把意志理解为与生命活动有关的东西,意志过程和生命的活动过程是同一的,对意志的自主、能动作用的理解与对生命体的活动过程的理解密切相关。道德意志的结构可以从道德意志活动结构中得到显现。意志活动是一种受意志控制的活动,它的特点是根据预定的目的对行为进行调节、控制,它一方面联系着人的意识(表象)世界(包括人的认识、评价能力),另一方面联系着人的行为、动作方面的活动能力。意志过程是一个可以被经验地认识、考察的过程。意志活动的主体即是人这个生命体(它包含了意识的属性)。它不是某种神秘的实体(自在之物),不是某种独立自在的能力,不能把它理解为一种神秘的"活动之因"。意志活动表现为人的活动过程的一种倾向性,表现于生活、实践着的人的活动过程中。

从道德意志活动的范围来看,它的结构主要由两部分组成。一是作用于内部意识,表现为意识的能动方面,可称为作为意识活动的能动方面的意志("思"或"想"的意志);二是作用于外部的行为活动中,表现为意识对行为的调节,可称为外部行为的意志(或者叫做"行"的意志),即意志行动是有意识的、自觉的、有目的的行动。这两种形式的意志看起来有相似之处,它们都表现为人的能动作用,并且两者常常是伴随着发生的,前者作为后者的先导,后者是前者的继续和深入。但是,这两种"意志行为"实质有着天壤之别,"想"的意志和"行"的意志有着很大的差别:一个是观念的,一个是实践的;一个是内在的,一个是外显的。

从道德意志活动结构的心理成分来看,主要有期望、抱负水平、心理冲突、选择和决策等几个方面。期望是主观上希望发生某一事件的心理状态,是一种与将来有关的动机。期望的结果就是意志行动所要达到的目的。期望的结果往往会给人以需要的满足和情绪上的好感,从而促使人产生要达到某种目的的动机。目标(或目的)的确定和选择是意志行动的第一个基本特征。目标的确定和选择与一个人的抱负水平密切相关。抱负水平指的是个体在从事某活动之前评估自己所能达到的成就目标。抱负水平制约着对行动目标的追求。个人的抱负水平是后天形成的,受教育的程度、实践经验、自信心和环境会影响一个人的抱负水平。意志行动中的心理冲突主要指动机斗争。在确定目的、选择制订计划、执行决定阶段时都可能会产生心理冲突。意志行动中的心理冲突从内容上来看,可分为原则性的动机冲突和非原则性的动机冲突;从形式上看,包括双趋冲突、双避冲突、趋避冲突、多重趋避冲突四类冲突。冯特认为,选择动作最能体现出意志的特色。选择和决策,是意志的核心。无论是目的的确定,计划的制订,或是执行决定,意志都表现出选择的特征。① 要选择,就涉及决策问题。广义地讲,如果一个人看到至少有两种行动的可能,并且根据某种标准选择其中之一,力求设法加以实现,那么我们说这个人在作出一项决策。只有一种可能性的行动或者在多种选择之间无须仔细思考的行动,都谈不上决策。决策,因问题而引起,可以看成是问题

---

① 冯特将意志的基本形式分为三类:(1)冲动动作,是由一种动机引起的行动。例如,儿童看见糖果后直接就去抓,没有什么思虑和反省。(2)有意动作,这时意识中有两种动机,但其中之一清晰有力,另一种在意识中逐渐消退,有意行动是由清晰有力的动机而引起的。(3)选择动作,这时存在着相互对立的动机,但哪种动机都很难占优势,通过"动机斗争",其中之一被选定,并由它引起动作。道德意志主要是一种选择动作。

解决的过程。寻找一条从不能令人满意的初始状态通往符合个人意愿的目标状态的道路,也就是决策。选择、决策过程由下列一些相互连接的阶段组成:确定问题(现状和目标分析)、寻找各种可供选择的方法、对各种可供选择的方法进行评价、做决定(在各种方案中选出一个)、贯彻执行、监督等。选择、决策过程中的意志力表现在人对目标状态的决心和执着,选择和作决定时的信心和勇气,执行和监督时的恒心和毅力等。

三、道德意志的主体类别结构

从主体类别角度来看,道德意志分为个体道德意志和社会道德意志。个体道德意志指社会各个成员所具有的独特道德意志,是相对独立的个人在一定生活条件下所形成的具体意志,是个人利益和价值观的体现。社会道德意志指的是狭义上的社会主体的道德意志。所谓狭义的社会主体,是指以一定地域中不同的集团和个人所组成的社会整体作为活动的主体,共同认识和改造它所面对的客体。

每个正常的个人主体总是有着相对独立的利益、意志及相对独立的实践范围和形式,而个体意志则正是个体主体的重要内在依据。个人主体及其意志的存在和活动,使人类的实践和认识活动表现出丰富多彩的个体自主性、差异性和独创性。个体道德意志是社会道德意志的一部分,它的特殊性是由他的特殊的社会生活条件所决定。每个人都可以有自己的道德意志,都可以按自己的道德意志参与社会生活,每个人的道德意志在社会历史发展中都起一定的作用。个体道德意志的作用主要取决于个体对客观规律的认识水平、利用方式及努力程度。当个人的意志和社会历史发展规律及先进的道德规范相一致时,对社会生活就起积极的推动作用;当个人的道德意志违背社会历史发展规律时,违反先进的社会道德规范,对社会生活就起消极的阻碍作用,并迟早要受到客观规律的惩罚及社会道德的谴责。社会道德意志即作为道德主体的社会利用道德手段对社会进行调节和控制的力量。社会之所以需要道德意志,就是源于作为充满矛盾的社会,在社会道德生活中解决困难和维护秩序的需要。"道之以政,齐之以刑,民免而无耻;道之以德,齐之以礼,有耻有格。"(《论语·为政》),这里的德、礼就是一种道德意志力量,它对维护社会统治秩序,提升国民道德水平具有重要意义,但社会道德意志作用的发挥还是需要一个个独立的人的作用,而且是通过无数个体的合力表现出来。

从个人与社会的角度出发,我们很明晰个体道德意志和社会道德意志的辩证关系,二者是相辅相成、不可分离的。一般来说,社会道德意志是无数个体道德意志的有机结合,它是社会整体利益和价值规范的凝结,以全体社会的利益和善为目的,因此,相较于个体道德意志,它具有普遍、抽象、广泛的特征,指引着个体道德意志的发展方向,对每个个体道德意志都有无形的影响,而且它经常会以社会普遍性的要求对个体直接发挥作用,成为个体道德意志的外部压力和动力,甚至直接内化为个体道德意志发挥作用。因此,社会道德意志是个体道德意志的前提。同时,个体道德意志是社会道德意志的具体表现,它起着推动或阻碍社会道德意志的作用,一旦个体道德意志符合社会普遍的道德要求,具有引领性的意义,往往就会转化为社会的道德意志,对整个社会发挥着影响。因而,个体道德意志和社会道德意志相互依存、相互作用、相互影响。本书中所言的道德意志,如无特殊说明,一般指的是个体道德意志。

四、道德意志的品质结构

道德意志作为一种价值评价和考察,总是可以从性质上予以区分,所以它具有性质结构。正如康德所言的"善良意志",人们通常所说的道德意志是一种求善、为善的意志,是从正面意义上来讲的。但从严格意义上讲,从辩证的角度来看,道德意志应该包括善的道德意志和恶的道德意志,因为,道德有善恶之分,意志可以育善之花、结善之果,也可以栽恶之花、结恶之果。由此我们可以将道德意志分为善的道德意志和恶的道德意志,从而二者组成道德意志的性质结构。

从品质角度来看,分为正态意志和负态意志。正态意志指能对人的活动带来积极作用的积极向上的精神品质。例如,崇高理想、坚定信念、积极进取、顽强拼搏等,就属于正态的意志表现。正态意志所产生的积极效应有利于促进主体的生存和进步,有利于社会的和谐发展。正态意志具有以下特征:1. 自觉性。表现为在意识中主动地对待当前的行动的态度。个体对行动的目的、动机和计划的意义有明确认识,并主动地发动行为,去努力实现价值目标。2. 果断性。表现为在意识中很快地决定正确的目的和行动方法。3. 坚持性。表现为人有充沛的经历和顽强的毅力,精神饱满、积极进取,在意识到行为的正确性和重要性之后,不会因为失败而气馁,也不会因为有所成就而骄傲自满。4. 自制性。表现为在行动中善于控制自己、约束自己,既善于促使自己去执行已经采取的决定,又善于在实际行动中抑制自己的消极情绪和冲动行为。相反,负态意志是指对人的活动带来消极作用的消极的心理。例如,盲目草率、优柔寡断、惊慌胆怯、一意孤行等就属于负态的意志表现。负态意志缺乏自觉性、果断性、坚持性和自制力等品质。负态意志所产生的消极效应会造成人的活动的不合理化和社会的反向效应。因此,我们应该努力增强人的正态意志,通过正态的意志活动来合理地改变现实世界,减少负态意志所带来的不良后果。

从强弱角度来看,分为坚强的意志和薄弱的意志。意志的强弱主要表现在能否坚定而顽强地克服困难,始终为实现目标而坚定不移地努力奋斗,即意志的坚定性上的表现。坚强的意志是指意志具有坚定性或意志具有坚韧品质,即人能够坚定而顽强地克服困难,始终为实现目标而坚定不移地努力奋斗。意志的坚定性具体表现为:一方面在意志行动过程中,极力排除各种主客观方面的干扰,有坚定的信心,朝既定的方向迈进;

另一方面是坚毅地从事既已开始的行动,即使遇到各种艰难险阻,也能以顽强的斗志、坚强的毅力、持久的耐性加以克服,一如既往地追求既定的目标,做到锲而不舍、矢志不移。意志的坚定性不等于固执、僵死、刻板。在意志行动中坚定不移,并不意味着刻板地按以前的决定保守行事,而不考虑客观的情况,不根据客观情况的变化修改决定。如果是那样,就不是坚定而是固执,相反,在条件发生变化的情况下若不修订原来的行为模式,而一意孤行的话,不但不是坚忍的意志品质,而恰恰是意志薄弱的表现。薄弱的意志是指意志缺乏坚定性和持久性,即对克服活动中所遇到的困难拥有的力量十分微弱和渺小。意志的薄弱表现为:一方面在意志行动过程中,不能排除主客观诱因的干扰,对既定的方向犹豫、徘徊不前;另一方面是在活动中表现出优柔寡断,遇到困难容易气馁,遇难而退,甚至放弃。

五、道德意志的水平结构

道德意志也是有水平、有层次的,根据道德意志发生和发展的阶段,我们可以将道德意志分为他律层次的道德意志、自律阶段的道德意志和自由层次的道德意志三个水平和层次。一般来说,这三个不同水平阶段是逐步从低到高发展的。在前面第三章中已经具体论述了水平结构的各自特点及其内在联系。

六、道德意志的过程结构

道德意志作为道德内在心理的一种活动,具有鲜明的过程特点,因此它具有过程结构。道德意志的过程结构主要包括采取决定阶段和执行决定阶段,采取决定阶段又包括确立目的或目标、动机斗争、选择方法和手段、作出决定等方面;执行决定阶段包括了意志努力和克服困难等方面。关于道德意志的过程结构特征,在本章的第三节将会详细展开。

第二节　道德意志的特殊功能

"功能"一词源于《管子·乘马》,"工,治容貌功能,日至于市",指"技能"之意,后发展演化为两义:一为事功与能力,二为功效和作用,现在人们主要取后义。道德意志的功能指的是在作为个体道德有机系统里,有着特殊结构的道德意志在其主体的道德活动中发挥的功效和作用。道德意志一旦形成,在个人的道德意识和道德行为选择以及社会道德生活中,就成为道德发挥作用的强大精神动力和调控力量,具有积极的个体效应和社会效应,因而具有多方面的功能。

一、对目的的定向功能

道德活动总是为着一定的目的或目标,没有无目的的道德行为。"从表现形式上看,活动目的是人对自己为什么进行活动、怎样进行活动和通过活动最终获得什么的预先设想,是对活动结果的超前意识;从根源和内容上看,活动目的是人对自己的需要及如何满足的自觉意识。"①

道德活动目的的确立是一个极为复杂的过程,往往需要经过长期周密思考、反复权衡主客观条件,还需要道德意志的积极参与。道德活动目的的确立还是一个变化的过程,在活动过程中出现偏差更需要意志的调整来修正目的。道德意志具有支持道德主体、统一道德价值目标趋向的力量和能力。人的道德活动都是有目的的活动,人在道德活动之前都要事先确定活动的目标。由情感引起的活动往往没有事前经过考虑和明确的目的,因此称之为冲动的行为。而有意志的活动则不同,意志能够为主体自觉地确定活动的目的,并依据所确定的目的来支配自己的行动,克服

---

① 龚振黔:《人的活动研究》,贵州人民出版社 2000 年版,第 190—191 页。

障碍以实现活动目的。活动目的从来就是与需要和价值观念紧紧联系在一起的,需要是目的形成的客观依据,目的是自我意识到了并准备以行为去满足的需要,主体根据自身的需要和价值观念形成活动目标。人的需要是多种多样的,而且在同一时间内,人往往不止有一种需要,正是同时存在的多种需要和由这些需要派生的多种愿望、情感、动机,决定着人们在同一时间内产生了多种目标。几个或很多个可供采纳的目标,这就会使人发生心理上的冲突,在不同的目标之间举棋不定,特别是在各个目标的价值和意义相近时,这种心理冲突就更加尖锐。因此,在道德实践活动中,要确定活动目标,就需要意志发挥作用,即必须依靠意志来排除其他目标的诱惑和干扰而作出决定。特别是当几个目标对人都具有重要意义,从而对人都具有很大的诱惑力,而它们又是相互排斥,或者虽不排斥,也不可兼得时,此时就必须以极大的意志力排除困难,解决矛盾,然后才能确定目标。苏联著名教育学家马卡连柯在谈到意志在人的认识活动中的选择性或定向性功能时指出:"坚强的意志——这不但是想什么就获得什么的那种本事,也是迫使自己在必要时抛弃什么的那种本事。没有制动器就不可能有汽车,而没有克制也就不可能有任何意志。"①

道德意志对人的活动目的的定向功能,是指意志在社会实践的基础上,对主体的需要和情感进行选择与巩固,以保证人的活动方向的唯一指向性。意志与目的相连,坚强的意志会使人的活动具有明确的目的性和方向性。相反,消极的意志如盲从、独断等,则会影响人的活动的方向,阻碍个人能力的发展。目的总是反映主体需要的,因此,意志总是根据主体的需要来决定活动方向。对活动客体而言,活动客体在活动过程中会受到来自外界的各个方面的影响和干扰。此时,意志在活动过程中会不断

---

① [苏]安东·谢苗诺维奇·马卡连柯:《马卡连柯全集》第4卷,耿济安等译,人民教育出版社1981年版,第512—513页。

克服那些暂时被压抑了的、次要的、不现实的需要和情感的冲动,排除它们对当前活动的影响,同时战胜来自主体外部的其他妨碍活动正常进行的各种阻碍和诱惑,从而保证主体活动目的始终朝着一个方向开展。

　　道德意志对活动目的定向功能表现在两个方面:其一,道德意志能够调节活动主体以最高的效率捕捉新信息,按照内外尺度的统一对事物进行观念的分解和综合以确定道德目的。由于人脑所获得的初始信息往往是杂乱无章的,为了全面地把握客体信息及主体的需要,主体就需要通过意志来调节,以保持神经网络、脑皮层及主体的感受器官在追踪信息过程中的专一性和耐受性。其二,道德意志为了确立一种具有必要性、合理性、可行性的活动目的,通过意志努力来分析、比较各种目的实现的条件和可能性,预测目的实现的后果,最后选定活动目的。心理学所说的随意注意,作为认识活动的一个重要心理机制,是意志在认识活动中定向和选择作用的集中体现。随意注意是人的心理活动对一定对象自觉地、有目的地指向与集中,它是人在长期社会实践活动的基础上形成和发展起来的一种充分有效地运用自身潜能的主体能力。在随意注意的作用下,人把自身有限的心理资源集中起来,指向一个主要的目标,使之在主体心目中从外部世界千事万物所组成的浑然一体的图画中分离开来,突出起来,与主体构成现实的主客体关系,成为认识活动的对象。而该目标之外的其他事物,虽然在客观上与目标同时并存,处在普遍联系的网络之中,但在主体看来却被淡化或舍弃了,仅仅把它作为认识活动的背景或环境来考虑。因此,没有随意注意,就不可能有主体对认识对象的选择,也就不可能有认识活动的唯一指向性。然而,认识活动中随意注意的形成和巩固,一步也离不开意志行为的参与,甚至在一定意义上,随意注意本身就是一种意志行为过程。在心理学中,随意注意力的优劣强弱是衡量或评价一个人意志品质的主要参数。离开意志,就不可能有随意注意,也就不可能有认识活动的选择性或定向性。

因此,道德意志的作用就反映在帮助人选择、确定活动目的,并明确其价值取向上。只有意志的选择,才是现实的可行性的选择。正如苏联著名心理学家彼德罗夫斯基所说:"意志动作的特征,不仅在于把目的理解为所希望的东西,而且在于把它理解为原则上可以达到、可以实现的东西。"[①]正是有了道德意志的目的定向功能,道德主体才能在各种利益矛盾、内外诱惑中保持道德选择和行动稳定性和统一性,而不至于迷失方向或摇摆不定。

二、对动机的优化功能

道德动机是道德主体在行为过程中所趋向一定道德目的的主观愿望,是道德行为的基本动因和出发点。在道德目的确定之后,虽然主体的内部心理状态获得了统一,但这并非就能一劳永逸。在道德行为发动之前,人的道德动机往往是复杂多变的。在现实生活中,主体由于受到各种内在的需要、欲望、情感的影响和来自外部的诱惑,可能产生形形色色的新的愿望与动机。这些动机可能绝大多数都是与原定的认识目的相左乃至冲突的,这些不同等级、不同时限的动机构成了一个动机网络,其中绝大部分都有某种实现的可能性和必要性,势必造成动机矛盾和心理冲突,它们会使主体为之分心走神,因而干扰道德活动的正常进行,甚至会停止进行中的道德活动转而去满足其他愿望。在冲突的诸多动机面前,要立即采取行动是很困难的。"在对我们发生影响的许多感觉、许多刺激之间,我们有力量选择这种可能性而不选择那种可能性。我们可以说:'让这种可能成为现实!'"[②]这就需要发挥道德意志在认识活动中的选择作用,由道德主体的意志根据自己的道德原则和道德信念统一和调适

---

① 〔苏〕彼德罗夫斯基:《普通心理学》,人民教育出版社 1981 年版,第 432 页。
② 〔美〕威廉·詹姆斯:《心理学原理》,唐钺译,商务印书馆 1963 年版,第 134 页。

自己的各种行为动机,确定认识目的,为道德活动决定明确的目标指向。道德意志作为人的自觉能动性的集中体现,主要通过三个环节对诸多道德动机进行优化,实现道德动机的正确选择和统一。一是对诸道德动机的审查,审查它们的来源、内容、性质及可行性;二是过滤、剔除一些不合理、不规范、不道德的道德动机;三是整合具有合理性、迫切性、相似性的道德动机,使它们成为一个有机整体,达到优化状态,来推动道德行为活动的发生与发展。

在道德动机优化过程中,往往要求有积极的意志努力,意志运用其自制力去克制这些不断产生的愿望和动机,使道德主体保持比较稳定的心理状态,做到目标始终如一。

三、对情感的调节功能

意志的调节性功能,指意志对主体内部不同品质和强度的情感进行选择、整合与驾驭,使之构成持续稳定的内驱力量,以保证认识活动过程的持续稳定性。

人是有情感的动物,在人的认识过程中始终伴随着一定的情感活动。因此,有学者认为,情感是推动主体进行认识活动的一种强大的内驱力量。但是,人的情感并不是一种纯净的和稳定不变的状态,而是一种极其复杂而又变动不居的综合系统。在品质上,它有积极与消极、肯定与否定之分;在强度上,它又有平静、热情和激情之别。现代心理学研究表明,不同品质、不同强度的情感,会对人的认识活动产生不同的影响,而且这些品质和强度在很大程度上与主体的内部状态和外部环境的变化直接联系在一起。因此,在认识过程中,随着主体的内部状态和外部环境的不断变化,人的情感体验往往也处于积极与消极、肯定与否定、强与弱、急与缓的频繁转变之中。这种转换无疑会变成一种干扰的力量,对主体造成心理扰动。这种心理扰动不仅会影响到认识活动的动力源泉的稳定性和认识过程的持续性,而且对认识的内容和结果也会带来一定的干扰,直接关系到认识活动能否顺利完成及完成的质量和水平。因此,如何发挥主体优良品质的情感在认识活动中的积极作用,避免不良品质的情感在认识活动中的消极影响,同时适度地把握好认识活动中的情感的优良品质,就成为认识过程能否稳定顺利地开展的关键,成为认识过程能否获得高质量和高水平结果的条件。这时人的意志的调节功能就显得特别的重要。由此可见,主体的意志在认识活动中的作用,不仅表现在采取决定的阶段,更表现在执行决定使认识目标实现这个阶段上。这就是说,意志能够调节主体的心理和行为去适应已确定的认识目的,以确保实现这些目的所需要的良好的内部条件。

意志在认识活动中的调节作用,是以确定的认识目的为根据,通过主体内部在认识过程中出现的各种情感反应的自我意识和自我评价,选择和控制自己的情感,调节自己的内部心理状态,主宰自己,为完成认识活动的目的提供一个良好的内在动力环境。认识主体的自制力,是认识活动中的意志调节的具体体现。自制力是主体控制自己的能力和技术,具体表现为主体善于使不合目的的心理状态服从自己。意志的自制力在认识活动中的作用的主要表现,就是对那些干扰或妨碍当前认识活动的消极情感,认识主体能以自制力予以压抑或排除,以减少和避免其可能对认识活动过程造成的不良影响。在认识目的确定之后,虽然主体的内部心理状态获得了统一,但这并非就能一劳永逸。在执行决定的阶段,往往是心理矛盾更加复杂、更加突出的阶段。在认识过程中,主体仍然没有脱离现实生活,各种内在的需要、欲望、情感和来自外部的诱惑,使主体不能产生各种新的愿望与动机。此时,只有通过意志的努力,排除不断产生的与主体目的不相协调的情绪与情感,促使主体保持比较稳定的心理状态,才能坚定不移地追求原定的目标。

认识主体执行决定的过程,也是一个困难丛生的过程。在认识过程中出现的种种困难和失败,可能会使认识主体在心理上产生挫折感等情感,挫折感往往可能导致其他一些消极的情感反映,引起主体在心理上和行为上的各种变化,如丧失对现有认识对象的认识兴趣和热情,失去认识信心和勇气,从而中断认识过程。反之,当认识活动取得一定的成功时,主体又可能滋生一些自满情绪,也会对认识过程的继续带来消极影响。只有意志力强的人,才能不断地调节自己的心理状态,做到"胜不骄、败不馁",百折不挠,克服那些影响认识活动正常进行的消极心理,坚持把认识活动进行到底。在认识活动中,意志的自制力不仅能抑制不合认识目的的动机和行为,而且能把那些对当前认识活动有利的情感调动起来,并能调节其强度,使之与认识过程所需要的唤醒水平相适应,从而构成认识过程持续稳定发展的内驱力。此外,当主体心理产生消极情感,使认识积极性受挫时,认识主体还可以凭借意志的自制力,克服消极情感,进行自我鼓励和激发,重新增强认识的信心和勇气,恢复认识兴趣和热情,使认识的积极性不断地得到提高。这种变消极为积极的过程是一个更加复杂的心理过程,比起单纯克服消极情感要困难得多,有时不能不带有很大的强制性,没有坚强的意志是绝对办不到的。

四、对行为的控制功能

包尔生说:"全部道德文化的主要目的在于塑造和培养理性意志,使之成为全部行为的调节原则。"[①]道德意志的魅力,一是它鲜明的道德目的性,另一个就是它的调控功能。道德目的是道德意志的价值指向,一个人在自己的生活中如果没有明确的生活目的和长远的价值目标,他就不会有道德意志;同时,道德目的如果没有道德意志的作用发挥,道德目的

---

① ［德］包尔生:《伦理学体系》,何怀宏等译,中国社会科学出版社 1988 年版,第412 页。

也就不能实现。道德意志正是通过对道德行为的调控来实现道德目的。

　　道德意志对个体道德行为的调控功能主要表现在以下几个方面:首先它促成了个体道德行为的实现。一个人的德性如何,必须通过行动来证明。说得再好,想得再美,没有实际行动,就没有真正意义上的道德。道德意志的作用就在于它能促使个人完成行为动机斗争,迅速将自己的道德认识、道德情感、道德信念转化为道德行为;其次,道德意志是调节道德行为的内在力量,它使个体的道德行为遵循道德意志的指令来实行。正是通过道德意志的作用,个人才能克服内部和外部的各种困难障碍,无论在顺境或逆境中,都能坚持自己认为正确的行为方式;①再次,监督道德行为的全过程,预测行为发展的结果,及时调整行为的行进方向,以实现道德行为的连续性、彻底性、稳定性和有效性,确保道德行为的善始善终。

　　道德意志对行为活动的调控是一种主体意志的自律,而不是外在的强力压迫,它是在一定道德目标的感召下,在道德责任或道德义务甚至是道德良心的支配下,面对困难和障碍时,主体的一种自我选择、自我决策、自我约束、自我控制,并且能够做到坚持不懈、勇往直前,直到实现理想目标。道德意志对行为的调控主要有两种形式:一是积聚积极的道德情感、信念去驱动行为,克服困难,清除障碍,实现目标,如英雄人物的杀身成仁、舍生取义的行为;二是抑制不正当的欲望和情感,克制自己的不道德行为,或排除妨碍实现道德价值目标的障碍和干扰因素,制止可能发生的不道德行为,如官员的拒贿行为、见义勇为的行为等。如果没有为行为定向、调节并克服障碍、抵御外在诱惑的道德意志,就没有什么道德的主体性和自觉的道德行为。无视意志的自主性,压抑主体的内在意愿,势必导致道德宿命论,甚至直接否定个体道德的存在。因此,道德意志在道德目

---

①　参见李肃东:《个体道德论》,华中理工大学出版社1994年版,第77页。

的的确立、决策、执行、自控等方面的功能是必须正视的。道德意志能够通过发动或抑制某些欲望、动机、情感,调动信念和理想的力量,为实现确定的目的作出积极努力。道德意志正如荀子所说的"自禁也,自使也,自夺也,自取也,自行也,自止也。"(《荀子·解蔽》)道德行为的自由,正是禁、使、夺、取、行、止之"在其自己"。因此,这还不只是"行其所当行,止其所当止","生其所当生,死其所当死",进一步应当是"行乎其不得不行,止乎其不得不止",甚至有时候要像孔子那样"知其不可而为之"。①

总之,在主体的对象性活动特别是在实践活动中,其意志努力和意志作用主要表现在:主体按照自己的愿望和要求,根据自己现实的能力和手段,从多样性的对象世界中有选择地确定自己活动的对象;在复杂多变的外部条件下,排除众多不利影响和刺激的干扰;以高度的注意力,通过发动或抑制某些欲望、愿望、动机、兴趣、情感等使之为达到某一目的服务,支配自己行动以使之符合目的的要求。特别是,当遭遇困难时,主体毅然直面困难,勇往直前;当价值目标发生冲突时,为了更为重要的需要、利益或更为高尚的目的,主体自觉地控制自己相对次要的利益和需要,甚至作出一定的牺牲。意志渗透于主体的一切对象性活动之中,它以主体的客观需要为基础,以主体对客体与自身的价值关系的认识为条件,直接控制着主体活动的发动与停止,调节着活动能量的强弱与速度,特别是激励着主体克服各种困难去争取活动目的的实现。②

五、对道德人格的塑造功能

"人格"一词被心理学、法学、社会学、伦理学等很多学科所广泛使用,伦理学所谈的人格是从道德意义上对人的道德境界、道德品质及其价

---

① 李肃东:《个体道德论》,华中理工大学出版社 1994 年版,第 98 页。
② 参见张明仓:《论意志在人的活动中的作用》,《东岳论丛》2001 年第 2 期。

值等方面所做的概括。"伦理学研究人格,仅仅与处在社会关系之中的、进行着社会道德活动的个人相联系,与人的本性相联系。所谓人格,就是指人与其他动物相区别的内在规定性,是个人做人的尊严、价值和品质的总和,也是个人在一定社会中的地位和作用的统一。"①道德人格是人的道德认识、道德情感、道德信念和道德行为习惯的有机结合,与人的道德意志紧密相连,相互渗透,同时又是人主体性本质在道德方面的集中体现。马克思、恩格斯曾经指出:"'特殊的人格'的本质不是它的胡子、它的血液、它的抽象的肉体,而是它的社会特质。"②

道德人格的形成与道德意志的人格塑造功能是分不开的。道德意志体现着人们自觉选择的做人范式,这是以认识到自己的道德责任和道德义务以及人生的价值和意义为前提或基础的,而道德责任或义务的确认、人生价值和意义的确认,首先是在人们的道德意志中得以完成的,或者说,是在人们的道德意志中得以整合和确立,并在实践层面上得以铺陈开来。道德意志作为个体道德意识的最深层结构和文化积淀,体现着人之为人的主体能动本质,体现着个体对人生、社会和世界的终极价值追求和终极关怀,道德意志必然表现为对人生价值和意义的设问、探索、追求和回答,制约和引导着人生的方向和道路。作为知、情、信等内在道德心理和外在道德行为统一与协调的纽带,道德意志本身就必然铸造一种道德人格的任务。

道德人格的形成根据是什么?是对道德法则毫不动摇的坚定信仰和绝对服从。人之所以高出其他动物,就在于人能摆脱自己的自然本性的干扰和自然规律的摆布,而有坚决服从自我良心或外在律令的意志,这就是内心的善良意志。善良意志使人对道德法则发出由衷的信服,并追求

---

① 罗国杰主编:《伦理学》,人民出版社 1989 年版,第 438 页。
② 《马克思恩格斯全集》第 3 卷,人民出版社 2002 年版,第 29 页。

崇高的道德目标,同时,善良意志又在实践活动中,使道德主体严格约束和规范自己,使人格保持自觉性、连续性、稳定性。可以说,只有具有意志自由和善良意志的人,才能说真正具有了人格、道德人格。人格、道德人格离不开人的尊严,而只有对道德法则的绝对信奉,才能保障人有人格,保障人有尊严。这里有两层意思,一是说只有对道德法则的信仰并践行道德法则的人格才值得敬重;二是说只有形成道德意志、道德人格的人,才可能怀有对道德法则的敬重。由此可以看到道德人格与道德意志的密切关系,看到道德意志对道德人格的奠基和维护作用。

道德意志对道德人格的意义又体现在个体责任的承担上,也就是一种"担当"精神。孔子的"杀身成仁",孟子的"舍生取义",顾炎武的"天下兴亡,匹夫有责",中国士大夫的这种自强不息、为国为民的使命感、责任感和坚强意志,是中华民族生生不息的精神纽带和力量源泉,是血与火浇铸的民族之魂。而有些历史人物因一念之差而失德败行,永远被钉在耻辱柱上。每个平凡的个体在日常生活中,实际上也承担着自我人生的责任,同样需要有信心、恒心和毅力,需要有自觉审慎的责任感和义务感。

六、对道德境界的超越功能

道德意志在本质上是个体在道德上的自我超越,这种超越主要内含着社会之我对个体之我的超越、精神之我对肉体之我的超越、理想之我对现实之我的超越、无限之我对有限之我的超越等方面,超越的标志是道德境界、人生境界的提高。由此可以看到,道德意志的主要功能之一就是自我的超越和道德境界的提升。道德意志为人们指出了一个有序的道德价值系统和价值目标,整合了人们的道德情感和信念,调控了人们的道德观念和行为。人们的道德意志越坚定,道德境界的提升就越快,道德的超越性也就越强。

道德意志的直接对象就是对道德观念和行为的调控,间接目标就是对道德理想目标的追求,而道德境界的高低是以人的道德理想目标及其所达到的程度来确定的,因而,道德意志本身和道德境界是密切联系的,其联系的中介就是道德行为和理想目标。道德意志一旦确立某一价值目标,必然要调动人的认知、情感、信念等因素,作出决策,制定方案,拟定计划,发动行为,并在实践中调控人们的行为去实现这一目标。

伦理学中的境界,就是指人们接受道德教育、进行道德修养所达到的程度。更确切地说,道德境界"是一种复杂的道德意识现象,是指人们通过接受道德教育和进行道德修养,所达到的道德觉悟程度以及所形成的道德品质状况和精神情操水平"①。道德境界与人生境界密不可分,在最高层次上二者是合二为一的。如在中国传统文化中,儒家所提倡的圣人、贤人、君子等不同的境界,既是不同的人生境界,更是不同的道德境界,"天人合一"的境界,既是人生的最高境界,也是人的道德上的最高境界。传统儒家思想中,孔颜乐处、大丈夫浩然气节、杀身成仁、舍生取义等,都是道德意志精神力量的高度张扬,在中国历史上产生了广泛而深刻的影响,激励过一代又一代的仁人志士。

冯友兰先生把人生境界划分为四个层次:自然境界、功利境界、道德境界、天地境界,这不仅是人生境界的水平层次,也是道德意志的水平层次。从道德意志的角度而言,道德意志越强烈、越崇高,其人生境界也就越高。处于自然境界的人,还缺乏自我意识,和动物差不了多少,做事只是顺着他的本能或社会的风俗习惯,没有主体的意志作用,更不可能有道德意志的影响,因此他所做的任何事情都没有道德意义;处于功利境界的人有了一定的自我意识,道德意志也起着决定和支配作用,但仅限于对自己有利的功利意义,其行为目的和动机是利己的,支配意志的道德原则是功利的,因此,不管其行为客观效果是不是利他,其道德境界也只能是功

---

① 罗国杰主编:《伦理学》,人民出版社 1989 年版,第 465 页。

利境界;达到道德境界的人具有高度的自我意识和明确的道德目标,具有鲜明而强烈的自我意志,而且在道德原则(一般为道义)指导下,运用道德意志支配和调控自我行为,他所做的事具有强烈的道德意义;天地境界是最高境界,如同中国古代所说的"天人合一"的境界,带有某种神秘主义的色彩。实际上,处于这种境界的人不仅在认识论上把自己作为社会的一员,而且把自己看成是宇宙的一员,其道德意志达到了完全自由的地步,意志自律和意志他律完全实现了和谐统一。

　　当前我国伦理学界,一般也把现阶段人们的道德境界区分为四个层次:一是自私自利的境界,二是公私兼顾的境界,三是先公后私的境界,四是大公无私的境界。这四种境界主要是根据人们如何认识和处理公与私的关系来划分,实际上也考量人们道德意志的成分。道德理想和目标低下,道德意志缺失或脆弱,不能控制自己私欲的人当然处于最低层次,处于自私自利的境界;有一定的道德目标,道德意志不是很坚定,常有犹豫,当损公肥私时心情有所不安,克己奉公时于心又有所不忍,处于第二种境界;处于第三种境界的人具有高尚的道德目标,道德意志坚定,能够控制各种欲望,先集体后自己,先他人后自己;处于第四种境界的人具有崇高的道德目标,道德意志具有极强的自主性、自觉性、自律性、自控性,能够做到毫不利己专门利人。① 人们应该摆脱第一种境界,并从第二种境界向第三、第四种境界不断提升。在不同的历史条件下,道德境界具有不同的层次,对不同的人有不同的要求。道德意志的强度和水平越高,人们的道德境界就会随之不断提升。

　　从直接意义上讲,道德意志是通过对动机整合与优化、道德选择与定向、道德行为活动与坚持、道德调节与控制等来完善自身人格的过程,意味着对自身不断改造和完善,是一个不断超越自身的过程。在间接意义

---

　　①　参见罗国杰主编:《伦理学》,人民出版社 1989 年版,第 214 页。

上,"改变自身也就是改变自己的社会"①,自我的超越也就意味着对社会的道德意义,即推动社会进步的社会道德创造和更新。这种创造和更新主要体现在两个方面:一是在新的、进步的社会道德体系中,个体运用自己的道德意志力量,维护、发展新的道德体系,达到新的道德境界;二是在旧的、落后的道德体系中,运用自己的道德意志力量,打破旧的社会道德的束缚和枷锁,创造出新的符合社会发展要求的道德境界。所以,无数个体道德意志的发展创造会带动整体社会道德水平的进步。

总之,道德意志对道德境界的提升具有重要意义。道德意志赋予人生以价值的内涵和意义,它在观念层次上体现为意志的努力,在实践的层次上,实现价值目标,并在这种认识和实践的结合中获得对象化的生命,并从中充分体验到人生的价值、尊严和幸福。

第三节 道德意志的运行过程

从性质上、从静态上考察,道德意志是内与外、知与行的联结桥梁,是从主观向客观、从特殊向普遍的过渡,是人的道德意识的能动要素。我们还要从动态上研究道德意志,把它作为一种运行过程并研究其组成这一过程的诸环节,从而全面地把握道德意志的特殊性功能和作用。道德意志作为外在形式就是实践精神的活动,就是内心的行动,就是力求使世界发生某种变化的心理过程:"理智的工作仅在于认识这世界是如此,反之,意志的努力即在于使得这世界成为应如此。"②

道德意志的过程大致可以分为两个阶段:采取决定阶段和执行决定阶段。前者是道德意志行动的开始阶段,它决定意志行动的方向,是意志

---

① 《马克思恩格斯全集》第 3 卷,人民出版社 1960 年版,第 235 页。
② [德]黑格尔:《小逻辑》,贺麟译,商务印书馆 1980 年版,第 420 页。

行动的动因;后者是意志行动的完成阶段,它使内心世界的期望、计划付诸实施,以达到某种目的。

一、采取决定阶段

采取决定阶段一般包含确定目的或目标、制订计划、心理冲突、作出决策等许多环节。目的是人的行动所期望的结果。在行动中,人期望要得到的结果,有时是明确的,有时则不一定是明确的。有时行动想要达到的结果只有一个,无选择之余地,这时确定目的不会产生内心冲突;有时则好几个可供选择的目的,确定目的会产生心理冲突,需要作出意志努力。目的确定之后,进一步就是要选择达到目的的行动方式和方法,拟定出行动计划。对于行动的方式、方法的选择,也有各种不同情况。有时只要一提出目的、行动的方式、方法便可以确定,这无须意志的努力。在通常的情况下,达到目的的方式、方法也要进行选择,比较各种方式、方法的优缺点及可能导致的结果。这时也可能产生内心犹豫不决;时而想采取这种方式、方法,时而想采取那种方式、方法,难以下决心拟订出行动计划。因而在确定行动计划、作出决策时也会产生心理冲突,也需要作出意志努力。

(一)确立目的或目标

意志开始于意向和愿望。所谓意向,是在需要的基础上产生的要求得到满足的一种模糊的心理倾向。它和愿望都是企求需要得到满足的一种倾向,但愿望是和这种满足所要求的具体目的和达到这种目的的方法相联系的,而意向则不具有这种明确地意识到的目的和方法,只是一种模糊的要求。因此,它不直接把人引导到满足需要的活动中去,而只是活动愿望发生的一种准备,在意志行动的发生中是一个不可少的阶段。意向有两种:一是肯定性意向,又称正向意向,促使人对某种事物接近、认同、保护、拥护、吸纳、助长、改造等模糊的心理倾向。二是否定性意向,又称负向意向,促使人对某种事物规避、放弃、限制、反对、拒绝、毁灭等模糊的心理倾向。①

意向只是初级的动机和模糊的目的,而愿望是在思想上明确地意识到并且企图实现的需要。它是一种趋向于一定目的的意向,总是指向未来能满足人的需要的某种事物或行动。愿望总是和目的、行动意义的认识联系在一起的。目的越明确,社会意义越大,人的愿望也就越强烈。②愿望也有积极消极之分,在伦理学意义上也有善恶之别。

没有意向和愿望的意志既不会运行,也不会现实地存在,意向和愿望一般都可以转化为目的。但是,意向和愿望本身还是一般的、没有规定性的普遍观念,它所追求的东西只是一种主观、抽象的形式而没有具体的现实内容。即使是善的愿望也仅仅代表着主体的向善的要求和求善的冲动,但这种善是什么,意志活动"应该"向何处发展,意向、愿望还只是主观性的东西,还没有与客观对接。意向和愿望还必须通过了解自身的要求和外在对象的特性,从而将意向、愿望具体化、特殊化、规定化、客观化,形成目的。

目的是对意向和愿望的整合与提升。从主观上看,只有人的愿望和目的符合客观规律,具有实现的可能性时,目的才会被确定下来;从客观上看,也只有人的愿望和目的确实符合客观规律时,目的才能在人的意志行动中得到真正的实现。目的是意志运行不可缺少的心理因素,它规定着意志的行动方向。没有目的也就没有人的意志可言。③

前文已经说明,道德意志首要的功能就是对目的的定向功能,因此,确立目的或目标就是道德意志运行的第一个环节。作为目的的善是一种相对于现实的理想,求善就是为实现这种目的和理想的追求,实际上就是

---

① 参见车文博主编:《心理咨询大百科全书》,浙江科学技术出版社 2001 年版,第157 页。

② 参见车文博主编:《心理咨询大百科全书》,浙江科学技术出版社 2001 年版,第91 页。

③ 参见时蓉华主编:《社会心理学词典》,四川人民出版社 1988 年版,第114 页。

道德意志主要的作用方式。道德意志的定向就是将意向和愿望中不符合目的的一些模糊、抽象、混乱、不合实际的东西剔除,使目的更明确、更具体、更清楚、更具有客观性。目的定向是道德意志过程的灵魂和核心,在意志运行中起着极重要的作用。目的越深刻(即社会意义越大)、越具体,则由这个目的所引起的决心和毅力也越大,就越表现出一个人的意志力量。相反,一个没有明确目的而盲目行动的人,往往会患得患失、斤斤计较,往往无德性可言。但是,目的的确立并不是件容易的事情。通常,一个人在行动之前往往会有几个彼此不同,甚至相互抵触的目的,因此需要对其进行权衡比较,根据目的的意义、价值、客观条件和自身特点而最终确定一个目的。一般来说,有一定的难度、需要耗费一定的意志努力之后才可以达到的目的,往往是比较适宜的目的,难度过小,不足以体现意志品质,难度过大,难以实现,但在特殊情况下克服高难度的道德意志活动,从而实现目的,应予以特殊的赞美和推崇。

(二)动机斗争

人的意志运行是由一定动机引起的。动机是引起人去行动的原因,它激励人去确定行动目的。所以要了解一个人的行动,不仅要了解一个人的行动目的,同时还必须了解一个人行动的动机。事实上,不同的人或同一个人在不同时间、不同地点,从表面上看,其行动目的似乎一样,但是决定这些目的中,动机几乎是直接导向行动。在另一种情况下,当一个人牢固地树立了一种高尚的价值观,剔除了自私自利的动机,即使在生死关头、存亡之际,他也会毫不犹豫地贡献出自己的生命。英雄行为,绝不是短暂的偶然冲动所决定,而恰恰是长期巩固了的高尚的动机所决定的,如水银泄般地欢畅地流溢。①

----

① 参见北京师范大学、东北师范大学等编写:《普通心理学》,北京师范大学出版社2006年版,第487页。

　　动机的斗争,是道德意志的主要内部障碍,它表现在人的内心中对两种或两种以上的愿望加以赞成或反对的权衡过程。意志行动中的动机斗争是指动机之间相互矛盾时,对各种动机权衡轻重,评定其社会价值的过程以及解除意志的内部障碍的过程。从动机斗争的内容来看,它分为原则性动机斗争和非原则性动机斗争。凡是涉及个人愿望与社会道德准则相矛盾的动机斗争属于原则性动机斗争。例如,当涉及国家、集体、个人三者利益的矛盾时,如何摆正自己的位置,解决这类原则性动机斗争,就要经过激烈的思想斗争,因此也最能体现出一个人的意志品质。一个意志坚强的人善于有原则地权衡和分析不同的动机,及时地选择正确的动机,并确定与之相应的目的。意志薄弱者则会长久地处于犹豫不决的矛盾状态,甚至确定目的以后,也不能坚持,并且还会受到其他动机的影响而改变。凡是不与社会准则相矛盾仅属个人爱好、兴趣、习惯等方面的动机斗争则属于非原则性的动机斗争。例如,休闲时间是看电影或看小说还是复习功课时,先做数学题还是先念外语单词等并不涉及原则,也不会有激烈的思想斗争。当然,在对两种活动孰先孰后的选择在某种程度上表现一个人的意志力水平,即是否能根据当时的需要毅然决定取舍。

　　就动机斗争的形式来说,可以分为以下四种:①

　　第一,双趋冲突指一个人以同样强度追求同时并存的两个目的,但又不能兼得时产生的内心冲突。孟子的"鱼与熊掌难以兼得"的动机冲突就是一种典型的双趋冲突,解决的方法是放弃一个目标,求取一个较重要的目标,正如人们通常所说的"两利相权取其重",或者同时放弃这两个目标而追求另一个折中目标。

　　第二,双避冲突指一个人同时遇到两个威胁性的事件,但又必须接受其一始能避免其二时的内心冲突。此时,由于选择的困难而使人困扰不

---

　　① 参见张履祥:《普通心理学》,安徽大学出版社 2002 年版,第 333—335 页。

安、左右为难。例如,孩子得了龋齿感到痛苦,但又不肯就医,因为害怕治疗带来的恐惧。此时,牙痛和治疗都想回避,在他看来两者都是一种威胁,都想逃避,但他又必须选择其一,才能躲避其二,人们一般选择"两害相权取其轻"。

第三,趋避冲突指一个人对同一目的同时产生两种对立的动机,一方面好而趋之,另一方面恶而避之的矛盾的内心冲突。例如,想做好事,又怕别人讥笑;想参加竞争,又怕失败。一般情况下,越是接近目标,想要达到这一目标的愿望越强烈。同时,回避目标的愿望也相应地增长,而且回避目标的强烈意愿程度的增长比接近的要增长得更快。研究表明,趋避冲突在心理上引起的矛盾冲突的后果最严重,因为它会使人在较长时间内一直处于对立意向的冲突中,从而导致行动的不断失误。

第四,多重趋避冲突指一个人面对两个或两个以上的目的,每种目的都具有吸引和排斥作用,而不能简单地选择一种目标,回避另一种目标,必须进行多重的选择而引起的内心冲突。一般来说,如果几种目标的吸引力和排斥力相距较大的话,解决这种内心冲突比较容易;如果几种目标的吸引力和排斥力比较接近的话,那么,解决这种内心冲突就比较困难,并需要用较长的时间考虑得失和权衡利弊了。

个体的意志力量正是通过动机斗争,从而正确地树立行动的目的才得以体现。各动机间的矛盾越大,斗争越激烈,需要确定目的而作出的意志的努力也就越大。道德意志的力量在这一阶段,恰恰表现在正确地处理动机斗争,选择正确的动机,确定正确的目的。

解决动机斗争,最终必须以动机斗争的性质为转移或转向。若动机斗争的性质是非原则的,可以根据实际需要的轻重缓急而迅速作出决定。如果动机斗争的性质带有原则性冲突,则必然引向两种思想斗争,善与恶的博弈、高尚与卑鄙的缠斗,不是东风压倒西风,就是西风压倒东风。道德意志坚强的人,对于原则性的动机斗争会毫不犹豫地、坚定不移地使自己的行动服从于社会道德标准、服从于集体的和国家的需要,总能用高尚的道德动机战胜个人的自私自利的动机;而对非原则性的动机斗争也总是根据当时需要的程度而毅然作出决定。道德意志薄弱的人,无论对于何种动机,往往会犹豫不决,摇摆不定,对于原则性的动机斗争,不良的欲望、爱好和个人自私自利的动机常占上风,不能使自己的行动服从于集体的或国家的需要,或在作出决定后,常常改变主意,朝秦暮楚、朝三暮四。

（三）选择方法和手段

目的确立后,如果是简单的道德行动,一般不需要采用什么方法和手段。但复杂的道德活动,期间会遇到各种阻力和困难,就要选择行动方法和策略,如能选择出合理的优化行动模式,就能促使目的顺利实现,如选择不当就可能导致目的失败。此时,选择行动方法和手段,克服实现目的过程中的困难,就成为意志的首要任务。方式与手段的选择过程中也需要有意志努力,如分析比较判断每种方法手段的优缺点,预测判断各种方法手段可能导致的结果,解决在选择方法手段的过程中的动机斗争。例如,学生在考试或完成作业时,是抄袭别人的呢？还是经过自己的努力作出答案呢？在帮助别人的过程中,是用自己口袋的钱呢？还是挪用公款呢？如此等等。所以,选择行动方法手段,制订行动计划,是一个意志过程,因为它不只是一般理论上的考察,而是实际行动的准备。

多种因素会影响方法的选择:一是个体的认识水平。方法往往是一个人的认识、感情等多种心理机能的综合产物。认识水平越高,人们越容易找到科学、简便、有效的方法,认识水平越低,人们越难找到好的方法。二是动机的水平。高尚的动机激励人们采取正大光明与合理的方法;被邪恶、卑微动机左右的人,往往"不择手段"、投机取巧去达到目的。三是个人的阅历经验。凡阅历不足、经验肤浅的人,难以选择现代化手段和科学的方法,阅历和经验使人更容易找到方法。选择方法手段既要考虑到主观的必要性,又要分析客观的可能性;既要考虑符合最小代价、最高效率、最好效应的有利原则，又要符合社会道义、政策、法律、信仰及客观规律的有理原则。

（四）作出决定

作出决定就是根据目的决定行为的最优方案，实质上是一个决策过程。决策贯穿在采取决定阶段的动机冲突、确立目的、制订计划的全过程。决策是意志行动中的重要成分。在整个决策过程中，人的心理过程和个性特征都起着一定的作用。在决策实行之初，必须探讨目的实现的意义、价值及其各种方案，同时搜集各种情报，从中选出一种最可行和最有前途的方案。在决策的执行阶段，必须建立一套信息反馈系统，以便有效地修正行动，使目的顺利地达到。

作出决定的过程中就要求意志的果断性。果断是迅速而合理地采取决定的意志能力。如果在各种动机之间，在不同的目的、手段之间摇摆不定，迟迟做不出取舍，那是优柔寡断的表现，如果采取决定缺乏合理性，不经深思熟虑就贸然抉择，那是鲁莽草率的表现。优柔寡断和鲁莽草率都是意志薄弱的特点。

二、执行决定阶段

作出决定，还必须实施决定。黑格尔说得好，意志决定必须能够实现，"否则这种志向就等于零。单纯志向的桂冠就等于从不发绿的枯叶"[①]。道德意志从愿望开始，经过目的、动机斗争和决定，而到执行，从而完成了意志的全部历程。意志过程的最终目的在于改变现实，只有执行所采取的决定，才能够达到预定的目的。如果只停留在决定上而不付诸执行，那就没有意志行动了。

因为此前的意志能否得到实现，是否具有道德价值和意义，都取决于

---

① ［德］黑格尔：《法哲学原理》，范扬等译，商务印书馆1961年版，第128页。

执行的情况怎样。执行不是蛮干,而是按照计划有目的地执行;但执行通常不会一帆风顺,期间会遭遇各种主客观困难和障碍,因此,执行更需要意志自主、自决地调整自己,尽一切努力克服困难,消除障碍。意志努力的程度取决于主体的道德境界和对执行的道德态度。境界高且对执行活动十分执着的人,即使遇到困难也会坚持不懈,不达目的誓不罢休。因此孔子说过,世界上真正完善的人是不存在的,但只要不懈地努力,按照自己的道德决定去执行就会逐渐地完善起来,"善人吾不得而见之矣,得见有恒者,斯可矣"(《论语·述而》)。相反,境界不高、信念不强的人,面对困难要么产生畏惧,要么听之任之,致使意志努力不够,甚或放弃、中止自己的活动,成为"半截子"的意志活动。①

执行决定是意志行动的最重要环节。因为即使在作出决定时有决心、有信心,如果不见之于行动,如果不执行到底,这种决心和信心依然是空的,意志目标也就不能实现。执行主要有两种形式:一是采取积极举动来达到的外部行动形式;二是制止那些不利于达到目的的外部行动的形式。执行决定,常要求更大的意志努力,因为会遇到如下种种困难和矛盾:②

1. 执行决定时遇到的困难,要付出大的努力而与个体已形成的消极的个体品质(如懒惰、骄傲、保守、坏习惯等)或兴趣爱好发生矛盾,从而使决心和信心发生动摇。

2. 在作出决定时虽然选择了一种目的,其他目的仅受到暂时的压抑,但仍然很有吸引力。在执行决定的过程中,暂时受到压抑的期望又可能重新抬头,产生了新的心理冲突。

3. 在执行决定的过程中,还可能产生新的期望、新意图和方法,它们

---

① 参见姚心中:《道德活动论》,中国人民大学出版社 1990 年版,第 189—190 页。
② 参见彭聃龄:《普通心理学》,北京师范大学出版社 1988 年版,第 337 页。

也会同预定的目的发生矛盾,令人踌躇,干扰行动的进程。

4.有时在作出决定时没有考虑到各种主客观条件,没有预见到事物的发展变化,在执行决定时遇到新情况、出现新问题,而人又缺乏应付新情况、解决新问题的知识和技能,也可能使人犹豫不决。这些矛盾会妨碍意志行动贯彻到底。只有解决了这些矛盾才能将意志行动贯彻到底,达到预定的目的。①

而克服困难就需要积极的意志努力,意志就表现在克服内心冲突、干扰及外部的各种障碍上。意志努力在这一环节上常常会表现为:第一,在实现所作决定中必须承受的巨大体力和智力上的负荷;第二,必须克服原有知识经验及内心冲突对执行决定所产生的干扰;第三,在意志行动中一旦出现新情况、新问题与预定目的、计划、方法等发生矛盾时必须努力作出果断决断;第四,在意志行动中遇到来自外部的预料不到的情况时能够咬牙坚持;第五,个性品质或情绪影响与执行决定相冲突时,能够控制和克制,从而顺利执行所作的决定;第六,在克服困难,实现所作出的决定的过程中,还要根据意志行动中反馈的新情况来修正原先的行动方案,放弃不符合实际情况的决定,以便更好地达到目标。②

道德意志主体对困难的克服,需取决于以下几个条件:第一,崇高的理想、坚定的信念和正确的世界观是有效地克服困难的基本条件。理想、信念和世界观也是个体生活的道德准则。当人具有清晰而正确的道德准则,并坚信这些准则的正确性时,就能够坚定地同困难作斗争。这一点在革命英雄人物身上表现得特别明显。第二,行动目的的道德性质对于困难的克服有着重要的意义。具体道德意志行动所提出的目的(如为国家民族的利益)愈重大、愈具有社会意义,就愈能激发主体的意志,当然,这

---

① 参见张履祥:《普通心理学》,安徽大学出版社 2002 年版,第 337 页。

② 参见张履祥:《普通心理学》,安徽大学出版社 2002 年版,第 337 页。

个目的应当有现实基础并符合客观规律。第三,对目的后果的认识和情感体验也有利于克服困难。对于实现目的所带来的结果的深刻认识和强烈向往,以及自身的使命感、责任感、满足感、自豪感、荣誉感等情感体验,都会激励着个体去克服困难,产生不达目的誓不罢休的决心、信心、恒心和毅力。第四,必要的知识技能、对主客观条件的正确分析,有效的克服困难的方式、方法,一定的外在环境,是意志战胜困难的必要条件。

当意志由观念转化到行为,由内在显现为外在,道德意志就变为道德行为,而且是一种意志行为,也就是在不断的意志行为活动中,个体道德意志不断得到强化、巩固,在实现目的的过程中,个体的道德意志品质得以形成。优良的道德意志品质,正是在克服困难的实践中锻炼和培养起来的。

第六章　道德意志品质

“咬定青山不放松，立根原在破岩中。千磨万击还坚劲，任尔东西南北风。”这是清代诗人郑板桥的著名诗歌《竹石》。本诗正是以拟人化的手法对人们良好意志品质的描述。竹子抓住青山毫不放松，它的根牢牢地扎在岩石缝中，千种磨难万种打击，仍然坚韧挺拔，不管刮的是什么风。诗以言志，人们会从竹子感悟到生命的顽强与坚韧，升腾起意志的激情。古往今来，要想坚守德性或取得成功皆非易事，都需要具备勇敢、节制、审慎、弘毅的意志品质，都需要有自觉抵制不良嗜好与欲望的定力与自制，都需要有克服困难、应对危险的勇气与审慎。

第一节　勇　敢

一、勇德的词源学考察

正确把握勇德思想，就应从“勇”的词源学进行考察。

“勇”其文字最早见于商朝的金文，主要有两种。其一：从力，甬声，作“勈”。金文写作“”，“”+“”。因“甬”字在古文中与镛字相通，所以其本义是指大钟。“甬”加“力”形象的表示为强有力的手臂，代表了在人类生存斗争中起关键作用的强有力的壮丁。其二，从戈，甬声，作“甬戈”。金文写作“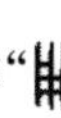”，“”+“”。采用“用、戈”会义，暗指敢于作战的勇士，表达在奴隶社会中对勇武之士无所畏惧的推崇。春秋战国时期通行于秦国的籀文把“勇”写作为“”（恿），以“心”取“力”，使勇从心。勇字

从左右结构调整为上下结构,从"力"从"戈"演变为从"心",表达出勇并非生理上、身体上的力量,也绝非蛮力的滥用,而是这种力量服从于心智的要求,跟"心"密切相关。

从"勇"的字形演变可以看出,人们对勇的认识和认可经历了从生理之勇到心智之勇的转变。墨子把"勇"看作心智之敢作敢为。由此我们既可以把勇看作是具有强壮体力,敢作敢为,胆大无惧的行为能力,也可以看作是由"心"发出的一种精神力量和意志理念。

从词源学的角度考察,一般来说,勇敢的内涵及特征有以下几种解释:

勇敢。意为有勇气、有胆量、敢于做,是一种精神力量和意志品质。《尚书·仲虺之诰》中说,"有夏昏德,民坠涂炭,天乃锡王勇智,表正万邦,缵禹旧服"。仲虺认为上天赐给大王勇气和智谋才取得胜利。"勇"经常和"敢"合在一起使用,代表一种敢作敢为毫不畏惧的气概。孔子为恢复周礼周游列国,孟子为施行仁政舍生取义,这些无不体现了先哲在追寻理想道德人格和仁政社会的道路上勇的精神气质。

勇猛。意为勇敢而有气力,引申为英勇而有力的人。一般说来勇猛同勇力,勇"从力"。由于古代生存环境的恶劣,古代先民们对勇猛而又有力气的人特别崇拜。《朱子语类》卷四十三:"善人只循循自守,据见定,不会勇猛精进,循规蹈矩则有余,责之以任道则不足。"

勇决。意为勇敢而果决。包尔生指出:"人的勇敢在于:当面临外界的攻击,或处于危险之中时,既不盲目的逃走,也不盲目的冲进危险,而是保持镇静,仔细冷静地研究情况,运用头脑来思考和判断,然后果断有力地作出究竟是去抵抗进攻,还是防御退却的决定。因此审慎构成了勇敢的重要部分。"①

① [德]包尔生:《伦理学体系》,何怀宏等译,中国社会科学出版社1988年版,第423页。

所以真正的勇敢必是包含了理性智慧的道德行为《礼记·乐记》:"临事而屡断,勇也。"由此,勇决即为意志坚决而果断。

二、勇德的基本内涵

在古希腊时期,"勇"是"智慧、勇敢、节制、正义""四主德"之一。在中国古代,孔子把勇纳入"三达德"之一;孟子把勇分为了"义理之勇"和"匹夫之勇";荀子把勇分为四个层次:"狗彘之勇"、"贾盗之勇"、"小人之勇"和君子之勇。他们都把作为美德的"勇"与鲁莽蛮干、恃强凌弱的"勇"做了区分,共同推崇一种具有德性的勇。总的来说,勇敢的伦理学内涵包括以下几个方面:

首先,临危不惧。子曰:"勇者不惧。"孔子把不惧作为判断勇者的首要标准,认为真正勇敢的人是不惧的。不惧指遇到困难,危险等处境时所表现出来的不畏惧,不慌乱,不怯懦,事不避难,勇于担当。孟子说:"志士不忘在沟壑,勇士不忘丧其元。"(《孟子·万章下》)勇士不害怕在战争中丢掉首级。朱子在《孟子集注》中注"志士固穷,常念死无棺椁,弃沟壑而不恨;勇士轻生,常念战斗而死,丧其首而不顾也。"表达了勇士在面对战争时的不惧和义无反顾。孟子推崇"富贵不能淫,贫贱不能移,威武不能屈"的"大丈夫"之道德人格,认为在必要时舍生取义、杀身成仁。儒家认为面对战争、政事临危不惧是勇士的必备条件,勇德与保卫国家、维持社会安宁及个人克服挫折战胜困难等有机地结合在了一起。

虽然儒家勇德受"尚勇"风气影响,但勇德之不惧并不是胆大妄为,肆无忌惮。荀子曰:"悍惹好斗,似勇而非。"真正的"勇"还应坚守底线,持节不恐。一个勇敢的人怕他应该惧怕的,他所惧怕的就是意识底线,即社会广泛认可的社会道德标准。也就是说当遇到危难、困苦、威逼、利诱等处境时一方面有克服困难的勇气,另一方面也要坚守正义、保持节操,不鲁莽行事,克制住自己激情的勇气。勇猛无比而无所畏惧,就是一种贪婪;恪守信用而不受人尊敬,是由于喜欢独断专行。这些都是小人所干的,是君子所不干的。由此可见儒家反对那种不顾后果、逞强斗狠、悍勇蛮干的勇,他们所倡导的不惧之勇是有所畏惧之勇,是符合一定的道义原则之下的勇。

其次,理智果断。办事行动果敢决断,不迟疑不优柔寡断,是勇者在进行行为选择时的集中体现。《礼记·乐论》曰:"临事而屡断,勇也;见利而让,义也。"遇到突发事情能果断作出决断,是勇敢的表现。果断是行勇的基本之义,也是勇德的基本内涵。《尚书·周官》:"戒尔卿士,功崇惟志,业广惟勤,惟克果断,乃罔后艰。"孔颖达注疏:"惟能果敢决断,乃无有后曰艰难。"只有做到有决断、不迟疑、不犹豫,才可以没有以后的艰难。可见果敢决断,善于当机立断,勇于毫不犹豫地作出行为决策,并敏捷地思考行动的动机、方法、步骤,清醒地估计可能出现的结果,避免以后出现的困难,表达了勇德的效能性,体现了勇德的意志品质。

真正的勇德表现为在紧急状态下迅速作出有效的行为反应,而不是优柔寡断患得患失,但"果断"不等于"武断",更不是草率武断,轻举妄动,而是在理智指导下的果敢决断。"作为道德范畴的审慎乃是道德理性的集中体现,包含个体德性和道德思维两个层面,二者在道德实践中实现统一。""人们在实践中运用自己的认知能力,全面考察行为所处的环境、手段及后果的道德正当性。经过反复实践和道德教化,这种能力逐步内化为个人道德品质。违背审慎的冲动不仅会造成无可挽回的消极后果,还要受到公众和良知的谴责……审慎美德决定人们能否做到既有效地行动,又不违背行为所遵循的道德规范。审慎作为理智的思维,判断行为的正当方法,内含对恶的省察与排除。"①勇德之果敢和理智是分不开的,离开理智一味地果断略显鲁莽,而离开果断过于强调理智又会颇显优

---

① 程立涛:《论审慎之道德维度》,《学术论坛》2005 年第 2 期。

柔寡断,可能会贻误战机。"作为理智的审慎表现为人类对自身理解力、判断力及行为后果的道德化批判。"①所以,由理智指导下作出的果敢判断,才是不断克服困难和挫折的意志品质。

由此,我们可以看出目的的高尚也是"勇"的表现形式,使勇德不仅仅是一种道德德目和道德品质,更是一种为正义可视死如归的浩然正气。这样"勇"在目的"义"的引导和规范下,成为人们追求的道德德性、恪守的道德规范、付诸实践的道德实践。

儒家勇德伦理思想强调自身道德意志的前提下,追求自身道德品质的完善,注重道德践履,以达到理想的道德人格,在春秋战国时期形成了非常丰富的思想深度,这种临危不惧、不怕艰辛、坚忍不拔、舍生取义、视死如归的观念,是儒家贡献给中华民族的一份积极的精神财富,其不但造就了无数具有勇德精神的正人君子,也影响中华民族几千年的人格塑造和民族性格。

三、勇德的当代价值

"勇"作为一种德性,并不是自然形成的,它是在学校和社会不断教育和学习中培养和提升的。随着现代文明的发展,物质条件的改善,"勇德"的作用也在慢慢地弱化,"勇德"的价值与意义也有了新的内涵。但人们在公共生活中却变得越来越麻木不仁,对别人的困难袖手旁观,对别人的求助也拒之千里;对自己的行为害怕承担责任,在生活中对自己不自信,在学术上不敢开拓进取,使得现代人很容易变得畏手畏脚,滋生利己主义、个人主义、享乐主义。这种尴尬的道德处境,无时无刻不让我们深思。在社会主义道德建设中应有必要大力倡导勇德,才能在遇到各种处境时能毫不退却,永不气馁,勇往直前,勇于承担责任。在现代社会倡导

---

① 程立涛:《论审慎之道德维度》,《学术论坛》2005 年第 2 期。

勇德,其重要性和必要性表现在以下几个方面:

第一,勇德是个体生命尊严和价值的体现。尊重生命体现在对自己和他人的爱护,对美好生活的向往,忍受压力和困难,勇敢地生活下去,这是勇德的人文关怀和生命关怀。然而,在当代社会中经常会出现道德怯懦现象。面对生活中的压力和挫折,选择自暴自弃、沮丧消极、绝望厌世,甚至自杀,完全忘了"身体发肤,受之父母,不敢毁伤"。这些都是对尊严的亵渎,对生命的不尊重。尊重生命,敬畏生命,才符合真正的勇德。蔡元培指出:"人生学业,无一可以轻易得之者。当艰难之境而不屈不沮,必达而后已,则勇敢之效也。"①人生之路同样如此,遇到压力挫折,要靠雄健的"勇德"冲过去,学会忍受误解和烦恼,承受苦难和不幸,最终战胜压力和绝望,当然这并不是含垢忍辱苟且偷生,而是要知道生命才是最宝贵的,然后深思慎取,勇于迎难而上,最终让生命更坚强。

第二,勇德是个人正义的张扬和社会正义的呈现。见义勇为体现为见到符合正义的事情勇于去做,并敢于承担责任,这是人的本质的重要体现,体现着一个人的道德责任感和社会正义感,也是"勇德"在道德实践中的重要体现,从而使道德勇气的执行成为可能。然而在社会公共生活中,很多人看到行人车祸、打架冲突、公交偷盗等行为漠然视之,袖手旁观;对社会存在的问题怨天尤人;对遇到的不文明事情避而远之不去制止,徒然慨叹社会道德沦丧。这些人有是非观念,也有道德判断能力,然而却不能自觉地制止,不能自愿地履行道德行为。归根到底是缺乏道德勇气,害怕惹麻烦招报复,怕承担责任。见到符合正义的事要勇于去做,体现着一个人的社会责任感和历史使命。孔子曰:"见义不为,无勇也。"(《论语·为政》)在社会生活中应当表现为勇于承担自己分内之事,敢于承担后果,承担责任,同时能发扬人道主义、匡扶社会正义、肩负国家荣

---

① 蔡元培:《中国伦理学史》,商务印书馆 2000 年版,第 76 页。

辱。孔子曰："当仁,不让于师。"(《论语·卫灵公》)孟子曰:"如欲平治天下,当今之世,舍我其谁?"(《孟子·公孙丑下》)这种见义勇为不仅仅是舍己为人,奋不顾身的行为,更是在更高层次上的一种社会责任感、历史使命感以及正义感的外在体现,是一种敢于担当道义、有家国情怀的高贵品德,是我国在和谐社会中应当大力倡导的一种道德精神。唯有认识到并肩负起自己的使命,勇于承担自己的责任,维护正义、抵制邪恶、勇于承担,弘扬主旋律,社会才能不断进步并达到和谐。

第三,勇德也是个体"有耻且格"的德性进养之路。"有耻且格"一词出自《论语》,指有勇德的人能够有羞耻之心,能正视自我,剖析自我,不断改过,积极向善。有无耻辱之心成了划分勇与非勇的一个准则。人的认识过程纷繁复杂,犯错在所难免,贵在知错能改。然而在现代生活中很多人炫美炫富,仇官仇富,偏执固执,不辩荣辱,无羞耻之心,不能正确地认识自己,不能正视错误,也不改正过错,弥补过失。这些也都是勇德精神的缺失。知错能改,去恶向善既是个人行为做事的重要要求,也是有勇者重要的道德表现。知错能改,善莫大焉。人知道了自己身上不好的一面,向好的方向转变,克服自己的私心和邪念,改正自己的缺点和不足,追求德性和善念。有勇德之人,应是欢迎别人对自己批评,敢于自我批评,同时不断地改正错误,内心有股向善的力量,推动个人向高层次发展。

第四,勇德也是个体人格境界水平的体现。在现代生活中,特别是中国改革开放以来,中国处在由传统向现代化转型阶段,在市场经济的洪流中充满着权钱声色的威逼利诱,面对来自外在环境的贪污腐败、弱肉强食、见利忘义、损公肥私、投机取巧、溜须拍马等考验时,坚守道义、严于律己、人格独立、保持底线,贵在律己慎独同样是勇的表现。"律己"要求不管面对何种诱惑一定要克制把握好自己,"慎独"指在无人监督时按照自己的道德规范不做有违道德信念的事情,独处时依旧谨慎不苟。《礼记·大学》:"此谓诚于中,形于外,故君子必慎其独也。"这就要求面对发生的任何事请都要坚守道义,坚持真理,做到"富贵不能淫,贫贱不能移,威武不能屈",所以律己慎独不仅仅是一种坦荡情怀,更是一种更深内涵的道德修养。"人格独立"是勇的重要体现,指道德主体在进行道德选择时,基于对道义的认识,对自我意志的追求,保持自我思想独立,不屈服于权贵等外在压力的威逼利诱。蔡元培说:"勇敢之最著者为独立。"①做一个人格独立有勇气的人,要求能够根据道义良知,进行自我决断,匡扶正义,传播善念,净化风气,不迷信偶像崇拜,不盲从圣人之言,不屈服权贵压力,不顺从风俗恶习,使独立之人格在现代社会"出淤泥而不染,濯清涟而不妖。"由此可见律己慎独,人格独立,对预防腐败,提高修养,维持正义,净化风气,抵制歪风恶俗有着重要的意义。

第五,勇德也是探求真理的精神支撑。子曰:"知之为知之,不知为不知,是知也。"对于任何事物懂了就是懂了,没懂就是没懂。做学问是这样,做人做事也应该这样,有老老实实的态度,对待任何事物都要实事求是。追求真理的人应具有一定的勇德,有面对问题的勇气,有去伪存真的勇气,有直面挫折的勇气,才能坚持到底,探索到真理。千百年来人类为了寻求真理,以坚忍不屈的意志抗争命运,不畏艰难,迎难而上,甚至献出生命。在人类发展史上,司马迁为实事求是地记录历史,遭受宫刑依然完成《史记》;布鲁诺因为坚持"日心说"献出生命;毛泽东从中国实际出发,取得了革命的胜利。这些都是以"勇德"为支撑,没有这种敢于牺牲的"勇德",就不能实事求是,求真务实,将真理进行到底。

最后,勇德也是社会创新发展的动力。创新就是不断扬弃,不断推陈出新。创新是一个国家兴旺的不竭动力,其本身需要创新主体的不竭动力。不管在哪个领域创新都会遇到重重的阻力,不管创新者最后是成功还是失败,都需要创新者以大无畏的勇气,来面对质疑和嘲笑,坚持自己

---

① 蔡元培:《中国伦理学史》,商务印书馆2000年版,第77页。

的理念。创新之路艰险困难,必须勇敢面对,只有勇于冒险,勇于创新,才能推动社会的进步。

第二节 节 制

一、节制的传统含义

"节制"作为一种德性源于古希腊"σωφροσύνη"一词,《尼各马可伦理学》的译者苗力田、廖申白解释说:"它意味着明智、适度、谨慎、高雅、体面,包含了道德德性的所有这些与明智相关的含义。"并认为"柏拉图与亚里士多德的讨论都显然是把'σωφροσνη'看作是健全的心灵对快乐的控制"。① 就是说,"节制"德性在早期指健全心灵、人的意志对快乐的控制。在苏格拉底之前,节制德性的根据是外在的神或城邦,城邦法律是主要的行为标准。至苏格拉底时,开始主张强调节制德性的内在根据——逻各斯,即意志遵循逻各斯的原则对情欲进行节制。《理想国》节制被定义为"一种好秩序或对某些快乐与欲望的控制"②。苏格拉底解释到,在人类的心灵中,"有一种较好的原则,也有一种较坏的原则,如果好的原则控制了坏的原则,那么就可以说,这个人是自己的主宰"③。亚里士多德在《尼各马可伦理学》中进一步阐明,作为节制依据的"较好的原则"就是逻各斯。他说:"节制的人欲求适当的事物,并且是以适当的方式和在适当的时间,这也就是逻各斯所要求的。"④近代西方伦理学家对节制的理解更加突出了意志在理性的指导下对情欲的内在约束力。如斯

---

① [古希腊]亚里士多德:《尼各马可伦理学》,廖申白译,商务印书馆2003年版,第88页。

② [古希腊]柏拉图:《理想国》,吴献书译,商务印书馆1986年版,第150页。

③ [古希腊]柏拉图:《理想国》,吴献书译,商务印书馆1986年版,第150页。

④ [古希腊]亚里士多德:《尼各马可伦理学》,廖申白译,商务印书馆2003年版,第94页。

宾诺莎认为："节制是对生命冲动的一种自愿的调节，是对我们的生存能力，尤其是我们的内心对情感或欲望的非理性冲动的控制能力的合理肯定。"

在中国古代，"节制"一词原指外在的制度规范，如"秦之锐士不可以当桓文之节制，桓文之节制不可敌汤武之仁义"。（《荀子·议兵》）段玉裁《说文解字注》解释"节"为："竹约也。约，缠束也。"①引申为节省，节制，节义字。"制"指："裁也。裁，制衣也。制，裁衣也。此裁之本义。一曰止也。前义可包此义。"可见"节"与"制"多指外在的约束、裁制。尽管我国古代的道德范畴中没有明确地将"节制"作为一种德性提出，但与之内涵相近的提法却不少。如《礼记》中："丧不过三年，苴衰不补，坟墓不培，祥之日，鼓素琴，告民有终也，以节制者也。"②孔子的"克己复礼"等。总的来说，宋以前关于节制的讨论主要体现在"以礼防情"。宋明理学的"理欲之辨"极大丰富了中国古代关于节制思想的讨论，如周敦颐的"无欲则静虚动直"（《周敦颐集》）程颐的"灭私欲则天理明矣"（《二程集》）等。更重要的是，这些讨论将节制的根据从"以礼节情"的外在规范深入到"天命之性"的内在根据。心性论的构建使得节制有道德意志作为内在根据，理气论赋予节制坚实的本体论根据，功夫论的讨论进一步为节制的具体实践提供了指导。

罗国杰将节制作为中国传统道德的基本规范之一，通过对古代不同时期的思想家关于节制思想的论述，概括得出节制的定义："所谓节制，就是按照道德要求和原则，控制或限制自己的情欲和行为。"③并将传统节制思想的内涵总结为五个具体的方面，包括"遵从礼仪、守正祛邪、行为有度、取用有节、自主自制。"通过对中西古代思想家"节制"这一德性

---

① 汤可敬：《说文解字今释》，岳麓书社 2001 年版，第 617 页。
② 杨天宇：《礼记译注》，上海古籍出版社 2004 年版，第 855 页。
③ 罗国杰：《中国传统道德规范卷》，中国人民大学出版社 2012 年版，第 152 页。

或道德规范解释的梳理,可以总结出,节制就是人的意志在理性的指导下对情感欲望进行限制。

二、节制的现代含义及特征

按《辞海》的解释,现代对"节制"一词含义的理解有三种,一是"指挥管辖",二指"限制或控制",三指"纪律,谓约束有方。"①仅从词典对"节制"的解释来看,现代人对节制的理解更多体现为外在规范,而缺乏伦理含义,但这并不意味着节制在当今社会已经失去了其道德价值。节制德性在现代社会主要在两个方面体现,一是体现为道德意志以理性为根据节制情欲,二是道德意志以制度法规为根据节制行为。

正所谓"理性无力,欲无眼",节制虽然强调理性对情欲的控制,但理性本身无法直接对情欲进行调控,这种控制作用必须通过道德意志才能实现。由此可以得出结论,节制是一种以理性为根据,以情欲为调控对象,以个人道德意志为主体的德性。

另一方面,节制除了体现为个体自律,即对理性的内在规范的遵循外,还体现为对外在法律和社会制度规范的遵守。由于道德意志对情欲的节制作用主要在个体内心中进行,有赖于个体的理性及意志的强弱,因此具有一定的主观性与不确定性,相较而言,法律法规为道德意志的节制作用提供了更为客观确定的途径。同时外在的政策法规所具有的强制或半强制性的约束力也为节制德性的落实提供了有效保障。我国在政治制度、经济制度、文化领域以及社会生活的其他各个领域之中都设立了相应的政策规范与制度法规。如政治领域,通过政治体制改革,遏制腐败现象的滋生与蔓延,具体来说我国已经有法律监督、党内监督制度、中央巡视制度等,并规定了与反腐倡廉息息相关的各种党的政治纪律、组织纪律、

---

① 夏征农:《辞海》,上海辞书出版社 1979 年版,第 1268 页。

廉洁纪律、群众纪律、工作纪律和生活纪律等。一个"八项规定"刹住了以前备受诟病的吃喝风问题。可以说,制度的制定、实施,为节制德性的发挥提供了有法可循、有制可循的实践途径,同时使得人们能够在实践这些制度规范的过程中逐渐养成自我节制的理性精神,增强道德意志对个体私欲的管控。

三、节制德性的当代价值

节制德性不仅是一种历史悠久的传统美德,同样也应当作为现代社会积极提倡的德性,继续发挥其现代价值。尤其是当今消费主义在全球大行其道的局势下,面对由消费主义造成的资源浪费,环境危机等问题,乃至由于过度崇尚消费、物欲横流而导致的人的物化等危害,更需要我们重新强调传统节制德性的重要意义,并在抗衡消费主义给现代社会及人们生活带来的冲击中实现其创造性转化与创新性发展。消费主义所引发的社会问题可以从三个层面来分析,同样,节制德性在对应消费主义中所体现的现代价值也可以从这三个层面来展开:

首先,人与自身的关系来看。消费主义作为从属于"资本的逻辑"的意识形态,要求人们把消费作为人生的最终目的,通过刺激人们产生超出于基本必要需求之外且非理性的欲望以促进和激励消费。一旦人们无视理性的引导,一味追求享乐,自我放纵,听从于欲望的支配,最终就会导致"人本身越来越成为一个贪婪的、被动的消费者。物品不是用来为人服务,相反,人却成了物品的奴仆"①。20世纪80年代以来,消费主义文化伴随着跨国公司的商品、广告、代理人和机构陆续进入中国,日益渗透到中国社会大众的日常生活领域,提前型消费、奢侈型消费、炫耀型消费等非理性、无节制的消费行为层出不穷,但无节制的纵欲、享乐与消费并没

---

① [美]弗洛姆:《在幻想锁链的彼岸》,湖南人民出版社1986年版,第174页。

有让人们得到真正的快乐与满足,相反在大量消费过后人们感到的往往是前所未有的精神空虚。要想解决消费主义给当今人们精神生活带来的不良影响,尤其是由消费主义所造成的人的私欲的过度增长,就需提倡节制美德,通过道德意志对过度欲望的合理引导,还人们心灵以朴素的平静与充实。节制并不等于禁欲,而是在肯定人们的合理欲望的基础上,对非理性的过度欲望进行限制。欲望出于人的自然需求,私欲则是自然需求的非理性的过分延伸,因此朱熹强调:"必使道心常为一身之主,而人心每听命焉,则危者安,微者着,而动静云为自无过不及之差。"①所谓"道心"就是道德意志,即以理性为引导的主体意志,"人心"则是由情欲占主导的意志,朱熹强调应当通过道德意志对由情欲所主导的非理性意志进行合理引导与节制,才能作出正确的行为选择。这种合理引导欲望的节制思想,对于当今身处消费主义影响,容易被外在物质诱惑所引诱的人们来说,具有十分重要的指导意义。

其次,从人与社会的关系来看。消费主义所倡导的对满足个人欲望的追求会进一步导致人们为了实现一己私利而无视甚至损害公共利益。对此问题以政治领域及经济领域两个重要领域为突出体现。

党的十八大以来,随着党风廉政建设和反腐败斗争力度逐渐增大,一批领导干部因贪污腐败等问题相继被查处。这既反映了党反贪倡廉的决心和信心,但也反映了党内存在相当程度的贪腐问题。腐败产生的原因,除了外在的政治制度及法律法规的制定尚未完善之外,也由于腐败官员道德意志不坚定,未能有效抵抗外在诱惑,节制自身欲望,只顾贪图个人利益。我国自古便有关于义利之辨的丰富讨论,其中所蕴含的有关节制个人利益,使之不侵犯集体利益的思想,对我们今天反贪腐、树廉风的行动具有很大的借鉴意义。荀子认为君子与小人的区别就在于:"君子之

---

① 朱熹:《四书章句集注》,中华书局1983年版,第16页。

能,以公义胜私欲也","小人以身殉利……圣人以身殉天下"。以道德规范节制个人私欲,以维护集体利益作为追求个人利益的最基本限制,这不仅是作为理想人格的君子所应具有的品质,也是手握权利、身为人民公仆的官员干部们所应有的品质。明清之际的理学家黄宗羲指出:"不以一己之利为利,而使天下受其利;不以一己之害为害,而使天释其害。"绝不能任由个人利益不加节制地损害集体利益,这对于以为人民服务为根本宗旨的社会主义国家的党员干部们来说尤为至关重要。再进一步来说,所谓"君子之德风,小人之德草。"如果党员干部们无法身先士卒地做到合理节制对自我利益的追求,一任享乐主义、个人主义和奢靡浪费之风盛行,则必将对整个社会的风气带来极为不良的影响。正如孟子所言:"王曰何以利吾国,大夫曰何以利吾家,士庶人曰何以利吾身。上下交相利,而国危矣。"(《孟子·梁惠王上》)因此在当今党风廉政的建设中,应当重视对节制德性的提倡,坚持"严以修身、严以用权、严以律己",抵制缺乏节制的以权谋私,损公肥私等行为,从而更好地维护社会主义民主与法制。

从经济领域来看,如今社会中存在不少企业和商家制假造假,欺诈销售等不良行为,诸如食品安全问题、电信诈骗问题、生产销售假冒伪劣产品以及盗版横行等企业诚信问题,不仅侵犯了消费者和公众的权益,也会阻碍社会主义市场经济前进的步伐。商务部数据显示"我国企业每年因信用缺失导致直接和间接经济损失高达6000亿元,其中因产品质量低劣造成各种损失达到2000亿元"这些失信问题的产生同样与企业在追求自身利润最大化的过程中,对侵犯他人权益的行为不加节制,以致损人利己,见利忘义有很大的关系。诚然,市场经济本身鼓励自由竞争,鼓励个人追求自身利益的最大化,但在社会主义市场经济中,对个人利益的追求并不是不受限制的。社会主义市场经济并不反对人们满足自身利益需求,但强调人们应当在法律和道德规范的约束中,有节制地实现自己的利益,正如孔子所言:"富与贵是人之所欲也,不以其道得之,不处也。贫与贱是人之所恶也,不以其道得之,不去也。"(《论语·里仁》)在谋求自我利益的同时也要关照他人的利益,不加节制地只图实现自己的利益不是长久之道,"生财有大道,生之者众,食之者寡,为之者疾,用之者舒,则财恒足矣。仁者以财发身,不仁者以身发财。"[①]

最后,从人与自然的关系来看。为了满足人们日益膨胀的欲望及消费需求,生产商们对自然资源进行了毫无节制的、掠夺式的开采,造成土地退化、森林被破、全球变暖、水资源受到污染及匮乏等问题,由此世界最穷的国家可能将损失 1/5 的粮食产量。罗马俱乐部在《增长的极限》中考察了决定和限制经济增长的基本因素后得出结论:"如果在世界人口、工业化、污染、粮食生产和资源消耗方面按现在的趋势继续下去,这个行星上增长的极限有朝一日将在今后 100 年中发生。最可能的结果将是人口和工业生产力双方有相当突然的和不可控制的衰退。"[②]由此可见,人们对自然无节制的掠夺不仅会伤害自然,也会使人类自身受到反噬。孟子曾说过:"不违农时,谷不可胜食也;数罟不入洿池,鱼鳖不可胜食也;斧斤以时入山林,材木不可胜用也。"(《孟子·梁惠王上》)人类社会要可持续性的生存发展,必须理性的遵守自然规则,受到自然规则的节制。

第三节　审　慎

审慎是一种良好的个人德性和道德意志品质,是成熟人格的重要构成要素,是道德理性精神的集中体现。道德审慎在面对矛盾和冲突时出现,人们在利害得失与道德方面作出一个选择,审慎更多的是体现人在思

[①]　朱熹:《四书章句集注》,中华书局 1983 年版,第 13 页。
[②]　[美]丹尼斯米都斯:《增长的极限》,李涛等译,吉林人民出版社 1997 年版,第 11 页。

维层面对现实问题作出的综合分析过程,而这种综合分析的能力不仅需要个人的道德反思,也需要道德践履以提高和完善。在现实生活世界,于现代社会的各种物质利益和精神生活的抉择之间,审慎更有助于我们积极关注和预见内在精神和未来,关注人应该过什么样的道德生活。

一、审慎的含义

审慎是用途很广泛的一个概念,指人们思考和行为的周密而谨慎。在中国古代,"审"的本义是详究、考察。说文解字中说,"宷,悉也。知宷谛也"。① 悉,详尽的意思。知宷谛,了解的详尽周密。《淮南子·说山》曰:"万事由此所先后上下,不可不审。"②审,详究,全方位考量之意。《论语·尧曰》:"谨权量,审法度,修废官,四方之政行焉。"

如王充《论衡》之中就说,"言审莫过于圣人"③。这里是指言语谨慎。由于现实情况的复杂性,人们并不能完全知晓和理解,所以需要人们持审慎的态度,对事物或情况所涉及的各个方面作出全方位的细致的考察,谨慎行事,以期能够避免大范围的过错获得良好的预期效果,故"审"内含有慎重的意思。

提倡从自身做起,以个人修养为本的儒家一直将审慎作为一种个人的道德品质,"慎"有敬畏之意,如《中庸》说:"是故君子戒慎乎其所不睹,恐惧乎其所不闻"④,朱子解释说:"君子之心常存敬畏,不敢离开也不敢忽视天理本然。"

审慎原始之义是指刑罚在法律上的考量。《尚书·康诰》曰:"惟乃丕显考文王,克明德慎罚,不敢侮鳏寡,庸庸,祗祗,威威,显民。"周公认

---

① 许慎:《说文解字》,线装书局2014年版,第449页。
② 刘康德:《淮南子直解》,复旦大学出版社2001年版,第877页。
③ 张宗祥、郑绍昌:《论衡·艺增》,上海古籍出版社2010年版,第173页。
④ 朱熹:《四书章句集注》,中华书局1983年版,第20页。

为治民要彰显道德教化,慎重使用刑罚,不欺辱鳏寡孤独之人,任用有用之人,敬重应敬重之人,处罚应处罚之人。为此周公在这里提出治国应"宽猛相济"、"用康乂民"之原则,认为因罪获致的处罚应慎用刑罚,还应考虑到道德的影响。《论语·尧曰》中说道:"谨权量,审法度。"任何事情都会复杂难究,这就要求执言者详细考察,多方权衡,审时度势,慎勇法度。《荀子·成相》曰:"治之理,礼与刑,君子以修百姓宁。明德慎罚,国家既治四海平。"礼法与刑法并用,百姓可以得到安宁,宣扬德行,慎用刑罚,国家安定四海平。荀子把审慎与道德规范联系,使其律法考量服务社会道德需要,从而把审慎的律法需要转化为道德需要,成为个体自律的道德要求。因此审慎于道德意志及道德人格必不可缺。审慎不仅是作为个人德性方面而言的,这一理性的德性因其本身的特点也被推而广之,其他各家也将之运用在司法案例、治国理政、兵法方面。如《尚书·康诰》曰:"惟乃丕显考文王,克明德慎罚。"[1]意思是说,治理国家要明尚德正,慎用刑罚。这样,审慎就有了更为丰富的内容,荀子也对此做了法律规范的补充,《荀子·成相》曰:"治之理,礼与刑,君子以修百姓宁。明德慎罚,国家既治四海平。"荀子将作为个人德性的审慎运用在法律方面的考量,使个人德性的理性能够充分展现在治国理政的领域,丰富了这一德性的定义。《鬼谷子》言,"是故圣人一守司其门户,审察其所先后,度权量能,校其技巧短长"[2]。程明道将之也用在兵法战阵之中,"兵法远交近攻,须是审行此道"[3]。

在西方,赫拉克利特很早就将审慎作为人类的一种美德。他说:"给人幸福的不是身体上的好处,也不是财富,而是正直和谨慎。"[4]亚当·斯

---

① 杨杰:《四书五经》,北方文艺出版社 2007 年版,第 519 页。
② 陶弘景:《鬼谷子》,崇文书局 2015 年版,第 4 页。
③ 潘富恩:《二程遗书》,上海古籍出版社 2008 年版,第 146 页。
④ 周辅成:《西方伦理学名著选辑》上卷,商务印书馆 1964 年版,第 174 页。

密在《道德情操论》中详尽论述了审慎的品质。他说,"遵循极其审慎的原则、严格的正义准则和适宜的仁慈准则行事的人,可以说是具有完美道德的人。对这些原则的最充分的了解,如果得不到最完善的自我控制的支持,那么就会总是不能使他尽到自己的职责。"①他认为审慎的德性是实现人生幸福的重要条件。谨慎的人是真诚的,而且勤奋好学、谦虚进取。谨慎的人在谈吐方面的表现就是适宜和得当,拒绝无礼和粗鲁。亚当·斯密认为,谨慎这种美德,在仅仅用来指导关心个人的健康、财富、地位和名誉时,虽然是受欢迎的品质,但它的最高贵之处还是体现在人在处理公共事务和承担责任之时的作为,伟大将军、伟大政治家的谨慎因为和正义的准则联系起来,这种德性由自身的品格而上升为对公共事业的作为,是人类理性精神最完美的展现。

审慎,是全面而周密的思考。慎是审的内在规定,只有慎重才可能近于中道而不偏激,获得全面清醒的认识;审是慎的实现方式,只有认真考量细致耐心才能获得全面客观的认知。审慎互为表里,使人将感性认知与理性精神结合起来,归于中道。审慎即是在现实中面对道德冲突、矛盾冲突之时,对矛盾和事实本身进行全方位的考察,于各种利益得失之中进行善恶交锋,于眼前利益和长远利益、道德原则和物质诱惑等诸多因素之中做统一的考量,从而作出符合道德理性的价值判断的行为。中国古人将审慎不仅当作一种个人的德性,更将它广泛地运用于个人德性所能拓展的多重领域,修身齐家治国平天下,从商、从政、为学都有审慎的德性体现。西方的文明更多地将它立足于个人善的立场,与此相关的个人抉择才与其他美德相联系起来。

由此我们可以知道,审慎首先是一种个人德性,是人类理性精神的展现。它更侧重于人对自己知识和思维能力的综合应用,运用自己所掌握

---

① [英]亚当·斯密:《道德情操论》,赵康英译,华夏出版社2010年版,第273页。

的知识来全面地把握、认识、考察事物发展、运动的轨迹,对现实的具体情况进行综合全面的分析,并作出恰当、合理、可行的选择。

其次,审慎是一种道德选择方法。审慎行为是在矛盾和冲突之间作出的适宜恰当的选择,它本身更近于人类内心模拟现实情况的活动,只不过将此方法运用于人们隐幽的内心深处,它决定人们能否作出正当有效的行动。

审慎同时也是一种主体的道德规定性,始终基于主体性实践活动的实现,在实践活动的实现中才呈现出它存在的意义。审慎也是人类对自身理解力、对象理解力和道德理性的有机统一。人们对各种风险的评估和预判,对未知事物的提前考量,不是消极的逃避而是运用我们的理性能力和知识储备进行积极的回应和正面应对。道德审慎更关注于人本身,关注人的精神层面的修养和需要。

二、审慎的伦理意义

审慎作为一种道德品质,它以善为基础,它存在的意义就是导向善,使善的动机、行为和结果在实践中归于统一。审慎在运用方面是贯穿于人们思维活动的整个过程的,人们在意识层面对现实情况进行合乎理性的模拟和判断就是运用审慎的过程,但是通过审慎获得的善受很多因素的影响。

第一,善的正当性要经过审慎,审慎是实现善的价值前提。现实情况的复杂性使得善并不能完全的实现,作出善的价值选择和价值判断由此而艰难。善本身是完全的,它是动机和结果的有机统一。它不仅体现在我们的价值判断和价值选择上,也体现在我们的道德践履上。一方面,现实情况的自身复杂性干扰了我们的判断;另一方面,我们自身的认知能否作出理性的价值抉择也是需要考虑的。事实上,我们很难去实现完全的善,而只能无限接近它,所以,这就需要审慎的德性帮助我们,在纷扰的事物和我们的良心之中,全其考量,校之以正,找到一种"中道","就是由于道德德性是这样的适度,做好人不是轻松的事"①。

第二,善的可行性要经过审慎,审慎可以使人免于过度的错误而让人的行为更加周密。"季文子三思而后行"(《论语·公冶长》),三思就是审慎的意思,在行动之前多次思考,行为是否正当、可行、有效,是审慎的重要步骤,通过详细的考究和周密的思索,最终完善的是实践过程中的实际行为。它作为一种个人的理性德性,与鲁莽是截然相对的,在亚里士多德看来,它与所有不适度、不合中道的行为都是相互对立的,在两种同样恶劣的行为里,人们不得不选择了其中危害较小的一类,这就是审慎,两害相权取其轻。

第三,善的适当性要经过审慎,动机和结果的相互统一需要经过审慎的思虑,审慎也可以让人们获得良好的道德评价。在社会舆论、良心和荣辱观的考量中,个人将其变为道德实践,从他者和社会之中得到善意正面的回应,以此对自己完成良好德性的确认。人们总是力图实现完全的善,但是动机的善不能必然导向结果的善,事实的变化发展也不能完全如人预料,所以我们要运用审慎的智慧,使动机的善尽可能地导向结果的善,使善本身的完全性能够在实践中获得最大程度的统一。审慎不仅有着努力的积极的作为方面的作用,同样,这也是对"坏"的结果的一种避免,审慎的思考过程会尽量排除掉不利的想法和作为,使我们更大限度地集中善的力量,它在体现自身意义的同时,也体现出人在运用自身理智时的主体性光辉。

第四,审慎是其他一切善实现的充分条件,其他一切善凸显审慎的意义和价值。价值判断的失误,就会使其他一切美德失去应有的意义。审

---

① [古希腊]亚里士多德:《尼各马可伦理学》,廖申白译,商务印书馆2009年版,第229页。

慎是首当其冲的可以使价值判断免于失误的德性。勇敢不经审慎就会变成鲁莽,仁慈不经审慎就会变成泛爱,公正不经审慎可能失去原有的公正性,所以,审慎其实为其他的德性设置了一种规定性,这种规定性导向合适的中道,正是在审慎的作用下,其他的德性才得以以适宜的状态实践进而体现在人们的行为中。同样,也正因为其他德性的恰当呈现,才更凸显出审慎在其中至关重要的规制作用。

第五,审慎是周全的考量,它使人与自己,人与他人,人与社会的三种关系得到有机统一。人们面对的冲突和矛盾尤其表现在利益冲突之时,尤其是涉及个人、集体和国家利益的时候,因为各自拥有的责任属性和价值属性的不同,道德的善在此刻就必须作出抉择。审慎的考量过程其实是对三种关系的梳理,现实情况越复杂和艰巨,对审慎的要求力度就越强,它需要我们充分运用自身的知识和理性,在理解事物的基础上,协调、引导、促进三种关系在道德善方面的有机统一。

三、审慎的当代价值

在当代中国,审慎具有重要的现实价值。习近平指出:"中国优秀传统文化的丰富哲学思想、人文精神、教化思想、道德理念等,可以为人们认识和改造世界提供有益启迪,可以为治国理政提供有益启示,也可以为道德建设提供有益启发。"[1]当代中国改革开放进入关键期、深水区。改革开放在攻坚克难之际面临着现实的风险与危险、社会的诱惑与自我欲望的扩张,这不仅需要我们有充分的理论知识来解决具体问题,更需要我们冷静理性的头脑,毫无疑问,审慎无论对于个人还是国家而言,都是必备的品质。

---

[1]　习近平:《从延续民族文化血脉中开拓前进　推进各种文明交流交融互学互鉴——在纪念孔子诞辰 2565 周年国际学术研讨会暨国际儒学联合会第五届会员大会开幕会上的讲话》,《人民日报》2014 年 9 月 25 日。

　　审慎让人睿智,有助于个人品格的养成。它是关于如何运用德性的智慧,它规定了其他美德合理正当的尺度。如审慎使人勇敢而不鲁莽。真正的勇敢表现在紧急状态下是迅速作出有效的行为反应,而不是优柔寡断患得患失,但"果敢"不等于"武断",更不是草率武断,轻举妄动,而是在审慎指导下的果敢决断。果敢离开审慎就会变成鲁莽,可能会使情况恶化。"审慎表现为人类对自身理解力、判断力及行为后果的道德化批判。"①遇见落水之人,是否应当立即施救,必须视具体情况而定,这是审慎的态度,不仅是对自己的负责,也是对他人的负责。如果自己不会游泳强行下水救人,很可能会失去两条生命。漠然无视绝不是审慎,审慎只是教会我们如何用恰当的合适的方式来解决问题,运用自己成熟的理性,这是它美好品质的集中体现。

　　如大学生应该审慎的选择自己的爱好。每一个人所处的年龄阶段的不同,个人的责任和义务就不同。毫无疑问学习始终是青年时代的主业。沉迷游戏、玩物丧志、意志力弱等问题,都是因为在选择上不足以审慎,不足以明了现在和未来的关系,不足以明了时间的使用价值,不足以明了人生的意义组成。我们之所以说审慎倾向于中道,是因为绝不拒绝娱乐和放松这件事情,而是以恰当的态度来对待它,正如爱好一样,爱好是人主体性的主要体现,它不仅能够让我们身心愉悦,更让我们体验到生命的意义,但是凡事"过犹不及"。偏离了审慎的爱好就会变为伤害自身的事物而不再能让我们的未来有所进益,审慎一方面让我们对自己的爱好即感性的情感体验方面有所约束,另一方面又对我们自身的利益进行跨越时空的考量,以此作出合乎价值的理性判断。"在所有这些场合,美德只存在于对各种激情的控制和支配之中,做到了适中和适度就是美德,就应得

---

　　① 　李学勤:《尚书正义》,北京大学出版社 1999 年版,第 487 页。

到同情和赞成;过分和不足都不是美德所在,甚至会招来反感和厌恶。"①

　　审慎对于个人品德塑造最重要的方面是增强我们的理性,以理性精神来约束感性情感,让感性情感在合理的范围之内正常的成长而不妨碍我们自身的发展,正如二程朱子教人读书之法循序而渐进,阳明只去立一个此心,此心立的容易简单但却忽略了理性精神的约束,容易流入空虚和放任,王学身后的分化就说明了这一点。审慎能够帮助我们更好地掌控自己,这是理性精神的伟大体现,推而广之,人类社会的一切有序,天地万物排列的序列,各种事物共同的职责,甚至具体到社会生活中的细节如十字路口的交通指示灯,各居其位,各行其道,无不是审慎让一切事物都能够归于中道、有序,使之在合理的范围内运行,于此之中,才能实现我们真正的自由,审慎为我们的真正自由提供了理性的保障。

　　审慎不仅能够帮助我们掌控自己,也能够帮助我们规避风险,积极而乐观的预见,增强抵御风险和对于客观事态的预防和控制能力。各种社会冲突的产生并不是一蹴而就的,它需要不断的积累和爆发,在这一过程中,审慎有助于我们防患于未然。对于政治家而言,"治大国若烹小鲜"(《道德经·六十章》),在面对棘手和重大的事情的时候,牵一发而动全身,这时候更需要审慎的智慧。老子对于政治的无为而治的思想也蕴含了审慎的意味,管理者的多作为和乱作为都不属于审慎的范畴,上位者的多作为容易引起人们投其所好,使整个社会的风气和导向发生改变,相反,审慎的作为和言语会使管理者变得陌生但公正,人们自然依中道而行。当前官员所涉及行政伦理中的行政不作为、行政乱作为、行政超作为问题本质上只是结构形式的改变,核心依旧在于行政主体的审慎素质不到位,"任何不良行政行为都是由于行政工作人员自身道德素养和社会

---

　　①　[英]亚当·斯密:《道德情操论》,赵康英译,华夏出版社2010年版,第5页。

制度刚性约束欠缺导致的结果"①。审慎也是一种责任,这种责任体现在对自身所处位置的深刻认识之上,我们对于现实社会所作出的反应无不是基于我们对于自身情况认识的基础上,每个人如果都能理解自己,问题和矛盾会减少许多。在医学伦理学领域,常见的医患关系的矛盾激化很大程度上都是人们不够审慎的表现。审慎的德性能够帮助我们冷静公正地评判人们的所作所为,对人们过激的行为进行内在的自我约束,同时对于管理一方也提出要求。医生在行医过程中不仅应该遵守职业道德,更应该具备专业的素质,将二者结合起来以审慎的态度行医用药,并不只是简单的和颜悦色,更在于以审慎的态度在道德践履、实际作为上获得别人的尊重认可。作为病人的一方,也要以审慎的态度来度量自己的言语和行为。审慎建立在对自己的深刻认识之上,每一件事情并不是孤立的直接产生,对于病情也是一样,每种疾病并不是能够轻易痊愈,现代科技并不能解决一切问题,我们要冷静客观地看待现实,更要积极努力地作为,这才是我们应该有的审慎态度,暴力冲突和抱怨解决不了问题本身,只会让问题更加复杂。

"故察己则可以知人,察今则可以知古。古今一也,人与我同耳。有道之士,贵以近知远,以今知古,以益所见知所不见。"(《吕氏春秋》)审慎就在于我们可以完善自身的德性和认知,使我们的认知能够不断循序渐进,使我们的理性精神越来越成熟,同时为其他的美德提供一个适宜美好的维度。当人们以这种德性从事具体活动时,又能引导我们处理好各种关系。根本之处还是审慎是一种理性的精神,它使我们的感性精神有一个安放之地,颜渊说孔子"博我以文,约我以礼"(《论语·子罕》),"约",不就是审慎吗?只有审慎,才有其他德性的美好展现,这就是"礼",礼,和也,秩序和达道皆从此而来。

---

① 章海山、罗蔚:《伦理学引论》,高等教育出版社 2009 年版,第 187 页。

第四节　弘　毅

弘毅作为一精神力量和道德意志品质,在中华民族几千年历史中,不仅在仁人志士的身上得到了体现,也已经深深融入到了我们的民族精神之中,成为中华民族生生不息的精神气度与底色。特别是在我们面临着许多新问题新挑战的情况下,如何发扬"弘毅"的精神、更好地进行社会主义建设、实现中华民族的伟大复兴,是时代赋予我们的崭新命题。

一、"弘毅"的内涵

许慎在《说文解字》解"弘"字曰:"弓聲也。从弓厶聲。"①段玉裁在《说文解字注》中说道:"宏者,屋深。"又解"毅"曰:"妄怒也。一曰有决也。"毅,盛怒。另一义说:有果决能力。② 由此,将两字联系起来,意思是广大宽厚、坚定刚强的意思。可以理解为:"抱负远大,意志坚强"或者"心胸宽广,意志坚强"。"弘毅"一词最早出自于《论语》:"士不可以不弘毅,任重而道远。"(《论语·泰伯》)曾子将"弘毅"的重要性提升到实现儒家追求的"仁"的道德品格所必备品质的高度上,"弘毅"是"仁者"必须具备的道德人格。孔子也对"弘毅"的重要性进行过解释:"刚、毅、木、讷,近仁。"(《论语·子路》)什么样的人就接近于"仁"了呢? 孔子将仁者所应具备的道德品质总结为四种,分别是刚强、果敢、质朴、慎言。孟子把"弘毅"的精神总结为大丈夫在面临选择和困境时的一种坚持:"富贵不能淫,贫贱不能移,威武不能屈,此之谓大丈夫。"(《孟子·滕文公下》)荀子也把"弘毅"作为个体实现成功的必备条件:"锲而舍之,朽木不

---

① 汤可敬:《说文解字今释》(下册),岳麓书社 1997 年版,第 1832 页。
② 参见汤可敬:《说文解字今释》(上册),岳麓书社 1997 年版,第 429 页。

折;锲而不舍,金石可镂。"(《荀子·劝学》)如果人有毅力坚持一件事,就像用刀刻东西,如果一会儿就停止,那么朽木也不会被折断:如果不停地刻下去,即使是金石也能被刻透。有关树立远大的志向,荀子说道:"君子贫穷而志广,隆仁也。"(《荀子·修身》)君子贫穷但是志向远大,是要推崇仁爱。荀子将"弘毅"与"勇敢"和"义气"相联系:"坚刚而不屈,义也。"坚刚而不屈,像义。"折而不挠,勇也。"(《荀子·法行》)折断也不弯曲,像勇。荀子又对"弘毅"做了一个界定:"刚毅勇敢,不以伤人。"不因为刚毅勇敢而伤害别人。真正的"仁者"必须在道德实践中具备"弘毅"的精神品格,但是个体又必须规范自己的行为,遵循道德规则。《四书章句集注》中,朱熹解释道:"宏,宽广也。毅,强忍也。非宏不能胜其重,非毅无以致其远。"①朱熹在解释"弘"与"毅"的关系时,是这样阐述的:"弘而不毅,则难立;毅而不弘,则无以居之。"(《近思录》)还说道:"弘而不毅则无规矩,毅而不弘则隘陋。"(《近思录》)从朱熹的解释中可以看出,"弘"是"毅"的前提和基础,而"毅"则保证了"弘"。"弘"更多地表现为一种强劲,即发扬光大,是一种志向抱负,一种精神力量。而"毅"更多地表现为一种韧性和耐性,所以有毅力方可致远。意志上的坚定是坚持的前提条件,也为坚持指明了方向,没有这种"弘",那么"毅"也无从谈起。而没有毅力,再坚定的意志都缺少了稳定性和持久性。所以"弘"与"毅"是相互联系,密不可分的。

可见在儒家思想中,"弘毅"不仅仅是一种道德规范和精神品格,更关系到能不能实现"仁"的人生价值和理想目标。儒家的"弘毅"伦理思想是个人对自己的未来和前进方向确立了明确的方向,从而树立了自己的抱负,并且形成了一种坚定的意志品质。在此基础上,勇于克服前进道路上的困难,抵抗外来的诱惑,坚韧地追求自己高远志向的一种道德品质

---

① 朱熹:《四书章句集注》,中华书局 1983 年版,第 132 页。

和精神力量,更是一种道德实践活动的体现。

　　在西方的伦理思想史中,也有诸多思想家对"坚毅"思想进行了阐释。亚里士多德在《尼各马可伦理学》中将"坚强"与"自制"进行了对比,他认为:"软弱与坚强相对立,坚强意味着抵抗,而自制意味着主宰,两者互不相同,正如不屈服于敌人与战胜敌人不相同一样。所以自制比坚强更值得追求。"①我们可以看到,与儒家的"弘毅"伦理思想有所不同,亚里士多德是将"坚毅"放在"软弱"的对立面来讲的,儒家的"弘毅"更多地表现为一种精神力量和道德意志品质,其目的是为了实现"仁"。而在亚里士多德这里,"坚毅"更多地表现为对困难的应对。

　　在亚当·斯密的《道德情操论》中,他是这样界定"坚毅"的:"对前一种激情的控制,被上述古代的道德学家们称为是坚忍、刚强和意志坚强。"②这里说的"前一种激情"指的是恐惧和愤怒,连同与它们混合和有联系的其他一些激情。亚当·斯密认为,坚毅指的是对负面情绪所产生的激情的一种控制,而对安逸、享乐等所产生的激情进行控制的行为叫节制和审慎。从这一方面来说,亚当·斯密的解释与亚里士多德的论述有相似之处,更多地体现了"毅"的特征,而对"弘"(坚)的涵义有所忽略。

　　与儒家"弘毅"伦理思想相似的是,西方的哲学家认为"坚毅"的精神必须要与其他道德品质相互联系。比如,康德在《道德形而上学基础》里写到:"聪明、机智、判断力以及心灵的其他才能,不管你如何称谓它们,或者作为气质上的特质的胆识、果断以及坚韧,毫无疑问,在许多方面都是善的并且令人向往。"③康德认为除了善良意志没有什么是无条件的善

---

　　① ［古希腊］亚里士多德:《尼各马可伦理学》,廖申白译,商务印书馆 2009 年版,第 229 页。
　　② ［英］亚当·斯密:《道德情操论》,焦维娅译,安徽教育出版社 2008 年版,第 263 页。
　　③ ［德］伊曼努尔·康德:《道德形而上学基础》,孙少伟译,九州出版社 2006 年版,第 3 页。

的东西,包括"坚韧"。所以坚韧必须借助善良意志才能变成优秀的道德品质,如此,个体才能实施正确的道德行为。

二、"弘毅"的伦理特征

弘毅作为儒家思想的重要范畴,与儒家的基本要求"仁"、"义"、"礼"、"智"、"中庸"相联系。作为当代社会重要的道德意志品质弘毅,仍然需要"仁"、"义"、"礼"、"智"、"中庸"等概念的解释与说明。

首先,弘毅以"仁"为思想核心。仁是儒家思想的核心,在儒家的思想伦理体系中,其他的道德品质最终都是为了实现仁。因此,当谈到弘毅的时候,也一定是以仁为核心和目的。"仁者,爱人。"(《孟子·离娄下》)孔子解释了仁者的含义,首先就是要爱人。刚毅和勇敢所体现的都是一种道德品质和精神力量,这种道德品质并不是没有限定的,而是要依据一定的道德原则和道德标准来进行规范。比如,"刚毅勇敢,不以伤人"(《荀子·非十二子》)这些准则都是要围绕着儒家的核心思想"仁"来进行。仁不仅是弘毅的衡量标准和原则,也是一种道德境界,是弘毅的目的。孔子曰:"刚、毅、木、讷,近仁。"(《论语·子路》)因为,拥有刚强、坚毅、质朴、慎言这四种精神就已经可以说接近于仁了,由此可以看出,要实现仁,就要求个体拥有弘毅的思想道德品质。正如刘邵在《人物志》里面说道:"弘毅也者,仁之质也。"只有具备了抱负远大、意志坚强的资质,才能成为仁义之士。

其次,弘毅以"义"为道德标准。孟子从孔子那里继承了"仁义"的思想,并进一步发展成为"性善论",在此基础上构成了以"性善论"为基础的"仁义"伦理思想体系。孟子曰:"居仁由义,大人之事备矣。"(《孟子·尽心上》)齐王的儿子垫问孟子什么叫做志行高尚,孟子回答以仁为家,以义为路,身在高位的人做事就完备了。在儒家的思想体系里,仁是核心,道德标准是义。义也是衡量"弘毅"的道德标准,弘毅作为一种精神力量,必须符合义的要求。例如,孟子曰:"生亦我所欲也。二者不可得兼,舍生而取义者也。"(《孟子·告子上》)讲的就是如何在生存和道义之间作出选择的问题,孟子解释道,自己会舍弃生命选择道义,这是一种信念和精神的坚定,这种坚毅的标准不是生死而是道义。

再次,弘毅以"礼"为行为规范。儒家学说是以"仁"为核心,以"礼"为外在表现形式的完整的思想体系。正是"仁"规定了"礼",而"礼"作为一种规范又保证了"仁"的实施,二者是相辅相成的。所以弘毅的精神也必须以"礼"来作为指导和行为规范。子曰:"克己复礼为仁。"(《论语·颜渊》)约束自己而合于"礼",这就是"仁"。个体对自我的约束和控制,就是坚毅的一个表现形式。孔子说要把这种对自我的约束用"礼"来加以规范,这才是"仁"。所以儒家认为,如果没有"礼"来规范"弘毅",那么这样的"弘毅"是不符合儒家的道德规范的,也就不是儒家所提倡的"弘毅"。

弘毅还要以"智"为理性指导。儒家把智作为"五常"和"三达德"之一。"智"作为一种道德理性,对"弘毅"起着理性指导的作用。《中庸》里面说道:"博学之,审问之,慎思之,明辨之,笃行之。"(《礼记·中庸》)说的是我们要广泛地学习,审慎地询问,慎重地思考,明确地辨析,切实地履行。这五个方面是前后相联系、互成因果的,我们首先要广泛地学习,审慎地询问和慎重地思考,才能够做到明确地辨析。这种对事情的辨析就来自于道德理性的"智"。有了这种"智",个体才能去切实地履行,所以"智"是对个体的实践行为提供了一个方向和理性的指导。如果没有这种理性的指导,"坚毅"可能就会使个人误入歧途或者钻牛角尖。

最后,弘毅要以"中庸"为理想境界。中庸是儒家追求的最高理想和道德境界。"中庸"一词最早出现在《论语·雍也》中:"中庸之为德也,其至矣乎! 民鲜久矣。"中庸是孔子倡导的道德标准,表示中和可长行之道。"弘毅"要求个体抱负远大,意志坚强,要求道德实践的主体果敢坚决,坚韧持久。但是这种果决和刚强也要保持一定的度,要防止"过犹不及"。就如同《荀子》里说道:"君子宽而不慢,廉而不刿,辩而不争,察而不激,寡而不胜,坚强而不暴,柔从而不流,恭敬谨慎而容,夫是之谓至文。"(《荀子·不苟》)这里的"坚强而不暴"指的就是君子要坚定刚强但是却不凶暴,如何把握好这之中的尺度,就要求我们以实现"中庸"为最高的理想境界。

三、"弘毅"的当代价值

十八大以来,中国共产党提出了实现"两个一百年"的奋斗目标,明确提出了实现中华民族伟大复兴的中国梦。两个百年的奋斗目标和中国梦的提出对当代中国提出了更高的思想道德要求。要全面建成小康社会,实现中华民族伟大复兴,就要求我们发挥文化引领风尚、教育人民、服务社会、推动发展的作用。习近平总书记也多次强调要建设优秀传统文化传承体系、弘扬中华优秀传统文化。2014年3月,国家教育部发布了《完善中华优秀传统文化教育指导纲要》,提出要在青少年学生中开展以"正心、笃志、崇德、弘毅"为重点的人格修养教育。

"弘毅"精神作为一种精神力量和优秀的道德品质,对青少年人格修养的提高有着重要的作用。在新的社会环境下,青少年接触各种文化的途径越来越多,不可避免地接触到一些"歪风邪气",比如现在网络文化中充斥的"土豪"、"富二代"的现象,会很容易让青少年形成一种"贪图安逸,不思进取"的消极思想。再比如现在流行的"拜金主义",会让很多青少年盲目追求金钱。这些坏的风气都会腐蚀青少年的意志,为了防止青少年被这种风气污染,我们就必须加强青少年道德教育,帮助他们树立"艰苦奋斗"的精神,弘扬"弘毅"的精神,不要遇到苦难就退缩,而是要勇往直前,坚定地实现自己的奋斗目标,实现自己的人生价值。

在德育的过程中,我们应当帮助青少年树立远大的抱负,始终把建设社会主义,实现中华民族的伟大复兴作为自己的己任,努力培养优秀的品德,提高自己修养,努力成长为有知识、有品德、有作为的新一代建设者。树立了这种远大的抱负之后,还要教育青少年坚定社会主义信念,并为此不断努力,准备为实现中华民族伟大复兴的中国梦贡献力量。在我国改革迈入攻坚期、深水区的新的历史时期,习近平总书记强调的敢于"啃硬骨头",敢于"涉险滩"的精神正是传统文化中"弘毅"思想的集中体现。

正如梁启超《论毅力》一文中所写:"有毅力者成,反是者败。"这是梁启超在"戊戌变法"失败后,为激励当时从事资产阶级改良运动的志士仁人不要因一时的挫折而灰心丧气、而应以坚韧的毅力去战胜逆境、争取成功而写的,对当时社会主义建设也有一定借鉴意义。

当前我们的社会主义建设事业还面临着许多的困难,我们必须团结起来,坚持正确的社会主义方向,坚持正确的道路,坚持中国共产党的领导,一步一个脚印去实现我们的中国梦。实现"两个一百年"的奋斗目标和实现中华民族伟大复兴的中国梦都是一个长期的过程,这必定需要我们一代又一代的人发扬"弘毅"的精神,坚持不懈地去完成。

第七章　道德意志品质的培养

　　个体道德意志品质不是神赐的、天生的、从来就有的东西，也不是人们心灵顿悟、突变的结果，而是在一定主客观条件下，在社会实践尤其是道德实践过程中，培养和教育的结果。个体道德意志品质的养成既需要外在的培养机制，又需要自我培养机制，还要遵循一定的道德原则和途径与方法。当代大学生是祖国的未来，其意志品质如何将直接决定其人生态度及行为方式，影响其成长成材，影响我国的社会主义现代化建设。当代大学生道德意志状况总体来说是好的，但存在不少问题。在当代大学生思想和行为中，存在诸多不和谐、不文明、不道德的现象，其中一个典型就是大量道德意志问题的存在，主要表现在两个方面：①道德意志的非理性化和道德意志的沦丧或脆弱。道德意志衰弱甚至颓丧已成为越来越严重的群体病症。正如美国学者雷斯里·法伯在《意志之路》一书中批判西方年轻一代指出：意志的颓丧正是当今社会的症结，当今这个时代应该被称为"意志障碍的时代"②。罗洛·梅在《爱与意志》中指出，"西方现代人的'神经官能症'，其核心症结就在于意志的丧失，决策能力的丧失，和个人责任感的丧失"③。在我国一些大学生中存在的作弊、失信、暴力、性放纵、自杀等现象，更是暴露出了年轻一代道德意志令人堪忧的一面。

---

① 参见张明仓：《实践意志论》，广西人民出版社 2002 年版，第 34 页。
② Leslie Farber, *The Ways of the Will*, New York：Basic Books, 1965, p. 46.
③ ［美］罗洛·梅：《罗洛梅文集》，中国言实出版社 1996 年版，第 214 页。

这就要求对大学生道德意志无力问题进行反思,对大学生的道德意志进行培育和锻炼,以实现人的全面发展。从这个意义上讲,作为社会主义事业的合格建设者和可靠接班人,必须具备良善坚韧的道德意志品质。加强大学生道德意志问题的研究,提升公民道德意志能力和品质,实现人的全面发展,是当今社会主义道德建设不可或缺的重要一环。

第一节　当代大学生道德意志问题样态

根据调研,总体来说,当代大学生道德意志状况是好的,他们有理想,有激情,愿意尝试新鲜事物,能够面对一些挫折和困难。但也存在不少问题,尤其是道德目标的不确定性,价值观的不坚定性,易受环境和诱惑的侵袭,受自我爱好和欲望的驱使,抗挫折能力不强等。具体问题如下:

首先,大学生道德脆弱意味着缺乏追求德性的自主性和自觉性。这种追求德性的自主性和自觉性是道德意志活动的灵魂,它是主体通过理智活动而赋予意的,是道德意志作为实践精神的根本特征。正如孔子所说的"我欲仁,斯仁至矣",亦如康德所言的"善良意志",是自己为自己立法,不受外物役使,不受他人操纵,不是手段,而是目的。古人告诫我们"好似濂溪称净植,莫随残叶堕塞塘",就是教导人们要有独立的意志,不受恶的环境和欲望的玷污。大学生意志沦丧必然使其价值目的发生变质,在各种道德冲突面前,不能独立自主地选择合乎道德原则的行为,有的是非不分、善恶不辨,有的受欲望驱使和受环境影响,明知故犯、铤而走险。意志的虚无或软弱必然导致大学生世界观、人生观、价值观发生动摇甚至偏位,在政治方向上出现问题,最终导致与党和人民离心离德。现实中我们也常常看到一些大学生,出发点是好的或一开始是好的,但由于缺乏坚定的意志,"见异思迁"、"玩物丧志"、"失去自我",最后往往发展到与邪恶同流、与魔鬼为伍。

意志行动的目标必须是清晰的、明确的、一致的，不能互相矛盾，也不能同时指向多个互不相容的目标，而且，这个目标必须内化为行为者自身能够认同、追求的目标。如果一个人没有生活目标或生活目标不明确、不一致，那么他就会感到迷茫、空虚、矛盾，觉得有力无处使。没有目标，意志行动就失去方向，生活也就失去了意义。刚进校门的大学生一般都对未来充满期待，他们想通过自己的努力，找到好的工作，有一个美好的未来。但他们从学校到学校，对各类职业的了解甚少，他们的理想大多是对美好生活的憧憬，而非职业或事业理想。当他们听到师哥师姐说，所学专业知识没多少用，到了单位都得重新学习时；当他们发现所学专业并非其所爱或并不能使他们找到好工作时；当他们发现大学生就业形势严峻，上大学并不等于拥有美好前程时；当他们学习遇到困难时，他们的目标就会变得模糊，变得相互矛盾。有些学生甚至说，我没有目标，我不知道自己要什么。于是，"没劲"、"无聊"就成为一些大学生的口头禅。

其次，大学生道德意志脆弱意味着缺乏自信，优柔寡断。在现实生活中，情况往往是复杂的。在确立目标之前，首先要理清头绪、判明情况，要在多种需要中进行取舍，这不免在大脑中产生动机斗争，例如，双趋冲突、双避冲突、趋避冲突，情况还可能更为复杂。果断的人能审时度势，抓住时机，当机立断，作出选择并付诸行动。相反，优柔寡断的人则瞻前顾后，难以取舍，坐失良机。从心理咨询案例看，很多学生都为自己优柔寡断而烦恼，他们想得多，做得少，担心行为的后果对自己不利，总选择随大流，以降低风险。有学生说本来自己特别想竞选学生干部，以便有一个锻炼的平台，可是到最后还是不敢报名竞选，因为怕选不上丢人。道德意志的作用就反映在帮助人作出判断和选择，尤其是在道德活动中，往往只有意志的选择，才是现实的可行性的选择，才具有道德上积极的价值和意义。正如苏联著名心理学家彼德罗夫斯基所说："意志动作的特征，不仅在于把目的理解为所希望的东西，而且在于把它理解为原则上可以达到、可以实现的东西。"如《二程遗书》(卷二下)中记载:"有人胸中常若有两人焉,欲为善,如有恶以为之间;欲为不善,又若有羞恶之心者。本无二人,此正交战之验也。持其志,便气不能乱,此大可验。"说的就是在道德选择过程中,道德意志可以充当善恶两念的"判官"或"调解人",要用善良意志去战胜恶念、恶欲。苏联著名教育学家马卡连科在谈到意志在人的认识活动中的选择性或定向性功能时指出:"坚强的意志——这不但是想什么就获得什么的那种本事,也是迫使自己在必要时抛弃什么的那种本事。没有制动器就不可能有汽车,而没有克制也就不可能有任何意志。"

再次,大学生道德意志脆弱意味着缺乏克服困难的坚韧性。古人云"艰难困苦,玉汝于成"、"疾风知劲草,烈火见真金"。急难险重的关键时刻和生死考验的紧急关头,最能反映出一个大学生的道德意志品质。当前一些大学生安于享受,不思进取,不愿意到艰苦的环境和工作中去,更不愿意到矛盾比较多、任务比较繁重、环境比较恶劣的地方和岗位接受磨炼;一些大学生遇着困难绕着走,推卸责任,不敢担当,更别说身先士卒、作出表率迎难而上、知难而进;一些大学生没有直面危险的胆魄和勇气,更别说具有"杀身成仁"、"舍身取义"的牺牲精神;一些大学生不能经受磨难和挫折考验,稍遇失败或挫折便意志消沉,萎靡不振,更别说具有"大雪压青松,青松挺且直"的昂扬斗志和"千磨万击还坚劲,任尔东西南北风"的坚毅精神。

当代大学生有理想,有抱负,他们努力学习,勇攀高峰,涌现出一批优秀人才。但也存在一部分意志不够坚韧的学生,他们有目标,想干一番事业,但在遇到困难后就退缩了,放弃了。一个学生本想考英语四级,她制订了学习英语的计划,开始两周坚持得很好,后来她就开始为不完成计划找理由,慢慢地学习计划就搁在一边了。一些学生来咨询,直接要老师为他开处方,怎么样才能坚持下去。实际上,他们缺的不是智力,而是毅力。

最后,大学生道德意志脆弱预示着其控制欲望和行为的无力。大学生的道德意志,不仅表现为能在多大程度上克服困难,也表现在能在多大程度上控制自己的欲望和行为。人们的道德活动总受到外在的诱惑和内在欲望的影响,外在的诱惑总是客观存在而不可排除的,而内在的欲望则是可以控制、可以驾驭的。道德的高尚性正是这种内在精神的自律。自制力可以说是道德自律的核心,是意志品格的精髓。大学生的道德意志的自制性,就是指大学生以理性意志驾驭自己的欲望和情绪,抑制有害的动机和行为,弘扬善的动机和行为。大学生如果没有这种自制力,不能控制自己的欲望,随波逐流、任欲泛滥,失控的欲望不仅会颠覆道德意志活动的性质和意义,而且还使欲望成为意志、理性的主宰,意志异化为邪欲的附庸和奴隶。很多大学生就是因为缺乏这种自制力,或是自制力不够强,一步步滑向欲望的深渊而不能自拔,甚至违法犯罪。无数事实告诉我们,大学生一定要培育和磨炼自我道德意志,筑牢拒腐防变的精神长城。

缺乏自制力,是大学生意志品质缺陷的主要表现,对于该做的事,当做不做,对于不该做的事,当止不止。最典型的就是痴迷网络的学生,他们清楚自己的行为不对,玩过之后也空虚、自责、懊悔,但是,他们控制不住自己的行为。他们常为自己做了不该做的事,没做该做的事而苦恼,更为自己无力改变现状而自责。

除了以上意志品质缺陷外,在大学生中还有少部分存在严重的意志障碍。他们意志消沉,动力不足,常伴随着思维迟缓、情绪低落,表现为活动减少,勉强活动却不能持久,常常呆坐、卧床,没有行为目的,没有决断能力,生活极度懒散、不修边幅,对工作、学习缺乏主动性和进取心,得过且过。

第二节　道德意志品质培养的原则

道德意志培养的原则是对道德意志形成、发展规律性的理论概括。

从前文我们分析得出个体道德意志是在社会与个体、外在与内在、主观与客观、理论与实践的互动过程中产生与发展的。因此，培养个体的道德意志，应当遵循以下基本原则：

一、社会道德调控与自我约束相结合的原则

社会道德调控指一定社会、阶级或群体借助各种相应的社会力量，采取各种措施，使特定的道德原则、规范、道德价值观念在大众层面被接受，并转变为个体的义务感、良心感、价值目标和实际的活动或过程。[①] 社会道德调控实际上就是道德的他律机制，也即道德的社会立法，社会道德调控与自我约束结合起来就是将道德的外在他律和内在自律结合起来，使道德的社会立法转化为自我立法。道德意志的培养需要外在的社会道德调控，也需要自我约束、自我立法。从前面我们得出，个体是在社会道德的调控作用下，最初感受和理解社会的道德要求，并从事一定的道德实践活动的。经过这种道德实践活动，个体才形成一定的道德经验，并在接受调控和自身道德经验积累的基础上，进一步理解和把握社会道德的必然，从而获得一定的道德选择能力和道德自由，同时也逐步形成一定的义务观念、良心感以至道德价值目标。离开一定的社会道德调控，就不会有最初个体道德行为活动的发生，也不会有个体他律性的道德，更难有从他律道德向自律道德的转变。康德道德论的缺陷就在于他离开社会关系和调控来谈他的所谓纯粹的意志自律、理性的自我立法，并且他把这种自我意志作为先天存在的东西。

不仅道德意志自律的自我立法离不开社会的道德调控的积极推动作用，而且个体道德意志的巩固、发展、丰富和完善，也离不开社会道德调控的积极支持。从理论上说，社会的道德调控对于个体的自我立法，不仅是

---

① 参见唐凯麟：《个体道德论》，中国青年出版社1993年版，第212页。

一种有利的条件机制和舆论环境,而且是一种必要的督导、鼓励的力量,对于个体道德意志的形成、巩固和发展起着不可或缺的作用。社会道德调控可以从两个方面对道德意志产生重要作用,一是肯定和弘扬一种道德意志品质,引领社会的道德意志品质主流,如勇敢、节制、坚强、自立等优秀的道德意志品质;二是否定和抑制一种道德意志品质,尤其是在社会大变革或礼崩乐坏的时期,这种社会道德调控的作用尤为重要。

　　社会道德调控的主要力量是风俗习惯、社会舆论和权威榜样。社会道德调控对道德意志的作用主要通过三种方式进行:一是社会赏罚,即通过对行为的功过责任的一种社会报偿,所谓赏,就是对良善行为者给予某种利益上的好处或奖励;所谓罚,就是对行为不良者予以某种利益上的剥夺或使其失去他所希望得到的某种利益。社会利益赏罚一般采取三种形式,即物质利益赏罚、归宿赏罚、功名性或荣誉性赏罚。不管是采取哪种赏罚,都是一种以利报德的价值导向形式,使"守德者受益,失德者受罚",从而让道德主体坚定道德意志,内心向善、行为守德;二是道德评价,即主要指社会的道德评价,也就是根据一定的道德原则、规范,通过风俗习惯、社会舆论,对道德主体的行为活动、品质进行善恶、正邪的价值判断和褒贬态度。这种评价对符合一定道德要求的行为和品质给予肯定和赞扬,表示钦佩、尊敬和拥戴,另一方面对违反或不符合一定道德要求的行为和品质进行否定和谴责,表示规劝、忠告或者讥讽、嘲笑和嘲弄等。社会的道德评价比社会赏罚更具有优越性和穿透力,它扬弃了道德赏罚的狭隘性(社会不能事事都施以赏罚),具有无所不在的广泛性,能够深入到社会的各个层面;三是道德教育,道德教育就是一定的社会、阶级或群体为了使人们遵循道德规范准则,履行义务,而有组织、有计划地施行系统的道德影响的活动。道德教育比道德赏罚具有更大的广泛性和正面性,比社会道德评价具有更明确的方向性和系统性。道德教育对个体道德意志的影响主要是确立道德意志的认识论基础、情感基础、目的动机,磨炼道德意志,养成道德意志的行为习惯,形成良好的道德意志品质等。道德意志教育主要通过学校、家庭、社会三个方面共同完成,尤其是学校在道德意志教育方面起着重要作用。

个体道德意志的形成和发展离不开社会的道德调控,但社会道德调控的有效程度在于其是否能够转变为个体的自我道德调控,他律机制是否最终能够转化为自律机制。道德意志的最终形成也就是从他律形式向自律形式的转化,只有具备自我约束的功能,道德意志才得以产生,个体现实的道德才能形成。自我道德约束是个体自我道德调控的一种自觉的方式。实际上,个体道德的发展和不断完善就是个体在社会道德调控的影响下,不断地修养自身并付诸实践的过程。个体的自我约束是个体道德发展成熟的关键所在。个体自我道德意志约束主要包括自我价值认同、自我立法及对爱好和欲望的控制。实际上,自我约束最终就形成了道德意志的核心内容和表现形式。据《元史》记载,大学者许衡一天外出,见路边有一棵梨树,很多行人纷纷去摘梨解渴,只有许衡不为所动。有人便问:"何不摘梨以解渴"？许衡答道:"不是自己的梨,岂能乱摘",有人讥讽他说:"世道这样乱,管他是谁的梨。"许衡正色道:"梨虽无主,我心有主"。"我心有主",表示内心的自律,能够排除外界的干扰和诱惑,恪守自己的操行,不为外物所役,不被诱惑所困,力求做到"一念之非即遏之,一动之妄即改之"。① 毛泽东同志 1956 年在党的八届二中全会上的一篇讲话中讲道:"锦州那个地方出苹果,辽西战役的时候,正是秋天,老百姓家里有很多苹果,我们战士一个都不去拿。我看了那个消息很感动。在这个问题上,战士们自觉地认为:不吃是很高尚的,而吃了是很卑鄙的,因为这是人民的苹果。"② 这里毛泽东高度赞扬了解放军战士的意志自觉

---

① 彭柏林:《道德需要论》,三联书店 2007 年版,第 148 页。
② 《毛泽东文集》第七卷,人民出版社 1999 年版,第 162 页。

精神,对自我行为的约束控制。这两个故事都表明,任何外在的社会调控机制,如果没有主体内在的自我契合,是不会产生什么道德意志的,更不会产生高尚的道德行为和品质。

在外在调控的基础上,主体的内在约束最终培植了道德意志并推动其发挥作用。内在约束相对于外在调控,它的控制效果更为稳定和持久。因此,应把二者有机结合起来。

二、道德灌输机制和自主选择机制相结合的原则

自主选择和道德灌输是两种相互补充的道德教育原则,对于个体道德意志的培养具有重要意义,完全推崇一种原则而反对另一种原则,都是不科学的,应该把二者有机结合起来,共同指导道德教育和生活实践。①

在价值多元、充满选择的时代,个体自主选择道德生活方式和道德行为不仅成为一种可能,而且成为一种必须。道德选择主要是一种意志选择,即道德意志的自我选择,意志选择最重要的特征就是自主性,也就是人们常说的意志自由,任何出于独立道德意志的道德行为都是自主的判断、选择,而不能由他人代替选择,也不是外力的强制压迫。只有当一个人具有强烈的道德需要的愿望,进而拥有了自我选择的能力时,培养道德意志的内在条件才算基本具备。当然,自我选择不是自我任意的选择,从根本的意义上,它要受到社会物质生活条件及建立在其基础之上的社会道德原则、规范的制约。因此,培养人们的道德意志,必须尊重个体的这种意志特性。传统道德教育的一大失误,就在于将教育对象看作一个"接受器"或"受物袋",预先设置好道德判断和选择,让教育对象被动接受,完全忽视了个体意愿和其自身固有的能动性。"一个人只有在他完

① 这里的自主选择与西方价值澄清学派中强调价值中立,否定价值原则和规范的自我选择有本质区别。

全自由的意志去行动时,他才能对他的这些行动负完全的责任,而对于任何强迫人从事不道德行为的做法进行反抗,乃是道德上的义务。"①美国学者威廉·斯通在其著作《政治心理学》中说:"在考虑用最有效的沟通方法将信息传送给接收者时,要注意他们的知识和情绪差异","听众的教育水平,他的专业兴趣,甚至成员的智力都是需要考虑的因素"。② 威廉·斯通这席话对我们进行道德意志的培养工作具有启发意义,忽视对个体自主性的尊重,难免会造成道德上的从众和盲目,可能会带来创造性的流失、权利感的阙如、责任感的失落、道德意志无力等后果。对个体人格尊严的尊重,对个体自主选择的确立,是道德教育得以有效进行的前提,也是培养个体道德意志的基础。

但是,我们应该看到,个体的自主选择并不一定就能养成独立的道德意志,还需要教育者的适度灌输与积极引导。道德灌输之所以必要,是因为,道德知识是个体道德意志生成的重要资源和必然前提,任何个体道德意志的生成都必须以一定的道德知识、道德理论的认知和积累为条件,没有对社会道德原则和规范的认知、评价和把握,个体意志需要的生成也就成了无源之水、无本之木。美国伦理学家弗兰克纳认为:"根据传统的观点,各种道德规则或价值和由此而来的品性应通过教育而非法律的途径灌输给个人。那些教育途径不仅诉诸说理,同时求助于培养习惯、运用奖惩和褒贬、采用规劝、榜样和问答教学等不同形式的灌输方法。"③

对于"灌输"一词我们要做具体分析,"命令式"、"填鸭式"的灌输是

---

①　《马克思恩格斯选集》第4卷,人民出版社2012年版,第91页。

②　[美]威廉·斯通:《政治心理学》,胡杰译,黑龙江人民出版社1997年版,第270页。

③　William.K.Frankena, *Philosophic View of Moral Education*, The Encylopedia of Education, Volume 6. Lee C. Deighton, Editor-in-Chife, The Macmillan Company Free Press, 1971, p.394.

要反对的;但我们可以从正面意义上讲"灌输",即"教育"和"导向",因此不能一味地否定、反对"灌输","灌输"完全可以是正面的,这就是强调道德教育的后天性、系统性和重要性。灌输"是后人掌握前人所创造的一切科学原理的一个共同的法则,除此,另无他路。"①道德意义上的"灌输",既是一种基本的原则,又是一种必要的方法,它通过说服,规劝,传授道德知识、理论和方法,使受教育者的道德知识、能力、品质得到提高和发展,尤其是针对少年儿童,当他们缺乏足够的辨别和分析能力的时候,对他们灌输必要的道德知识、规范和信条是十分必要的。西方价值澄清学派将"灌输"等同于"命令式"、"填鸭式"的教育方法而进行大肆批判,我们应当看到其理论背后的价值支撑和不良企图。②

所以,我们应该将自主选择原则和灌输原则有机结合起来,一方面,我们将道德知识、道德判断标准以及道德选择、创造的方法、经验等灌输给受教育者,同时,又不忽视道德主体的接受心理和接受能力,充分考虑道德接受主体的意向、情感和经验等因素,使社会的道德原则和规范成为道德接受主体的内在需要和自我要求;另一方面,在道德意志教育过程中,晓之以理、动之以情,充分尊重受教育者的人格和个性习惯,激发其自我选择的意愿和激情,同时,积极以价值主导和引导,进行正确灌输,发挥教育者的责任。道德主体的自主选择和适当灌输原则的有机结合,使得外在的道德灌输获得内在心理基础的支持,内在的心理需求获得积极价值的引导,从而使社会的道德原则和规范为主体所认识与理解、吸纳与接受,实现道德他律向自律的转化。

---

① 孙喜亭:《马克思主义与德育的灌输原理》,《北方理工大学学报》1991年第6期。

② 我们在看到价值澄清学派对灌输理论批判所展现的积极价值和意义的同时,更应当看到价值澄清学派在价值中立原则的大旗下,掩盖着"道德相对主义"和"去道德化"的实质,掩盖着反对任何主流价值导向的用心。实际上,从20世纪八九十年代以来,西方国家开始对其教育模式提出反思,对"价值澄清"提出各种批评。

三、自我修养与社会实践相结合的原则

道德意志的养成既需要道德理论的学习与积累,又需要社会实践的磨炼与应用,既需要主观世界的自我改造,又需要在客观世界中去验证与提高,因此,道德意志的培养之路,是自我修养与社会实践有机结合的道路。

自我修养指个人自觉地按照一定的道德标准所进行的心理、认识和行为方面的自我锻炼和自我改造活动。① 自我修养包括自我道德教育、自我道德锻炼和自我道德改造等各个过程。它是个人道德活动中的重要方面,是中国传统伦理思想中的重要资源和优良传统。西方伦理学直觉主义义务论派代表罗斯就把自我修养列为七项"自明的"义务之一。中国古代伦理思想的一个重要特点也是强调自我修养。孔子主张"修己以敬",儒家还把个人修养的好坏看成政治好坏的关键。《大学》就提出修身、齐家、治国、平天下等这样的修养准则。② 自我修养是培养个人德行的重要方法,也是培养个体道德意志的重要方法。在中国传统伦理思想中,自我修养理论极其丰富,给我们留下了很多宝贵的精神遗产,至今仍有时代价值。中国传统自我道德修养思想大致可以分为两个路径、两套功夫,一是"尊德性",即以"诚明"的方法所达致的个体诚意正心的德性修养,二是"道问学"即以"明诚"的方法所达致的个体格物致知的进学功夫,他们是一个过程("诚则明也,明则诚也")的两个方面。这两派理论尤其以宋明理学发展至巅峰。宋明时期程朱与陆王学派的论争③,在很

---

① 参见罗国杰主编:《中国伦理学百科全书·伦理学原理卷》,吉林人民出版社 1993 年版,第 374 页。

② 参见李水海主编:《世界伦理道德辞典》,陕西人民出版社 1990 年版,第 476—477 页。

③ "鹅湖之会"上,两派将"尊德性"与"道问学"论战推向了高峰。参见朱贻庭:《中国传统伦理思想史》,华东师范大学出版社 2009 年版,第 409 页。

大程度上是关于修养方法的论争。程朱学派提出"居敬"、"穷理",即"涵养需用敬,进学在致知"的修养功夫论,陆王心学批评程朱理学的修养方法为"支离",而以"易简"功夫自诩,反对"收敛"身心,固守本然之性主张"发明本心",认为"致知"不是磨炼知识而是"致良知"。① 实际上,两派争论的焦点就在于道德修养应该是内求还是外求? 是渐修还是直悟? 是重知还是重行? 一句话,就是道德知识与道德实践谁者重要的问题。对此问题的正确回答实际可以解决道德意志培养的路径问题。

今天我们当然可以以一种辩证的思维来扬弃自我修养中的"尊德性"与"道问学"的各自利弊,为道德意志的培养找到一条有效之途。道德的理性认识在个体修为过程中是道德判断和行为的基础和工具,没有智的充分发展和致学的过程,没有道德教育与对教育的接受,个体道德意志的养成与发展不可能是健康的。道德的"知"不仅可以转化为道德意志的力量,而且本身也是道德体验和实践不可或缺的积极因素和指导机制。同时,良知、仁心是要通过亲亲仁民、爱物及物、立人达人的道德之行才能得到体认,在致良知的功夫过程中,人们的反省、悟道、操存、涵养,都是以切实的道德经验为基础,道德意志也正是在不断地体认、经验和社会实践中得以形成,并不断得到强化和巩固。因此,在道德意志的培养过程中,应该把自我修养与社会实践有机结合起来,把自我修养引入道德实践、生活实践、社会实践中去,个体道德修养与社会主义现代化建设的实际结合起来,个体道德修养与个体从事的具体事业密切结合起来,使得道德修养不再是纯粹的"向内用功夫",而是寓于自己所从事的工作之中,通过具体平凡的工作体现出来,并非孤悬于其外、其上,不着边际,而是与道德实践、生活实践、社会实践紧密结合起来。②

---

① 参见李肃东:《个体道德论》,华中理工大学出版社1994年版,第131—135页。
② 参见李肃东:《个体道德论》,华中理工大学出版社1994年版,第138—140页。

四、普遍性和特殊性相结合的原则

个体道德意志的形成与发展是在社会实践的基础上,社会条件与主观内部因素相互作用的结果。由于人们的社会生活条件和所受的教育影响不同,人们的文化知识素养和身心发展状况不同,尤其是由于人们的主观努力程度不同,因而,人们的思想觉悟和道德修养水平也就必然存在差异。培养个体的道德意志,应针对不同的道德主体,根据他们的年龄特征、个性特点、道德需求及身心状况,将普遍性要求和特殊性要求有机结合起来,做到因材施教、循序渐进。

在现阶段,随着我国改革开放的不断深入和社会主义市场经济的迅速发展,经济成分和经济利益多样化、社会生活方式多样化、就业岗位和就业形式多样化日趋明显,这些新情况和新变化反映到个体的道德发展水平上,就必然引起社会道德的复杂多样化,个体价值观念上表现出较大的差异,思想道德水平也出现明显的层次化特征。道德意志教育要从个体道德实际出发,针对不同对象,给予区别对待,既鼓励先进,又照顾多数,把先进性的要求同广泛性的要求结合起来,以引导和激励不同觉悟程度的人们共同进步。处理好先进性要求同广泛性要求的关系应着力抓住以下环节:一是德育活动的规则、思路、方针政策、评价标准等基点都要从广泛性要求出发,适应普遍性的需求与可能达到的标准。二是广泛性的要求要有适宜的基本性、适度的导向性和内涵逐次升华的趋向性。因为广泛性要求的目的是达到先进性要求。三是当前要大力倡导先进性的主导作用。因为社会主义道德的最终目的不是使我们的道德水准仅仅停留在低水平、低标准上,而是要将不同觉悟的人们引向更高的境界。先进性代表一种崇高趋势和最终追求,只有理直气壮、旗帜鲜明地提倡,才能发挥凝聚引导、潜移默化的作用,才能不断将人们的道德水平提高到更高、更新的层次。

因材施教、循序渐进是我国传统教育思想尤其是伦理道德教育思想的优良传统和宝贵资源,也是道德意志教育普遍性和特殊性相结合的重要原则。针对受教育者的个性特点、身心情况、道德发展目标要求以及意志水平,采用不同的教育方式方法,并在实践过程中,遵循道德意志发展规律和特点,逐步积累,稳步推进,科学合理地实施教育活动。在这个方面,中国传统伦理思想中有大量资源可供借鉴。孔子就是个中典范,《论语·宪问》记载,子路问:"闻斯行诸?"子曰:"有父兄在,如之何其闻斯行之?"冉有问:"闻斯行诸?"子曰:"闻斯行之。"公西华曰:"由也问闻斯行诸,子曰:'有父兄在';求也问闻斯行诸,子曰:'闻斯行之。'赤也惑,敢问。"子曰:"求也退,故进之;由也兼人,故退之。"孔子针对冉求、仲由不同的个性、意志特点,提出不同的教育要求和方法,对冉求的畏缩怕前、谨小慎微、犹豫不决,教育他敢于前进,抓住时机,立即行动;对仲由的冲动鲁莽、冒失行事则告诫他要遇事三思而后行,最好要请示父母同意后再行动。荀子在《荀子·修身》中指出:"治气养心之术,血气刚强,则柔之以调和。知虑渐深,则一之以易良。勇胆猛戾,则辅之以道顺。齐给便利,则节之以动止。狭隘褊小,则廓之以广大。卑湿重迟贪利,则抗之以高志。庸众驽散,则劫之以师友。怠慢僄弃,则炤之以祸灾。愚款端悫,则合之以礼乐,通之以思索。凡治气养心之术,莫径由礼,莫要得师,莫神一好。夫是之谓治气养心之术也。"也就是要以"柔、一、辅、节、廓、抗、劫、炤、合、通"等手段治理"刚强过度、知虑渐深、勇胆猛戾、齐给便利、狭隘褊小、卑湿重迟贪利、庸众驽散、怠慢僄弃、愚款端悫"等弊病,在改变先天缺点错误的过程中完善意志,健全人格。荀子在《劝学》篇中强调了道德意志修养要付诸实践,是个不断积累的过程,只有持之以恒才能积善成德。荀子在《不苟篇》和《解弊篇》中提出心灵(意志)的修习要合乎理(规律),养之以诚、养之以清,不以外物害之。① 应该说,荀子在培养道德

---

① 参见焦国成:《中国伦理学通论》(上册),山西教育出版社1997年版,第401页。

意志和意志品质方面,坚持了一条朴素的唯物主义路线。

朱熹提出了一个循序渐进的德育阶段说,实际上内涵了道德意志培养的阶段性要求。他把学校教育分为"小学"、"大学"的两个阶段。8—15 岁受"小学"教育,而 16、17 岁后受"大学"教育。朱熹认为,由于受教育者自身年龄层次及其智力水平、心理状态的自然差异,"小学"和"大学"的道德教育就应有不同的内容、方式和方法。"小学"教育"只是教之以事",注重行为的训练,"如事君、事父、事兄、处友等事,只是教他依此规矩做去",不必教他们"穷究那理"。16、17 岁入"大学",由于"于小学存养已熟,根基已深厚",理解能力也较强,就应着重"教之以理,如致知、格物及所以为忠信孝弟者"(见《语类》卷七)。这就是说,"小学"主要是直观教育,讲清楚"是什么";"大学"则主要是理论教育,"讲明义理",教以"为什么",两者应有区别。但实际上又是前后相续,密切联系的,"大学"有专门针对道德意志的教育与培养。他认为"顺导其志意,调理其性情"这一方基础,"大学"是"小学"的深化。

王阳明根据自己长期从事教育实践的经验,提出了一套教育方法,其中就法尤宜于童教。王守仁说:"今教童子,惟当以孝悌忠信礼义廉耻为专务,其栽培涵养之方,则宜诱之歌诗以发其志意,导之习礼以肃其威仪,讽之读书以开其知觉"(《传习录中·训蒙大意示教读刘伯颂等》)。他以种树为喻,称其教育方法为"栽培涵养之方",强调教育儿童也如种树一样,应针对儿童身心发展的特点进行教育,如诱之歌诗,使儿童如春天的草木那样舒畅条达,感到"无厌苦之患,而有自得之美",从而"潜消其鄙吝,默化其粗顽,日之渐于礼义而不苦其难,入于中和而不知其故"(《传习录中·训蒙大意示教读刘伯颂等》),自愿而乐于接受教育。王守仁坚决反对用"鞭挞绳缚,若待拘囚"的强制方式来教育儿童,认为这样会使儿童"视学舍如囹狱而不肯入,视师长如寇仇而不欲见",甚至会促使儿童走向邪道。这一教育方法,符合儿童成长规律,而且注重儿童在道德选择上的自愿原则,具有重要意义。在教育对象和教育进程上,他主张"各随分限所及",循序渐进,因材施教。要教人"致知",要根据学生的觉悟程度而循序渐进,不能"躐等"。这些思想和方法对我们今天培养个体道德意志仍然具有积极的借鉴意义。

第三节　道德意志品质培养的方法与途径

根据道德意志培养的原则性要求,我们可以从外在机制和内在机制两个方面找到培养道德意志的方法与途径。

一、道德意志培养的外在机制

(一)道德环境的熏陶

所谓道德环境是指道德主体所生活的环境。广义的道德环境可以泛指整个社会的道德状况,狭义的道德环境指道德主体进行道德交往时所涉及的现实道德状况,两者没有质的区别,而只有量的区别。[①] 道德环境又可以分为优良环境和恶劣环境两类。前者表示道德主体所处的道德生活现实是和谐的、道德的;后者说明道德环境是紊乱的、邪恶的。道德环境的优劣对人的意志发展有非常重要的作用,当然这种作用不是唯一的,我们不能忽视道德环境对人的意志形成和发展的影响,也不能夸大这种影响作用。良好道德环境有益于道德意志修养以及道德意志水平的提高,有益于道德境界的提升;恶劣道德环境不利于良善道德意志的形成,有时还会诱发恶的道德意志的泛滥。

恩格斯说:"人们自觉地或不自觉地,归根到底总是从他们阶级地位

---

① 参见罗国杰主编:《中国伦理学百科全书·伦理学原理卷》,吉林人民出版社1993年版,第331页。

所依据的实际关系中——从他们进行生产和交换的经济关系中,获得自己的伦理观念。"①这从根本上解决了道德、道德意志的起源问题,也深刻地道出了道德、道德意志的受限性问题。道德生活只能是社会政治、经济、文化生活的反映。从根本意义上,个体的道德意志要受到社会政治、经济、文化的制约。社会的政治、经济、文化生活状况直接影响和决定着道德意志的状况,每当政治清明、经济发展、文化昌盛时,人们对社会的信心就会增强,对道德的信仰也会增强,人们的道德意志水平也会相应提高,而每当政治腐败、经济衰退、文化沦丧时,人们往往就对社会的信心产生动摇,对道德的信仰也会随之动摇,道德意志的自主性、自觉性、坚定性、自律性必定降低,道德意志水平也会下降。正如罗素所说的,"普遍的混乱必然要引起道德败坏更甚于智识的衰退。延绵了许多世代的动荡不宁,尽管能够容许极少数的人有着高度的圣洁,但它确乎是敌视体面的公民们的平凡的日常德行的。当你的一切储蓄明天就会一干二净的时候,勤勉就似乎是无用的了;当你对别人诚实而别人却必然要欺骗你的时候,诚实就似乎是无益的了;当没有一种原则是重要的或者能有稳固的胜利机会时,就不需要坚持一种原则了;当唯唯诺诺混日子才可以苟全性命与财产的时候,就没有要拥护真理的理由了。"②罗素这席话真切地道出了个体道德、道德意志极大地要受社会环境的影响。

中国传统伦理思想历来重视道德环境对个体道德生成的影响,重视道德环境对道德意志培养的作用。荀子从人性恶的前提出发,认为"化性起伪"可以培养人的道德性,其中"注错习俗"就是"化性起伪"之方。"可以为尧舜,可以为……"(《荀子·荣辱》),这里的"注错习俗",实际上就是指要优化一个人所处的生活环境和习俗。在荀子看来,"蓬生麻

---

① 《马克思恩格斯文集》第 9 卷,人民出版社 2009 年版,第 99 页。
② [英]罗素:《西方哲学史》(上),何兆武译,商务印书馆 1963 年版,第 290 页。

中,不扶而直"(《荀子 劝学》)为尧舜,为桀跖,"是非天性也,积靡使然也",不同生活环境和习俗对个体会造成不同的影响。人是社会环境的产物,不能脱离环境而存在,环境对个体道德意志的形成和发展总是起着潜移默化的作用。故历史上有"孟母三迁"、"岳母刺字"的美好故事,前者说明的是社会环境对个体的意义,后者说明的是家庭环境(家风及父母的言传身教)对个体的影响。

道德环境是由多种多样的因素组成,其中社会舆论是贯穿于道德环境中的、对个体道德意志的培养发挥着极其重要影响作用的因素。所谓社会舆论,是指道德社会评价的最主要的手段。包括口头议论和大众传播工具两个方面。① 在社会道德生活中,社会舆论对人们道德意志的培养有着重要作用。首先,人们可以借助社会舆论,对意志行为作出善恶判断,并表明相应的倾向性态度。其次,人们可以通过舆论所表达的社会情绪,从一个侧面进一步了解和研究社会的道德意志状况。再次,通过社会舆论使行为当事人了解社会所要求的意志行为选择标准,以及自己行为的社会后果。最后,社会舆论还具有疏导和批判的作用,即在它的赞同或谴责下,使得个体坚持或改变自己意志行为方向和行为路线。社会舆论又有正确、先进和落后、错误之分,前者对人的意志培养起着积极的影响,后者则起着消极的影响。对于个人来说,既要注意广泛听取社会舆论对自己行为的评价,择善从之,遇过改之,又要对社会舆论采取分析的态度,顺应正确的舆论,抵制错误的舆论。② 因此,要优化道德环境,就要营造良好的、健康的社会舆论环境。

在 2008 年汶川地震后,出现了一个社会舆论焦点,就是对那些在地震中意志坚强、不怕牺牲、舍己为人的英雄人物和普通百姓予以高度褒

---

① 参见罗国杰主编:《中国伦理学百科全书·伦理学原理卷》,吉林人民出版社 1993 年版,第 350—351 页。

② 参见宋希仁等主编:《伦理学大辞典》,吉林人民出版社 1989 年版,第 584 页。

扬,连一头在废墟中长期存活的猪都得到了"猪坚强"的美称,全社会的抗震救灾也汇成一种民族意志的洪流而融入民族精神的血液之中,整个社会的道德意志能量得到激发,社会整体的道德意志水平也得到提升。而在另一个舆论焦点——"范跑跑事件"①中,社会舆论对范跑跑的言行进行了尖锐批评。这些现实都生动地说明了社会舆论对道德意志培养的重要作用。

在当代社会,广播、电视、报刊、杂志尤其是因特网等大众传播媒介已迅速普及,能及时地、大量地向人们提供社会所倡导的新思想、新道德、新行为风尚,从而构成人们共同的认知环境,可以充分利用大众传播媒介的功能,发挥它们在社会舆论导向中的重要作用。"广播、电视、报纸、刊物等大众媒体,要坚持团结稳定鼓劲、正面宣传为主,牢牢把握正确舆论导向,满腔热情地宣传两个文明建设中涌现出来的、反映新时期道德要求的新事物、新典型。要利用群众喜爱的名牌栏目,加强对社会普遍关注的道德热点问题的引导。要积极开展舆论监督,有力地批评背离社会主义道德的错误言行和丑恶现象。要发动群众参与,对具有典型意义的人和事展开讨论。计算机互联网作为开放式信息传播和交流工具,是思想道德建设的新阵地。要加大网上正面宣传和管理工作的力度,鼓励发布进步、健康、有益的信息,防止反动、迷信、淫秽、庸俗等不良内容通过网络传播。要引导网络机构和广大网民增强网络道德意识,共同建设网络文明。"②只有充分利用大众传播媒介的功能来营造良好的健康的社会舆论,用积极的、健康的内容影响和教育群众,对假冒的精神产品以及不良的道德现

---

① "范跑跑事件":范跑跑,是四川某中学教师。2008 年四川汶川地震发生时,作为一名教师的范某丢下了学生不理不管,一个人跑到了安全的操场,被网民斥之为"范跑跑"。他在网上发表了"只有为了我的女儿我才可能考虑牺牲自我,其他的人,哪怕是我的母亲,在这种情况下我也不会管的……"的言论。他还在电视屏幕上,与人辩论,坚持自己的观点。

② 《公民道德建设实施纲要》,《光明日报》2001 年 10 月 25 日。

象施以强大的舆论压力,才能创造社会良好的道德氛围,这对培养人们自觉良善的道德意志品质有着极为重要的意义。

(二)社会制度的调控

环境对人的道德意志的影响是一种软性影响,而制度的调控对人的道德意志影响是硬性的。无数的事实和研究都表明,外在的制度约束规范、调控管理是使个体道德意志发展的他律向内在自律转变的重要条件,是培养和完善个体道德意志的重要因素,而且又是个体道德意志得以发挥作用、显现效果的外在支持手段。培养个体的道德意志,必须借助制度支持,依靠制度的约束来倡导弘扬道德行为,打击、压制不道德的行为,在这一方面,世界上许多国家为我们提供了有益的借鉴,新加坡就给我们提供了很好的启示①。社会制度的调控就是要形成一种积极的奖惩机制,能够使有德者有福,有德者获荣耀或礼遇,而缺德者遭谴,受到损失,甚至受到赏罚,达到"德福一致"。如果缺德者获利,做好人好事反没好报,英雄流血又流泪,"德福背离",这个社会就出现了大问题。恶欲横流,恶人当道,没有人愿意去做好事,也没有人愿意去做好人,社会也就离崩溃不远了。

道德制度的功能主要在于一种惩恶扬善,它是以利益为杠杆,对道德觉悟高的个体,激励他们更先进、并对其有益于社会和他人的言行进行奖赏和褒扬,对道德觉悟低的个体,惩处他们的不道德言行,并对其有损于社会和他人利益的行为进行制裁。利益(包括直接或间接的物质和精神利益)是道德的基础,也是人们道德意志的基础,是支撑道德意志行为背后的根本动因。奖赏和褒扬会使人们得到某种物质上的或精神上的满

---

① 新加坡注重道德立法。新加坡有这样的法规,随地吐一口痰罚款 200 新元,随地扔一个烟头罚款 1000 新元,公共厕所便后不冲水,也要罚款 1000 新元,甚至更多。对于不文明或破坏文明的行为,轻则罚款,重则起诉,法庭很快依法作出判决,加以执行。严密的道德立法和严格的执法使新加坡的道德建设有了强大的后盾和有力的保证,不仅形成了具有较高水平的法治环境,也大大地推动了整个社会道德建设的进程。

足,这种满足感对人们的道德行为无疑会起着支持、鼓励、诱导和推动等强化作用。而惩处和制裁则不仅可以迫使受罚者在社会组织的禁戒、禁止、警醒面前改弦更张,而且也会对那些道德觉悟不高甚至低下、自律精神较差的人产生一种强大的压力。"使这人追求美德,使他觉得有美德是快乐,或者,无美德是痛苦。为善联想快乐,为恶联想痛苦,或者尽力使人经验到:行善自然有快乐,为恶自然有痛苦,这样才能招致人志在美德,而且等到意志坚定时,就无须想到快乐痛苦,只会行动了。"①

　　作为制度调控形式,对道德意志产生影响的最主要方式是道德赏罚。所谓道德赏罚,实际上是赏善罚恶,是社会对主体行为的善恶或其道德品质的高低施加的道德评价和调控方式。② 道德赏罚作为赏罚的一种形式,具有一般的社会赏罚规定性,简言之,就是在道德生活中的奖赏与惩罚,"全部道德文化的主要目的是塑造和培养理性意志使之成为全部行为的调节原则"③。其根本目的在于促成社会道德自由,即实现道德秩序与个体内在道德品质的有机统一,所以,道德赏罚的内在本质必然通过两个方面的功能表现出来④,对整个社会而言,道德赏罚具有五种功能:一是道德违规的规范功能;二是道德权威的维护功能;三是道德风尚的倡扬功能;四是道德价值的导向功能;五是社会公正的保障功能。对个体而言,道德赏罚具有以下功能:一是道德行为的强制功能;二是道德认识的推动功能;三是道德情感的培养功能;四是道德信念的维护功能;五是道德品质的塑造功能。⑤

---

①　周辅成:《西方论理学名著选辑》(下),商务印书馆 1987 年版,第 269 页。
②　参见曾小武:《论道德赏罚》,《长沙水电学院学报》1999 年第 1 期。
③　[德]弗里德希·包尔生:《伦理学体系》,何怀宏、廖申白译,中国社会科学出版社 1988 年版,第 412 页。
④　参见曾小武:《论道德赏罚的功能》,《吉首大学学报》(社会科学版)2003 年第 2 期。
⑤　参见彭柏林:《道德需要论》,三联书店 2007 年版,第 158 页。

当前社会越来越强调制度调控对道德、道德意志培养的重要性,在实践的层面作出了各种举措。如在全国各地,很多地方政府设立了"见义勇为"基金,就是对道德的行为、高尚的举动进行褒扬,对他们的损失进行补偿,不让英雄流血又流泪。现在每年全国都在举行各种层次的道德模范评选活动,对评选出来的道德模范进行物质和精神方面的奖励,以期推动社会道德的进步。国家在认真抓好全民法制宣传教育的同时,加大执法力度,严厉打击危害社会的各种违法犯罪活动,对道德领域的一些极其恶劣的行为和活动进行法律干预和制度干涉,维护正常的经济秩序、公共秩序、生活秩序,为公民守德、行德提供法制支持。

(三)道德教育的优化

在道德意志的外在影响机制中,教育是最重要的要素。中国古代教育家极其强调教育在个体意志养成中的必要性。如管子所言的"儿牧民者,使士无邪行……"(《管子·权修》),孟子所说的"谨庠序之教,申以孝悌之义……"(《孟子·梁惠王上》)董仲舒所讲的"夫万民之从利,如水之走下,不以教化提防之……"(董仲舒《举贤良对策》)。中国古代教育家又极力强调道德教育的功能和作用。孔子就要求学生"志于道",端正道德意志中的道德动机,认为一个人只有"志于道",才能"据于德,依于仁、游于艺。"孟子将道德意志放在德育过程的特殊地位:"夫志,气之帅也,气,体之充也。夫志至焉,气次焉。故曰:持其志,无暴其气"(《孟子·公孙丑上》),强调用坚定的意志来引领人的行为活动和德性。张载把"士先志"作为"教之大伦",把立志作为人的事业和德性的基础:"志大则才大、事业大"(《正蒙·至当》)。古代教育家还提出了很多在今天看来仍然有应用价值的道德意志教育的理论和方法,如学习的方法、困难磨炼的方法、榜样示范的方法、灌输的方法等。当然我们在认识到传统道德教育的价值时,还应当清醒地看到传统道德教育的局限性,即教育价值原则和目标上的时代性和阶级局限性,教育手段和方法的单一性,知识与实践的脱节性等。

道德意志教育之所以成为可能,就在于教育的目标与个体道德需要的目标一致,"善,教化之所然也,非质朴之所能至也"(董仲舒《春秋繁露·实性》)。正是优良道德的教化,个体才能正确认识自己所面对的社会关系尤其是利益关系的意义,才能正确理解应当遵循的社会道德原则、规范与道德需要的关系,只有通过教育灌输,个体先天的"可能"道德能力才能转化为"现实"的道德能力。当前,我们面对社会经济成分、组织形式、就业方式、利益关系和分配方式多样化的趋势,面对全面建设小康社会,人民群众的精神文化需求不断增长,面对世界范围各种思想文化的相互激荡,道德教育领域出现了许多新情况、新问题和新矛盾,必须适应形势发展的要求,积极探索新形势下道德教育的特点和规律,在内容、形式、方法、手段、机制等方面努力改进和创新,把公民道德建设提高到一个新的水平。

当前,首先要做到将家庭教育、社会教育与学校教育有机结合起来,形成培养道德意志的合力机制。家庭是人们接受道德意志教育最早的地方。自觉、坚强的道德意志必须从小开始培养,从娃娃抓起。要在孩子懂事的时候,深入浅出地进行道德启蒙教育;要在孩子成长的过程中,循循善诱,以事明理,引导其分清是非、辨别善恶。家庭成员的善言善行也会对孩子产生积极影响,会形成良好的家风;社会是进行公民道德意志教育的大课堂。社会各层面大力宣传基本道德知识、道德规范和必要礼仪,各种爱国主义教育基地和场所积极发挥历史和革命传统教育功能,各类市民学校、职工学校、民工学校、农民夜校、家政学校等多渠道开展道德教育活动,社会各组织、团体、协会开展的各种精神文明创建活动,都会对个体道德意志培养起着重要作用;学校(正规学校)是进行系统道德意志教育的重要阵地。各级各类学校必须认真贯彻党的教育方针,全面推进素质教育,把教书与育人紧密结合起来。要科学规划不同年龄学生及各学习阶段道德教育的具体内容,坚持贯彻学生日常行为规范,加强校纪校风建设。要发挥教师为人师表的作用,把道德教育渗透到学校教育的各个环节。要组织学生参加适当的生产劳动和社会实践活动,帮助他们认识社会、了解国情,增强社会责任感。必须把家庭教育、学校教育、单位教育和社会教育紧密结合起来,相互配合,相互促进。突出加强社会教育,巩固家庭教育、学校教育、单位教育的成果,促进青少年道德意志教育的深化。

其次,要将道德理论教育和道德实践教育有机结合起来。道德意志教育的最终目的是培养学生的道德行为和习惯,形成道德人格,它的根本途径和主要方法就是在提高学生道德认识的同时,进行道德实践。社会实践是道德教育的第二课堂,也是青少年意志品质培养的必由之路。"知道为道,体道为德。"没有理论指导,社会实践就会迷失方向,就会事倍功半,离开了社会实践,道德教育就会变成苍白无力的说教和毫无意义的清谈。发挥思想品德课教育的主阵地和主渠道作用,增强道德理论教育的说服力和吸引力,注重道德教育的指导性和现实针对性;大力倡导和组织学生参加勤工助学、科学研究、技术开发和推广社会公益劳动有关的社会服务活动,积极拓宽道德教育的途径和渠道,使学生在实践中认识社会,了解国情,展现自我,塑造人格,服务人民,不断提高自身的综合素质。同时在社会实践环节要突出思想内涵、强化道德要求,讲求形式多样,使学生在自觉参与这些活动中思想感情得到熏陶,精神生活得到充实,道德境界得到升华。

再次,要发挥教师的主导作用和学生主体作用的协调一致。"我说你通,我令你行"的硬灌式教育,它将教育者的自主性和主动性无限夸大,忽视了教育对象在教育过程中的主观能动性,必然会导致把教育降至"纯客体"的机械位置上,不利于教育效果的取得。教师要尊重学生的主体地位,以平等的态度看待学生、对待学生,以学生的成长和发展作为德育活动的出发点和目的。在充分信任学生的基础上积极加以引导。一切道德教育方法必须建立在对学生思想和行为变化发展规律的科学把握基础上,符合学生的需要与思想实际。改进传统教育模式,变封闭教育为开放育德,坚持由浅入深,循序渐进的方针。反对道德教育方面的一切形式主义,讲求实效,较多运用互动式、体验式、渗透式和咨询式的教育方法,加强道德教育的实践环节,充分调动学生的积极性、主动性和创造性,有针对性地解决学生思想行为中的问题,保证道德教育的有效性。

最后,要吸取传统道德教育资源,积极借鉴西方有用资源,创新具有时代特色的道德意志教育的内容和形式。传统美德中的仁爱、自强不息、浩然正气等都是民族道德意志品质,在今天仍有着深刻的内涵和时代价值,是中华民族绵延不衰、自强不息、团结统一的强大精神纽带和精神动力。在革命和建设时期我们形成了革命道德传统,如共产主义的理想信念,全心全意为人民服务的高尚品德,一不怕苦、二不怕死、为人民勇于献身的革命精神,吃苦在前、享乐在后的高尚情操和自力更生、艰苦奋斗的优良传统等,在今天仍然具有指导性作用和主导性价值。在改革开放和现代化建设过程中形成的解放思想、实事求是,与时俱进、勇于创新,知难而进、一往无前,艰苦奋斗、务求实效,淡泊名利、无私奉献的时代精神也是我们道德意志精神升华和表现。[1] 在 2008 年抗震救灾中形成的"万众一心、众志成城,不畏艰险、百折不挠,以人为本、尊重科学的伟大抗震救灾精神"[2],又成为新时期道德意志教育的重要内容。同时我们还要积极借鉴世界各国道德教育成功经验和先进文明成果,学习他们的竞争意识、协作观念和自我奋斗精神等。

二、自我道德意志的修养

良好的道德意志品质并非与生俱来,并非是上帝或是神的赏赐,它需

---

[1]　沈永福:《加强高校道德教育应把握好五个统一》,《滁州师专学报》2002 年第 3 期。

[2]　《胡锦涛文选》第三卷,人民出版社 2016 年版,第 83 页。

要外在的约束规范,更需要内在的自律。前文已说过,自律是道德意志培养的根本,而自律精神的获得又是在后天长期的社会实践活动中,在克服困难的过程中逐渐形成的,它需要艰苦的磨炼和自觉的修养。中国传统伦理思想中人们提出了不少有价值的道德意志修养方法,如"居敬"、"穷理"、"内省"、"内自讼"、"省察克治"、"养气"、"事上磨炼"等方法,至今仍有积极的时代意义。唯物史观坚持从社会实践角度出发,强调与实践联系是进行道德修养的根本途径,反对那种唯心的、形式的、虚伪的道德意志修养。与实践相联系作为道德意志修养的根本途径,主要有以下几个方面的含义:一是道德修养必须与改造客观世界的实践相联系。因为道德意志是有自己的目的性和目标的,它并不是以往伦理学家所说的"闭门思过"、"修身养性",而是与革命实践、社会实践、生活实践相联系的自我道德完善,如果没有这个目标,任何美妙的道德修养方法都不可以培养出优秀的道德品质和高尚的道德人格。正如马克思所言:"无论为了使这种共产主义意识普遍地产生还是为了实现事业本身,使人们普遍地发生变化是必需的,这种变化只有在实际运动中,在革命中才有可能实现;革命之所以必需,不仅是因为没有任何其他的办法能够推翻统治阶级,而且还因为推翻统治阶级的那个阶级,只有在革命中才能抛掉自己身上的一切陈旧肮脏的东西,才能胜任重建社会的工作。"①二是道德意志的修养要与具体的道德行为实践相联系。也就是我们通常所说的理论与实践相结合,目的、动机与行为相统一,学以致用,身体力行。而且意志修养只有在面对困难、面临选择时勇敢地面对、正确地选择、果断地实行,才能培养良善的意志品质。三是道德意志修养是终生的、长期实践过程。道德意志修养在一定程度上就是主体积极的自我思想斗争,就是控制、消除消极的、落后的、恶的道德情感,培植积极的、进步的、善的道德情感,践

---

① 《马克思恩格斯选集》第1卷,人民出版社2012年版,第171页。

行道德行为。锻炼道德意志,就必不可少地要或多或少地牺牲某种利益、舒适和安逸,同诱惑、困难、阻力作斗争,而且这种斗争不是一次就完成的,是一个复杂的、曲折的、反复的过程,需要人们由认识到实践,由实践到认识,不断地巩固、提高、完善,最终形成道德意志的自觉。①

以实践为基础,可以通过如下几种方法、途径进行道德意志修养:

(一)学思结合

"学"即学习,"思"即思考,这是道德修养的基本方法,也是意志修养的基本方法。"学"与"思"的结合对于道德意志的培养来说,就是一条积极求善的道路。通过道德理论的学习和思考,通过榜样的学习,通过经验的体认,获得道德意志的自我认识,确立和纯洁道德意志的目的和动机。孔子将"学"与"思"结合起来,认为"学而不思则罔,思而不学则殆"(《为政》),提出了一条影响深远的道德修养方法。孔子认为"学"是道德修养的起点,"吾十有五而志于学"(《为政》),当然这里的"学"主要是指道德理论的学习,就是在学习《诗》、《乐》中也强调伦理要求②。"博学而笃志,切问而近思,仁在其中矣。"(《子张》),这里"笃志",即坚定对"仁"的志向,执着于"仁"的追求,是意志修养的价值导向和前提,指出"苟志于仁矣,无恶也"(《里仁》),认为有了"求仁"的崇高志向,并笃守而勿失,就不会误入歧途。但仅有"好仁"之志而不去学习,还是一无所获,所以"好仁不好学,其蔽也愚"(《阳货》)。孔子所言的"思"主要是对自己言行做自我检查,检查自己的言行是否符合道德要求,即所谓的"内省"、"内自省"、"内自讼"。他认为君子有九思:"视思明,听思聪,色思温,貌

---

① 参见沈永福:《唯物史观视野中的道德意志》,《内蒙古师范大学学报》2008 年第 5 期。

② 孔子论诗:"诗三百,一言以蔽之,曰思无邪。"(《论语·为政》)又说:"诗,可以兴,可以观,可以群,可以怨,迩之事父,远之事君,多识于鸟兽草木之名"(《论语·阳货》),这里提出了诗的伦理价值功能;论乐(《论语·八佾》):"子谓韶,尽美矣,又尽善也。谓武,尽美矣,未尽善也。"这就是说,对于乐的评价,有艺术标准,也有道德标准。

思恭,言思忠,事思敬,疑思问,忿思难,见得思义"(《季氏》),按照今天的说法就是要有两义:一是向榜样看齐,即"见贤思齐",二是反思过错,即"见不贤而内自省"。

"学"与"思"的结合就是在学习中思考,在思考中学习,把二者辩证统一起来。学习是进行思考的基础并为思考提供原始依据,思考是深入学习的手段并将其贯穿于学习的始终。只学习而不内省,犹如马上观花,学习再多也无实用,难以有道德意志上的提高,只内省而不学习,犹如井底之蛙,视域狭小,又或盲人摸象,迷失方向,不能提高道德认识,难以达到较高的道德意志水平。人们在认识新事物的时候,总是首先通过自己的感官进行初步接触、获得感性材料,然后通过自己的理性思考而对感性材料进行分析、综合进而掌握其精神,使之成为自己的知识。朱熹说过:"读而未晓则思,思而未晓则读。"①说的正是这个道理。读书是在学习别人的智慧,而思考是在形成自己的智慧。学思结合的教育方法对后世的影响十分深远,成为中国德育中的重要理念。《中庸》中说:"博学之,审问之,慎思之,明辨之,笃行之。"《荀子·劝学》言:"君子博学而日参省乎己,则知明而行无过矣。"朱熹曰:"学与思,须相连,才学这事,须便思量这事合如何。学,是学其事,如读书便是学,须缓缓思其中义理方得,且如做此事是学,然须思此事道理如何,只恁下头做,不思这事道理,则昧而无得,若只空思索,却又不傍所做事上体察,则必不安稳,便是殆也。"②王夫之也认为:"学非有碍于思,而学愈博则思愈远;思正有助于学,而思之困则学必勤。"(《四书训义》卷六)③苏联教育家苏霍姆林斯基也特别强调学思结合的重要性,在其《给教师的100条建议》一书中说:"在每一个年

---

① 韩钟文:《朱熹教育思想研究》,江西教育出版社1989年版,第119页。
② 黎靖德:《朱子语类》(第二册),中华书局1986年版,第548页。
③ 参见谢艳霜:《论孔子"学思结合"的教育思想及其现代价值》,《国家教育行政学院学报》2008年第1期。

轻的心灵里,都存放着求知好学、渴望知识的火药,只有教师的思想才有可能去点燃它。学生生活在思考的世界里——这就是教师点燃起来的勤学好问、渴求知识的火焰。只有教师才有可能向儿童揭示出:思考,这是多么美好、诱人而富有趣味的事。只有当教师给学生带来思考,在思考中表现自己,用思考来指挥学生,用思考来使学生折服和钦佩的时候,他才能成为年轻的心灵的征服者、教育者和指导者。"[①]

(二)省察克治

省察克治是王阳明提出的一套修身养性的方法。他在《传习录》中谈道:"省察克治之功,则无时而可间,如去盗贼,须有个扫除廓清之意。无事时,将好色、好货、好名等私,逐一追究搜寻出来,定要拔去病根,永不复起,方始为快。常如猫之捕鼠,一眼看着,一耳听着,才有一念萌动,即与克去,斩钉截铁,不可姑容,与他方便,不可窝藏,不可放他出路,方是真实用功,方能扫除廓清。"(《传习录》上)又说,"克己必须要扫除廓清,一毫不存方是,有一毫在,则众恶相引而来"。(《传习录》上)这里,王阳明用比喻的手法,形象生动地描述了省察克治的紧迫性、重要性和主动性。所谓省察克治是指每时每刻思考检查自己的思想言行是否符合道德要求,既要"反求诸己"(《孟子·公孙丑上》),又要"见善,修然必以自存也;见不善,愀然必以自省也。善在身,介然必以自好也;不善在身,菑然必以自恶也"(《荀子·修身》)。

如果说,学思结合的修养方法主要是一种求善的方法,那省察克治的修养方法主要就是一种去恶、止恶的方法。它强调主体时刻反省,防患于未然,克制不良动机与欲望,同时对过失行为或不道德行为进行反省,避免再犯。前面我们已知,个体道德的德性在于意志的自律,而意志的自律

[①]　[苏]苏霍姆林斯基:《给教师的100条建议》,参见《苏霍姆林斯基选集》第2卷,教育科学出版社2001年版,第201页。

主要表现在:一是对目的、动机的控制,二是对爱好与欲望的把握。纯洁人的动机、消除不良欲望、控制恶的行为既是省察克治的形式与功能,也是道德意志的重要活动方式。大千世界,人们总会面临很多诱惑,总有很多选择,在善与恶、大善与小善之间人们的动机总要作出抉择,趋善去恶,取大善而舍小善,就需要个体的自我认同和反省,意志就是在这种斗争中形成并发挥作用的。时刻进行这样的反省和锻炼,意志就进一步得到巩固和强化,就能做到"从心所欲不逾矩"而成为一种道德境界。

省察克治的实质其实就是主体意志的反省,强调道德意志修养中的自觉性。《论语》中的"吾日三省吾身",《孟子》中的"反身而诚",《大学》中的"诚其意者,毋自欺也。"朱熹在讲《大学》时指出,"深自省察以致其知,痛加剪落以诚其意。"(《朱子语类》卷十五)讲的都是通过主体意志的自我反省,纯粹意志动机,才能做到表里如一,才能成贤成圣。这些传统道德意志反省内求的方法在当代仍有借鉴意义,当然这种反思、反省仍然需要联系社会实践,适应社会发展的需要和个体发展的需要。当代社会,省察克治也就是要发挥人们的主动精神,在心灵深处用道德标准进行自我检查、反省,找出坏毛病、坏思想、坏念头,并加以克治,形成自主、自觉而又能够抵制不良欲望的道德意志。

(三)道德践履

践履是儒家重要的道德修养方法。语出《诗·大雅·行苇》:"敦彼行苇,牛羊勿践履。"指牛羊脚踏苇地。儒者引申为身体力行。朱熹《答何叔京》:"想见前贤,造诣之深,践履之熟。"(《朱子文集》卷四)他又说:"义理不明,如何践履"(《朱子语类》卷九),强调知先行后。明清之际王夫之认为:"凡知者或未能行,而行者则无不知……是故知有不统行,而行必统知也",故学、问、思、辨、行五者的关系,以"笃行"为"第一不容缓"、"必以践履为主"(《读四书大全说》卷六)。道德践履实际上就是道德实践,就是在实践中去行道德。把道德教育寓于丰富的生活实践活动之中,是中外道德教育一个优良传统,古今中外的道德教育家对此多有著述,把它视为社会规范和道德要求向个体道德认知、道德情感、道德意志转化的必要过程。两千多年前,墨子提出:"士虽没而行为本焉。"朱熹也提出:"教人以洒扫、应对、进退之节,爱亲孝长、隆师、亲友之道。"强调的是实践在个体道德内化中的作用。康德在《论教育》中明确地把道德归结为实践范畴,认为不可能完全用知识教学和传递来替代道德教育。以上均能说明实践在道德教育、道德内化过程中的重要作用。任何道德品质包括意志品质的形成,都不是"冥思苦想"的结果,只能是投身现实生活的结果。"生活是人生的根本,也是道德的出发点和归宿。如果有人想脱离生活或不为生活去构建理论大厦,只能是一厢情愿,无异于想把自己正坐着的凳子举到自己头上,道德是生活的产物,生活又是道德的目的。"①

　　道德意志品质是在长期的社会实践中形成的,是个体充分调动主体能动性和力量在克服困难与挫折的行动中体现出来的。古今中外杰出人物,无不是在克服困难,剔除人性中的弱点,在培养了坚强意志品质中造就的。韩非子曰:"勇将必发于士卒,良相必起于州县,"说的就是这个道理。苏东坡在《晁错论》中提出:"古之立大事者,不惟有超世才华,亦必有坚忍不拔之志。"在《贾谊论》中他就批评了贾谊的"不能用其才"、"不善处穷"、"志大而量小"、"才有余而识不足",归根结底是有"超世之才"而无"坚忍不拔之志"。困难、挫折、逆境是磨炼意志的最好时机,而意志修炼成功也是战胜困境、挫折、体现人生价值的一大制胜法宝,故有孟子的经典论述:"故天将降大任于斯人也,必先苦其心志,劳其筋骨,饿其体肤,空乏其身,行拂乱其所为,所以动心忍性,增益其所不能"(《孟子·告子下》)。

　　道德意志作为一种自觉的精神力量,只有在个体那里完成了从外在

---

　　① 李建华:《道德情感论》,中国人民大学哲学系博士学位论文,2000 年,第 154 页。

他律向自律转化的内化过程,才能得到真正的实现,即只有进入个体的思想、意识、情感、信念和行为之中,内化为个性的实践精神,才具有实效和活力。在日常生活中,道德践履通常是个体进行良好行为习惯的自我培养,通过习惯养成来促进个体道德意志的内化。主要包括以下方面:一是良好生活习惯的训练;二是良好交往习惯的培养;三是良好学习习惯的培养。① 从小事做起,从难事入手是最基本的训练方法。因为,困难和挫折是意志最好的土壤,而顽强意志通常是在一件件具体活动中磨炼而成的,越是细碎烦琐的小事,越是令人不感兴趣的工作,越能够锻炼个体的意志力。此外,在挫折和磨难中苦其心志也是意志锻炼的有效途径。司马迁在《史记·太史公自序》中就做了很好的诠释:"昔西伯拘羑里,演《周易》;孔子厄陈蔡,作《春秋》;屈原放逐,著《离骚》;左丘失明,厥有《国语》;孙子膑脚,而论兵法;不韦迁蜀,世传《吕览》;韩非囚秦,《说难》、《孤愤》;《诗》三百篇,大抵圣贤发愤之所为作也。"个体在应对困难和挫折的过程中,使自身的心理受到高强度甚至是极限的锻炼,情感得到丰富的体验,对外事外物、人生百态有了深刻体悟,从而更深刻地认识、了解和体会道德精神的内涵,并能够以更为豁达的胸怀、更敏锐的眼光和更加坚定的行动去践履道德目标,不因为周边环境的改变和世俗物欲的诱惑而轻易改变或放弃自己追求的目标。总之,个体用实践体验来促进道德意志的内化,是培育道德意志最重要而又最有效的方法。

(四)慎独

"慎独"语出《礼记·中庸》:"道也者,不可须臾离也,可离非道也。是故君子戒慎乎其所不睹,恐惧乎其所不闻。莫见乎隐,莫显乎微,故君子慎其独也。郑玄注,'慎独者,慎其闭居之所为'"(《宋史·詹体仁传》)所谓"慎独",是指在别人看不见的地方、听不到的时候,个人在独处

---

① 参见邱吉:《道德内化论》,民族出版社 2004 年版,第 171 页。

的情况下,仍然保持道德自觉性,谨慎遵守道德原则,自觉地按道德要求行事,不因别人不在场或不注意而干坏事。慎独的要义在于不需要任何外力的强制,不以外在因素作为自己践履道德的根据,它是在"不睹"、"不闻"、"莫见"、"莫显"的独处情境下,在"隐"和"微"上下工夫。一个人如果能做到这一点,自然就能做到"表里内外、精粗隐微"、人前人后、明处暗中始终如一。

《礼记·大学》中对慎独的重要性有论述,"所谓诚其意者,毋自欺也。如恶恶臭,如好好色,此之谓自谦,故君子必慎其独也","小人闲居为不善,无所不至,见君子而后厌然,拼其不善,而著其善,人之视之,如见其肺肝然,则何益矣?此谓诚于中,形于外,故君子必慎其独也。"这里谈到要修身养性,提高自己道德水平,就不应自欺,而应尽力让自己如同讨厌恶臭一样,从内心讨厌恶,如同喜欢美色那样追求善,应该自己严格要求自己,而不应只是做给外人看。做给外人看的道德,不是自己真正具备的道德。北宋邵雍也曾力倡"慎独"思想,说:"凡人之善恶,形于言,发于行,人始得而知之。但萌诸心,发乎虑,鬼神已得而知之矣。此君子所慎独也。"(《皇极经世·观物外篇》)但是他从鬼神能知幽微,能福善祸淫的迷信思想上讲慎独的重要性,这种思想在理论上相对《大学》、《中庸》来说是一个退步。① 可以说,"慎独"充分体现了道德意志的自制性特征,是具有自我道德意志的人自觉的道德实践,它不仅是通过极其严格的自我监督和自我教育,增强道德意志、升华道德信念的一种方法,同时还是一个人在社会现实中将自我需要同社会要求统一起来,凭借道德意志的力量来践行道德信念,养成一以贯之的道德品质和道德境界。

传统"慎独"思想由于其历史和阶级局限性,自身不可避免地带有一

---

① 参见陈瑛等主编:《中国伦理学百科全书·中国伦理思想史卷》,吉林人民出版社1993年版,第91页。

些封建社会的局限,如过分强调主观的修养作用,忽视实践的作用,空谈心性而荡以玄虚,看重个体的道德修炼而漠视其他社会责任,容易成为封建士大夫闭门修炼而不去改造社会的一大法门,容易陷入唯心主义道德修养路线,也容易造就封建社会一些不关心社会民生、不记事功的迂腐醇儒。不过,其意蕴深处包含的自主、自觉、自决、自控等道德意志精神要求,却具有久远的时代价值。"慎独"作为一种思想和方法,对培育个体道德品质和陶铸我们的民族性格曾起过巨大的作用。封建社会的圣贤之士、英雄人物如诸葛亮、王安石、于谦、范仲淹、王阳明、海瑞等,无不是"慎独"的典范。

"慎独"作为优良的道德意志修养方法,直到今天仍有鲜明的时代价值。刘少奇主张把"慎独"作为共产党员修养的方法加以运用,他指出,共产党员"即使在他个人独立工作、无人监督、有做各种坏事的可能的时候,他能够'慎独',不做任何坏事"①。江泽民同志强调的"四自"——自重、自省、自警、自励,其实也是提醒党员干部要加强自我修养,做到"慎独"。也正因为"慎独"的道德精神对社会道德实践的强大推动作用,在现代生活中,才会相继涌现出诸如雷锋、焦裕禄、孔繁森等一大批具有新时代"慎独"精神的道德人格典范。②

当前我们实践"慎独"方法,要注意做到"慎隐慎微",纯洁道德意志的动机,切实做到表里如一;要注意做到"慎言慎行",掌控自己一言一行,严格规范自己;要注意做到"慎欲慎情",理性约束感性,合理克制自己的爱好与欲望的自觉;要注意做到"慎始慎终",时时警醒,事事谨慎,养成良好的道德习惯。

(五)积善成德

正如罗马不是一天建成的,英雄人物,理想人格也不是一朝一夕能够

---

① 《刘少奇选集》上卷,人民出版社1981年版,第133页。

② 参见张世友:《传统"慎独"道德精神及其现实价值》,《齐普学刊》2004年第5期。

实现的。良好的意志品质需要一个长期积累的过程,正如荀子所说:"积土成山,风雨兴焉;积水成渊,蛟龙生焉;积善成德,而神明自得,圣心备焉。"(《荀子·劝学》)古人看到了道德德性、道德意志的积累过程,如"善不积,不足以成名,恶不积,不足以灭身。"(《周易·系辞下》)"积上下止,必致嵩山之高;积下不已,必极黄泉之深。非独山川也,人行亦然,有布衣积善不怠,必致颜、闵之贤,积恶不休,必致桀、跖之名。"(王符《潜夫论·慎微》)一个人只有"采微善,绝纤恶",并"锲而不舍","用心一也",(《新语·慎微》)才能从无道德意志到有道德意志,由低级的道德意志到高级的道德意志,最后达到"从心所欲不逾矩"的自由意志。①

《荀子·劝学》中有一段话是针对治学讲的,但对于道德意志的培养同样有意义。"骐骥一跃,不能十步;驽马十驾,功在不舍。锲而舍之,朽木不折;锲而不舍,金石可镂。……是故无冥冥之志者,无昭昭之明;无惛惛之事者,无赫赫之功。"(《荀子·劝学》)其意为:用功刻物,如果舍弃不干,半途中止,虽朽木也不能使它折断,如果坚持不懈,始终如一,虽金石也可以雕刻成功。比如,骐骥一类的良马能日行千里,驽马十日亦能行千里,主要是由于"功在不舍"。道德之力、意志之恒需要长期坚持不懈的努力,王夫之对此更有深刻的认识,认为有恒不仅能保持已经形成的道德品质,更能日新其品德。他说:"冰之海至,不舍昼夜,波流如一,而后水非前水,则用其日新以为有恒者也。德行之常非必一德,教习之事非仅一教。有本而出,源源不舍,德日以盛,教日以深,斯君子用坎之益也。"(《周易大象解·坎》)就像源泉永恒的水一样,后水非前水,水已日新了。"问渠哪得清如许?为有源头活水来"(朱熹《观书有感》诗),人如果勉励不懈地进行道德修养,每天今日之品德亦非昨日的品德,品德也已日新了。②

---

① 参见彭柏林:《道德需要论》,三联书店 2007 年版,第 148 页。
② 参见朱永新:《中国古代教育家论道德情感与道德意志》,《苏州大学学报》(哲学社会科学版)1989 年第 2、3 期合刊。

聚小善而能成大善,积众善就有坚强的道德意志和理想人格;良好的行为习惯是道德意志所追求的归宿和结果,同时,良好行为习惯的养成又有利于道德意志的进一步完善。因为有了良好的道德习惯,道德意志在面临选择尤其是重大选择时,就不会困惑犹豫,就不会动摇,就能够按照习惯去行事,去处理。

良好的习惯对道德意志的完善大有裨益,如自制的习惯、勤于动手的习惯、坚持的习惯、友善的习惯、有规律的生活习惯等。①

① 参见沈永福:《唯物史观视野中的道德意志》,《内蒙古师范大学学报》(哲学社会科学版)2008 年第 5 期。

主要参考文献

一、中文文献

经典文献

《马克思恩格斯全集》第 3 卷，人民出版社 1960、2002 年版。

《马克思恩格斯选集》，人民出版社 2012 年版。

《马克思恩格斯文集》，人民出版社 2009 年版。

《列宁选集》，人民出版社 2012 年版。

《毛泽东选集》一——四卷，人民出版社 1991 年版。

《毛泽东文集》，人民出版社 1999 年版。

《邓小平文选》一——三卷，人民出版社 1993 年版。

《江泽民论有中国特色社会主义（专题摘编）》，中央文献出版社 2002 年版。

其他文献

［苏］阿尔汉格尔斯基主编：《伦理学研究方法论》，赵春福等译，中国广播电视出版社 1992 年版。

［苏］阿尔汉格尔斯基：《马克思主义伦理学》，郑裕人等译，中国人民大学出版社 1989 年版。

［美］安德森：《认知心理学》，杨清等译，吉林教育出版社 1989 年版。

［英］安东尼·吉登斯：《现代性的后果》，田禾译，译林出版社 2000 年版。

［俄］彼德洛夫斯基:《普通心理学》,人民教育出版社 1981 年版。

曹日昌:《普通心理学》,人民教育出版社 1983 年版。

陈根法:《心灵的秩序——道德哲学的理论与实践》,复旦大学出版社 1998 年版。

［英］达尔文:《人类的由来》,潘光旦等译,商务印书馆 1983 年版。

［德］恩斯特·卡西尔:《人论》,甘阳译,译文出版社 1985 年版。

［奥］弗洛伊德:《精神分析引论新编》,高觉敷译,商务印书馆 1987 年版。

冯平:《评价论》,湖北人民出版社 1995 年版。

国学整理社:《诸子集成》(八册),中华书局 2002 年版。

葛晨虹:《德化的视野——儒家德性思想研究》,同心出版社 1998 年版。

葛晨虹:《中国特色的伦理文化》,河南人民出版社 2003 年版。

龚群:《当代中国社会伦理生活》,四川人民出版社 1998 年版。

龚群:《道德哲学的思考》,河南人民出版社 2003 年版。

黄建中:《比较伦理学》,山东人民出版社 1998 年版。

胡敏中:《理性的彼岸——人的非理性因素研究》,北京师范大学出版社 1994 年版。

［美］汉娜·阿伦特:《精神生活·意志》,姜智辉译,凤凰出版传媒集团 2006 年版。

［德］黑格尔:《法哲学原理》,范扬等译,商务印书馆 1961 年版。

焦国成:《中国古代人我关系论》,中国人民大学出版社 1991 年版。

焦国成主编:《中国伦理学通论》(上),山西教育出版社 1997 年版。

［苏］季塔连科:《马克思主义伦理学》,黄其才译,中国人民大学出版社 1984 年版。

荆其诚等:《心理学概论》,科学出版社 1986 年版。

［英］吉尔伯特·赖尔:《心的概念》,刘建荣译,译文出版社 1989年版。

［英］卡尔·波普:《历史决定论的贫困》,杜汝楫等译,华夏出版社1987 年版。

［德］康德:《道德形而上学原理》,苗力田译,人民出版社 1986 年版。

［德］康德:《实践理性批判》,韩水法译,商务印书馆 1999 年版。

罗国杰等:《西方伦理思想史》(上下卷),中国人民大学出版社 1985年版。

罗国杰:《伦理学》,人民出版社 1989 年版。

罗国杰等:《西方伦理思想史》,中国人民大学出版社 1991 年版。

罗国杰:《中国伦理学百科全书》,吉林人民出版社 1993 年版。

罗国杰主编:《中国革命道德》,中央党校出版社 1999 年版。

李德顺:《价值论》,人民出版社 1987 年版。

［美］里奇拉可:《发现自由意志与道德责任》,许泽民等译,贵州人民出版社 2015 年版。

［俄］洛斯基:《意志自由》,董有译,三联书店 1992 年版。

［美］劳伦斯·科尔伯格:《道德教育的哲学》,魏贤超等译,浙江教育出版社 2000 年版。

［美］路易斯·亨利·摩尔根:《古代社会》,杨东纯等译,商务印书馆1997 年版。

［法］列维·布留尔:《原始思维》,丁由译,商务印书馆 1997 年版。

蒙培元:《情感与理性》,中国社会科学出版社 2002 年版。

［意］马志尼:《论人的责任》,吕志士译,商务出版社 1995 年版。

［美］马斯洛:《动机与人格》,许金声译,华夏出版社 1987 年版。

［美］马尔库塞:《单向度的人——发达工业社会意识形态研究》,张峰等译,重庆出版社 1988 年版。

［德］尼采:《论道德的谱系》,周红译,三联书店1992年版。

［德］尼采:《权力意志——重估一切价值的尝试》,张念东等译,商务印书馆1991年版。

彭聃龄:《普通心理学》,北京师范大学出版社1988年版。

彭柏林:《道德需要论》,三联书店2007年版。

［瑞士］皮亚杰:《儿童的道德判断》,傅统先等译,山东教育出版社1984年版。

［瑞士］皮亚杰:《发生认识论原理》,王宪钿译,商务印书馆1981年版。

邱吉:《道德内化论》,民族出版社2004年版。

阮元校刻:《十三经注疏》,中华书局1980年版。

［苏］施什金:《伦理学原理》,蔡治平译,中国人民大学出版社1981年版。

［德］叔本华:《作为意志和表象的世界》,石冲白译,商务印书馆1982年版。

［法］萨特:《存在与虚无》,陈宣良译,三联书店1987年版。

［美］梯利:《伦理学概论》,中国人民大学出版社1987年版。

［美］梯利:《西方哲学史》,商务印书馆2003年版。

唐凯麟等:《个体道德》,中国青年出版社1993年版。

王守仁:《王阳明全集》,上海古籍出版社1992年版。

吴潜涛:《伦理学与思想政治教育》,河南人民出版社2003年版。

吴潜涛:《新时期思想政治教育史论》,安徽人民出版社2004年版。

吴付来:《义命论》,中国青年出版社2001年版。

魏英敏:《新伦理学教程》,北京大学出版社1993年版。

［德］文德尔班:《哲学史教程》,商务印书馆1997年版。

万俊人:《现代西方伦理学史》(上下卷),北京大学出版社1990

年版。

　　［美］威廉·巴雷特：《非理性的人》，段德智译，译文出版社 1992年版。

　　夏伟东：《道德本质论》，中国人民大学出版社 1991 年版。

　　夏伟东：《道德的历史与现实》，教育科学出版社 2000 年版。

　　夏伟东：《变幻世界中的道德建设》，河南人民出版社 2003 年版。

　　肖群忠：《孝与中国文化》，人民出版社 2001 年版。

　　肖群忠：《道德与人性》，河南人民出版社 2003 年版。

　　夏军：《非理性世界》，三联书店 1993 年版。

　　徐向东编：《自由意志与道德责任》，江苏人民出版社 2006 年版。

　　徐向东：《理解自由意志》，北京大学出版社 2008 年版。

　　［英］休谟：《人性论》（下册），商务印书馆 1980 年版。

　　杨伯峻：《论语译注》，中华书局 1980 年版。

　　杨伯峻：《孟子译注》，中华书局 2003 年版。

　　［德］雅斯贝尔斯：《时代的精神状况》，王德峰译，译文出版社 1997年版。

　　姚新中：《道德活动论》，中国人民大学出版社 1990 年版。

　　朱熹：《四书章句集注》，中华书局 1983 年版。

　　张岱年：《中国伦理思想研究》，北京大学出版社 1991 年版。

　　朱贻庭：《中国传统伦理思想史》，华东师范大学出版社 1993 年版。

　　章海山：《西方伦理思想史》，辽宁人民出版社 1984 年版。

　　章海山：《马克思主义伦理思想的发展历史》，上海人民出版社 1991年版。

　　周辅成主编：《西方伦理学名著选辑》（上下册），商务印书馆 1964年版。

　　朱智赞：《儿童心理学》，人民教育出版社 1980 年版。

曾钊新等:《德性的心灵奥秘》,辽宁人民出版社 1992 年版。

张明仓:《实践意志论》,广西人民出版社 2002 年版。

[英]詹·乔·弗雷泽:《金枝》,徐育新等译,大众文艺出版社 1998 年版。

二、英文文献

Audi.R.,*Self-deception*,*action and will*.,Erkenntnis 18,1982.

Alan Wheelis,,*Will and P Ssychoanalysis*.,Joural of American Psycho-analytic Association,IV 2,1956.

Chisholm, Roderick, *Human freedom and the self*, in Robert Kane (ed.),Free Will,Malden,MA:Blackwell,2002.

Dihle A,*The Theory of Will in Classical Antiquity*.,Berkeley:University of California Press,1982.

Davids On, Donald, *Essays on Actions and Events*, New York:Oxford University Press,1980.

Farber & Leslie,*The Way of The Will*,New York:Basic Books,1965.

Fischer, J M, *The Metaphysics of Free Will*, London:Blackwell Press,1994.

Frankfurt, larry, *Freedom of the will and the concept of a person*, in Robert Kane (ed.),Free Will,Malden,MA:Blackwell,2002.

Hollis,Martin & Lukes,Steven(Ed),*Rationality and Relativism*,Oxford:Basic Blackwell,1982.

Honderich,Ted,*The Oxford Companion to Philosophy*,New York:Oxford University Press,1995.

Kenny A, *Action*, *Emotion and Will*. London:Routledge and Kegan Paul,1963.

Kane, Robert(ed.) , *Free Will*, *Malden*, MA: Blackwell, 2002.

Mortimore, G. (ed.) , *Weakness of Will*, London: Macmillan, 1971.

Simon, Herbeert A, *Models of Bounded Rationality and Relativism. Cambridge*, Massachusetts: The MIT Press, 1982.

Danielm, Wegner, *The mind's best trick: how we experience consciouswill*, in Trends in Cognitive Sciences, Vol. 7, No. 2, 2003.

William K, Frankena, Philosophic View of Moral Education, *The Encylopedia of Education*, *Volume* 6. *Lee C. Deighton*, *Editor-in-Chife*, The Macmillan Company Free Press, 1971.

Wallace, R. J, *Responsibility and the Moral Sentiments*, Cambridge, MA: Harvard University Press, 1994.

后　记

　　"流光容易把人抛"，拙作虽完成，但丝毫没有十年磨一剑的自得之喜，更多只是"学而后知不足"之感！

　　十年前跟随夏伟东先生攻读博士学位，一度为博士论文选题困惑而苦恼，后来夏先生"钦定""道德意志论"选题。他敏锐地看到其价值之重、问题之众却研究者寥寥的状况，不仅在写作期间常常耳提面命，更有所期待。我初接此题，也曾踌躇满志，然研究日久，困惑日多，日益发觉自己学浅才疏、腹中空浮，中途确有放弃之念。先生一再鼓励，并对论文的构思、写作进行了悉心指导，从基本观点、逻辑结构乃至语词标点，都提出了详细的修改意见。此后十年，夏老师常常就此问题一再指导督促，我在博士论文的基础上，进行多次修改，增加了不少内容，才有本书。尊师在百忙之中欣然作序，尤令人感动。此外，葛晨虹、吴潜涛、焦国成、杨春长、王小锡、肖群忠、曹刚、戴木才、安云凤、杨宗元诸位老师也围绕道德意志的相关问题对我悉心指导，并提出了宝贵的意见。师恩浩荡，山高水长，又怎一个"谢"字了得！今葛晨虹师不幸英年早逝，念及昔日教导，唏嘘不已。

　　道德意志问题是伦理学中一个十分重要、极其艰深而又有几分神秘色彩的问题。在西方哲学史中，自由意志和道德责任的关系贯穿了其整个历程，意志自由与决定论自始至终都是哲学伦理学的核心话题，引发了无数哲学家的广泛关注和深入讨论，话题之艰、歧见之多、牵涉之广，鲜有

250

出其右者。当我们将目光转向中国哲学史时,会发现其对道德意志的关注和研究,鲜见如西方哲学中对道德形而上学元问题那样深入的探讨,而更侧重于关注道德生活中的实践问题,更侧重于道德人格、道德修养及道德践履的多维视角探讨,如侧重关于志、意、弘毅等道德意志概念的探讨,偏好君子、圣贤、大丈夫等意志人格的推崇,长于诚意、正心、格致、慎独、养气、治气等意志修养方法的研究,亦很关注意志脆弱、伪善、知行背反等意志问题的追问,为我们留下了极其丰富的理论资源。

从人类的历史视角看,道德无外乎是一种历史的生成,是一定社会的规范,是一种社会化的他律性的东西;但从个体自我的角度看,道德作为人的主体性精神,是"主体意志的法",是人的实践精神和本质力量的体现。作为人类深沉意识的道德意志是勾联道德心理与道德行为最重要的动力与制动要素。人的行为意志动机有善有恶,但道德意志则是趋善避恶,以引导人向善为目的。按照康德的说法,善良意志是排除和摒弃了欲望和利益及偏好的干扰,以善本身为目的,带有纯粹利他性。按照儒家的看法,"为仁由己",道德意志是指向善的,它不仅关涉行为的动机,亦关涉行为的结果,不仅内蕴着行为的决策,也内蕴着决策的执行,不仅指向人们克服内心的困难,也指向人们客服外部困难,不仅关联外部境遇,也关联自我生命体认。但真正科学揭示道德意志神秘面纱的只有马克思主义。马克思主义唯物史观从社会历史角度,在社会物质生产关系中揭示道德意志的社会历史本质;从主体的道德需要及对需要的把握角度,在能动性和社会制约性关系中揭示道德意志的能动性本质;从社会实践角度,在实然与应然、规范与导向的关系中揭示道德意志实践精神的本质。在马克思主义看来,意志是一切德性的基础,一切德性也必然呈现出意志的力量。道德意志带有应然性、理想性的指向,指引、帮助人们从"实然"之此岸到达"应然"之彼岸,充分展示出人类及个体能够按照自己意志构建理想世界的主体性,展示作为类与个体的价值与尊严。

在现代生活中,道德意志问题实际上与我们人类生活的处境和状况具有密切的联系,经济全球化与科技进步尤其是信息技术与交通的发展使得地球成为一个村落,核威胁与生态环境的脆弱使得人类的命运如此紧密地联系在一起,不管承认与否,人类已经结成日益紧密的利益共同体与命运共同体。人类面临自我发展向何处去和如何发展的问题,以及在发展过程中面临的各种矛盾和冲突。这些矛盾和问题的存在使得人类的道德意志也面临各种挑战,价值观念的多元与冲突又加剧了各种挑战的复杂性和严峻性。道德意志问题与我们个体的安身立命及价值实现具有直接的关系,在当代复杂多变的条件下,个体如何持守德性、应对形形色色的诱惑、解决各种困难,成为困惑无数人的重要问题。因此,对道德意志的探究就成为了人类自我认识和个体自我理解的一种最重要的方式。限于学养和能力,拙作可能只是透射道德意志复杂问题的一个小小侧面,其中难免片面甚至错误,期待未来在通往探索真理的道路上有更多的发现!

再次感谢夏伟东、吴付来、王小锡、梁景和等尊师的言传身教,在他们身上我看到了师之美德尤其是道德意志品质的最生动呈现,这也使得我对此问题一直抱有深情与敬意,并激励我一直将其研究下去!特别感谢王淑芹、陈新夏等老师的关心与支持,使得我有如坐春风的工作环境!感谢我众多研究生的热心帮助与学术探讨,在教学相长中受益良多!感谢人民出版社方国根主任的大力帮助,不仅对我写作方面多有指导,而且在学术方向上多有指引!感谢段海宝副编审的专业编辑,他的敬业精神与专业素养让我一贯敬佩,拙著能够呈现于大家面前,很大程度上得益于他的辛劳与奉献!感谢家人默默的支持,他们是我负重前行的强大动力!

沈永福

2018 年 11 月于北京

责任编辑:段海宝

图书在版编目(CIP)数据

道德意志论/沈永福 著. —北京:人民出版社,2018.12
ISBN 978 - 7 - 01 - 020178 - 8

Ⅰ.①道…　Ⅱ.①沈…　Ⅲ.①道德-研究②意志-研究　Ⅳ.①B82
②B848.4

中国版本图书馆 CIP 数据核字(2018)第 278814 号

道德意志论
DAODE YIZHI LUN

沈永福　著

人民出版社出版发行
(100706　北京市东城区隆福寺街 99 号)

北京汇林印务有限公司印刷　新华书店经销

2018 年 12 月第 1 版　2018 年 12 月北京第 1 次印刷
开本:710 毫米×1000 毫米 1/16　印张:16.5
字数:220 千字　印数:0,001-2,000 册

ISBN 978 - 7 - 01 - 020178 - 8　定价:55.00 元

邮购地址 100706　北京市东城区隆福寺街 99 号
人民东方图书销售中心　电话 (010)65250042　65289539